的思維活起來

名師最激發潛能
的課堂提問藝術

嚴永金 主編

 崧燁文化

目錄

目錄

導言

一、高效課堂的提問原則

    1. 提問一定要有效：分層設問，有效切入 ⋯⋯⋯⋯⋯⋯⋯ 9
        實施課堂提問有效性的具體方法 ⋯⋯⋯⋯⋯⋯⋯⋯⋯ 19
    2. 提問應把握好度：準確認知，難易適度 ⋯⋯⋯⋯⋯⋯⋯ 23
        實施課堂提問適度的具體方法 ⋯⋯⋯⋯⋯⋯⋯⋯⋯⋯ 29
    3. 對課堂答問多做鼓勵性評價：賞識鼓勵，激發自信 ⋯⋯ 33
        實施鼓勵答問的具體方法 ⋯⋯⋯⋯⋯⋯⋯⋯⋯⋯⋯⋯ 41
    4. 提問要堅持平等性：平等對待，全面參與 ⋯⋯⋯⋯⋯⋯ 44
        實施課堂平等提問的具體方法 ⋯⋯⋯⋯⋯⋯⋯⋯⋯⋯ 51

二、高效課堂的提問切入點

    1. 在知識的重點處提問印象最深：重點設計，舉一反三 ⋯ 55
        實施在知識的重點處提問的具體方法 ⋯⋯⋯⋯⋯⋯⋯ 60
    2. 用延伸法在知識的生長點處提問：新舊關聯，延伸提問 ⋯ 62
        實施「延伸」提問法的具體方法 ⋯⋯⋯⋯⋯⋯⋯⋯⋯ 66
    3. 在課文細節處提問：魅力細節，見微知著 ⋯⋯⋯⋯⋯⋯ 67
        實施細節處提問的具體方法 ⋯⋯⋯⋯⋯⋯⋯⋯⋯⋯⋯ 73
    4. 在考點處提問更能加深學生的重視度：準確設題，擊破考點 ⋯ 74
        實施「考點」提問法的具體方法 ⋯⋯⋯⋯⋯⋯⋯⋯⋯ 82
    5. 設置「矛盾衝突」，激發學生思維火花：聚焦矛盾，發散思維 ⋯ 84
        實施「矛盾衝突」的具體方法 ⋯⋯⋯⋯⋯⋯⋯⋯⋯⋯ 93
    6. 巧設提問，突破難點：重點攻關，掃除障礙 ⋯⋯⋯⋯⋯ 95
        實施「難點」提問的具體方法 ⋯⋯⋯⋯⋯⋯⋯⋯⋯⋯ 104

三、高效課堂的提問藝術

目錄

1. 創建活躍的答問氛圍：創設情境，趣味引導 ... 107
   實施創造良好提問氛圍的具體方法 ... 114
2. 提問要注意及時反饋訊息：問隨脈動，有的放矢 ... 119
   實施及時反饋訊息的具體方法 ... 125
3. 解惑要善於應變，因勢利導：隨機應變，機智提問 ... 130
   實施提高應變能力的具體方法 ... 136
4. 把課堂提問權力還給學生：反主為客，答疑解惑 ... 139
   實施培養學生提問能力的具體方法 ... 145
5. 用啟發提問實現「撐竿跳」：循循善誘，漸入佳境 ... 149
   實施 發性提問的具體方法 ... 157
6. 提問以能激發學生興趣為根本：興趣激活，學意盎然 ... 159
   實施激發性提問的具體方法 ... 166

四、高效課堂的提問方式

1. 用懸念刺激學生的求知慾：故設懸念式提問 ... 169
   實施故設懸念法的具體方法 ... 174
2. **拋**磚引玉，啟發思維：**拋**磚引玉式提問 ... 175
   實施**拋**磚引玉提問法的具體方法 ... 179
3. 檢查提問要讓更多的學生參與進來：檢查式提問 ... 180
   實施檢查提問法的具體方法 ... 185
4. 用提問架起新舊知識間的橋梁：架設橋梁式提問 ... 187
   實施架設橋梁法的具體方法 ... 192
5. 引發學生提出問題是關鍵：引導式提問 ... 194
   實施問題引導的具體方法 ... 201
6. 創設情境是解答問題的梯子：創設情境式提問 ... 203
   實施問題情境打造的具體方法 ... 211
7. 提問要具開放性：開放式提問 ... 214
   實施開放式提問的具體方法 ... 220

8. 讓「問題」處在擴展中：擴展式提問 224
   實施擴展式提問法的具體方法 228
9. 讓問題由淺入深實現「層遞」：層遞式提問 229
   實施層遞式提問的具體方法 238
10. 反問更能打破思維定式：反向式提問 241
    實施反向提問法的具體方法 248
11. 透過聯想，啟發心智：聯想啟智式提問 249
    實施聯想啟智式提問法的具體方法 256

導言

導言

發掘課堂提問蘊含的潛力

課堂提問是藝術性很強的教學手段之一，也是課堂教學中不可缺少的一種重要手段。恰到好處的提問，可以提高老師的教學質量。

而傳統的教學觀念認為：提問是老師的事，而學生只管一個字——答。但事實並非如此，提問不僅僅是老師的事，更是學生的事。學生可以問課本，問同學，問老師……

教師恰到好處的提問，可以激發學生的學習興趣，啟迪學生的思維，檢查學生獲得知識的情況，還可以調節課堂氣氛，溝通師生感情，吸引學生的注意力等等。

而學生恰到好處的提問，則能使自己不斷地發現問題，認識自己學習上的優點和缺憾，達到發揚優點，修正缺憾的效果，從而使他們的學習成績和基本素質再上一個新的臺階。

所以，老師要在提問上發掘潛力，讓學生掌握「提問」的思路和方向，讓學生能在生活中找「問題」，到實驗中找「問題」，到想像中找「問題」，到書本中找「問題」，到老師的課堂中找「問題」，到作業中找「問題」，還可以透過比較找「問題」……

然而，在當前的課堂提問中卻並非如此，而是存在著一些或大或小的問題的。比如，表面性的提問：老師旨在追求熱鬧的場面，要求一問齊答，表面上轟轟烈烈，實則空空洞洞；習慣性的提問：問題未經精心設計，老師每講一兩句便問「是不是」「對不對」，形同口頭禪，發問不少，而收效甚微；懲罰性的提問：老師發現某一學生精力分散，心不在焉，便突然發問，藉機整治，久而久之使學生視老師的提問為畏途。這些類型的提問利少弊多，甚至不如不問。

教育心理學向我們揭示：學生的思維過程往往從問題開始。學起於思，思源於疑。教學就是不斷引導學生生疑、解疑的過程。

導言

「發明千千萬,起點是一問。」教育家陶行知先生的這一名言,對於教師把握課堂質疑具有深刻的啟示作用。富有藝術性的課堂質疑,不僅有助於教師順利地實現教學目標,提高教學質量,而且有助於激發學生的創造性思維。因此,教師深入地挖掘有效的課堂提問潛力是很重要的。

一、高效課堂的提問原則

1. 提問一定要有效：分層設問，有效切入

　　有效性提問是指提出的問題能使學生產生懷疑、困惑、焦慮、探索的心理狀態，這種心理又驅使他們積極思維，不斷地提出問題和解決問題。老師的有效性提問是指老師根據課堂教學的目標和內容，在課堂教學中創設良好的教育環境和氛圍，精心設置問題情景，有計劃地、針對性地、創造性地激發學生主動地參與探究，不斷提出問題、解決問題的課堂教學提問方式。

　　有效的提問，既可以調節課堂氣氛，促進學生思考，激發學生的求知慾望，培養學生的口頭表達能力，又能促進師生間的有效互動，及時地反饋教學訊息，提高訊息交流效益，從而大大地增強課堂教學的實效性。

　　袁衛星老師在教學中就特別注意課堂提問的有效性。

　　在講《祝福》一課時，袁老師首先在黑板上寫了「祥林嫂死了！」這一行字，感嘆號寫得很誇張，上面如一把匕首，下面似滴著鮮血。然後他轉身說道：「上一課，我們從魯迅先生的筆下獲知，淪為乞丐的祥林嫂在一片祝福聲中寂然地死了。一個人死，無非有這麼幾種情況：一是自然死亡，二是意外死亡，三是自殺，四是他殺。那麼，你們認為祥林嫂屬於哪一種死亡呢？」

　　學生感到很新奇，於是交頭接耳，開始互相討論。

　　袁老師沒有打斷學生的思維，而是給了他們足夠的思考時間。大概過了十來分鐘，袁老師問：「有結論的同學站起來說一說。」

　　學生一說：「這還用說，肯定是他殺。」

　　袁老師接著他的話提出質疑：「是他殺？那麼，誰是兇手呢？」然後他在黑板上寫下「誰是兇手」四個字。

　　學生二說：「魯四老爺吧！」

一、高效課堂的提問原則

學生三說：「還有四嬸。」

學生四說：「柳媽也是的。」

學生五說：「衛老婆子多少也有點可能。」

學生六說：「還有祥林嫂的婆家人。」

學生七說：「我看『我』也脫不了干係。」

同學們大笑，學生七解釋道：「我這個『我』可是帶引號的，你們別瞎笑。」大家再次大笑。

學生八總結道：「總之，魯鎮的一群人都是兇手！」

袁老師也笑了：「魯鎮人通通是兇手？我看你們得說說理由。」

學生九說：「魯四老爺肯定是兇手。祥林嫂初到魯鎮的時候，他皺了皺眉，討厭她是一個寡婦，祥林嫂被婆家搶回，他一句『可惡！然而……』多少帶了點支持的味道。祥林嫂再到魯鎮，他說她『敗壞風俗』『不乾不淨』，祝福時不讓她沾手；就是祥林嫂死了，他還罵她是個『謬種』。他在精神上把祥林嫂一步步逼上了死路。」

學生十說：「魯四老爺還有一個幫兇，那就是四嬸。」

學生十一說：「我贊成。『你放著吧，祥林嫂！』四嬸一聲喝令，把祥林嫂在死亡邊緣掙扎的勇氣和希望都給粉碎了。」

袁老師插嘴道：「我打斷同學們一下。『你放著吧，祥林嫂！』是個怎樣的句式？」

學生十二說：「感嘆句。」

袁老師點了點頭：「好，這是從語氣上說。那麼，從語序上說呢？」

學生十三說：「倒裝句。」

袁老師再次點頭，「對了，這一倒裝，就突出了四嬸要祥林嫂趕快放手的迫切心情。這裡要注意，感嘆號要放到句子的最後，而不是中間。請大家繼續發表高見。」

學生十四說：「祥林嫂的婆家人也是殺人犯。他們強迫祥林嫂改嫁，改變了她的命運。」

學生十五說：「柳媽講陰司故事給祥林嫂聽，讓她害怕，把她推向了恐怖的深淵。」

袁老師看了看大家，問道：「有沒有不同意見？」

學生十六說：「我覺得柳媽不是兇手。因為她自己也和祥林嫂一樣，是魯四老爺家的幫工，階級出身決定她的階級意識，她不會殘害祥林嫂的。」

學生十七反駁道：「那她為什麼要講陰司的故事給祥林嫂聽，還給祥林嫂出『捐門檻』的餿主意呢？」

學生十八解釋道：「講故事是因為她自己也相信；出主意則完全出於善意。」

袁老師此時再次插話：「我來說吧，從總體描寫上看，柳媽還是同情祥林嫂的。而同情祥林嫂的人，也把祥林嫂推向深淵，更顯示出悲劇之可悲。就算柳媽是兇手，也是無意識殺人的。你們同意我的說法嗎？」

學生都點頭。

這時，學生十九突然發言道：「老師，我認為祥林嫂不是他殺，而是自殺！」此話一出，同學們一片譁然。

袁老師笑道：「殺出程咬金來了。好，你說說你的觀點。」

學生十九振振有詞地講道：「如果當初祥林嫂不從婆家逃出來，是不是也就不會改嫁？」

學生二十立刻反駁，「我認為還是會被迫改嫁。就是不改嫁，也會被虐待而死。」

一、高效課堂的提問原則

　　學生十九又抬出自己的理由，「那她再到魯鎮之後，魯四老爺家還是收留她的，不讓她沾手祝福，她不沾手就是了，她的心理承受能力太差。」

　　學生二十一也反駁，「這不是心理承受能力差與不差的問題，這是精神打擊，比肉體折磨更痛苦！」

　　學生十九還在強辯，「捐門檻也是她自己要去捐的。」

　　學生二十二說：「不捐門檻她會更痛苦。」

　　學生十九還是不服，「那她淪為乞丐，也可以到魯鎮以外的地方去呀，也許李鎮、王鎮什麼的，還能讓她謀到一份幫工呢！」

　　學生二十三說：「『天下烏鴉一般黑』，李鎮會有李四老爺，王鎮就會有王四老爺，她到哪裡都一樣。」

　　經過一番激烈辯論，學生十九開始處於下風。

　　這時，袁老師做了一個停住的手勢，啟發性地說道：「請你們打住。這其實已經牽涉到小說的一個重要問題——當時的社會環境，你們說是不是？」

　　學生齊聲回答：「是。」

　　袁老師繼續啟發大家的思維，「請大家把小說開頭的兩小節齊讀一遍，想一想當時是怎樣的一個社會環境。」

　　學生認真讀過後紛紛發表看法：

　　學生二十四說：「當時是辛亥革命以後。」

　　學生二十五說：「文中說『年年如此，家家如此』、『今年自然也如此』，我想是有深意的。」

　　袁老師抓住機會，問道：「什麼深意？」

　　學生二十五繼續說：「祝福是『魯鎮年終的大典』，富人們要在這一天『迎接福神，祈求來年一年中的好運氣』，而製作『福社』的卻是像祥林嫂一樣的女人，她們『臂膊都在水裡浸得通紅』，沒日沒夜地勞動。」

1. 提問一定要有效：分層設問，有效切入

袁老師誇獎道：「不錯，說得很好。女人除了勞動，當時還要受到『三權』的統治，這『三權』就是，神權、族權、夫權。女子有『七出』，也就是說七種被丈夫休棄的理由。無子當然是一條，生重病也是一條。你看，這是多麼可怕的遭遇！這樣看來，祥林嫂之死是被殺是毫無疑問了，不知道剛才那位同學還有沒有意見？」他笑著看了看學生十九。

學生十九害羞地搖搖頭。

此時，袁老師話鋒一轉，「可是，元凶──我是說元凶──到底是誰？大家認真地思考一下。」

學生二十八說：「是封建禮教。」

袁老師鼓勵性地問道：「為什麼？」

學生二十八說：「正因為有了封建禮教，魯四老爺才會那麼自私偽善，冷酷無情地逼迫祥林嫂。」

學生二十九說：「也正是因為有了封建禮教，柳媽才會在不知不覺中用迷信思想把祥林嫂往懸崖邊推了一把。」

學生三十說：「還是因為有了封建禮教，祥林嫂才會一直掙脫不了命運的絞索。」

至此，袁老師開始自然而然地講述《祝福》所要表達的主題──禮教殺人！

作為有著多年良好教學經驗的特級老師，袁衛星老師在講授《祝福》一課時，本可以憑著自己已有的對魯迅這篇文章的理解，把這篇內涵豐富、思想厚重的文章「講」得很好。但他卻並沒有如此做，而是把著眼點放在了如何讓學生「學」好上。因此，他一開始就拋出了一個能夠把學生的討論引向深入的、很有思考價值的問題──「祥林嫂是自然死，還是他殺，抑或是自殺？」

這個問題一提出，就引起了學生的興趣，他們開始進行熱烈地討論，有的學生認為是他殺，有的同學認為是自殺，意見開始出現分歧。

一、高效課堂的提問原則

此時，袁老師沒有武斷地給出結論，而是讓學生各自說出理由來說服對方。

看著大家對文章有了進一步的理解，袁老師打斷了學生的爭論，啟發性地引導道：「這其實已經牽涉到小說的一個重要問題——當時的社會環境。請大家把小說開頭的兩小節齊讀一遍，想一想當時是怎樣的一個社會環境。」

經過老師的點撥，學生的思維又迸出了新的火花。此時，袁老師再次提出本文的關鍵性問題：殺死祥林嫂的元兇到底是誰。

學生立刻找到答案——封建禮教。

本文要表現的正是「禮教殺人」這一主題，但袁老師並非是讓學生抽象地知道這個結論，而是讓他們在對問題的爭論中，在感受形象的同時受到心靈的觸動，進而認識到禮教何以能夠殺人。

同時，他還透過有效的提問，引導學生從人性的角度認識到，禮教不僅僅是惡人殺人的凶器，也是無數普通的人甚至是善良的人無意殺人的工具；不僅僅過去有舊的禮教殺人，今天也同樣有新的禮教殺人，而且包括我們在內的每一個人可能都是「殺人者」！

應該說，袁老師的課上得是非常圓滿的，而之所以能達到這種良好的課堂效果，就在於他注意了課堂提問的有效性。

在教學過程中，課堂提問是一項設疑、激趣、引思的綜合性教學藝術。它是聯繫老師、學生和教材的紐帶；是開啟學生智慧之門的鑰匙；是訊息輸出與反饋的橋梁；是引導學生一步步登上知識殿堂的階梯。因此，課堂提問的有效性應具有以下特徵：

（1）科學性。

科學性的前提是瞭解學生，吃透教材。老師要充分瞭解學生的年齡特點與他們的認知水平，即正確認識學生併科學地估計他們的知識和智力水平，真正做到從學生出發。

此外，老師對教材內容要熟練掌握，理解其深刻內涵。老師提問的語言要規範，簡明扼要，針對性強，提問就要做到科學得當，有效地激發學生思考的積極性，活躍課堂氣氛，提升學生的智慧水平。如果提問不當，就會造成啟而不發的局面，最後還是變成老師自問自答。

（2）啟發性。

好的提問應該富有啟發性，應該是把注意力放在激發學生的思維過程上，而不應該急促地邁向結果。

啟發性的另一個重要方面是老師的問題要能引發學生提出新的問題。著名科學家愛因斯坦說：「學生提出一個問題，往往比解決一個更重要。」因此，老師應鼓勵學生自己去揭示問題、探索知識和規律，體會一個探索者的成就，讓學生獲得自主探索的成就感。

（3）創造性。

創造性指老師應關注學生的逆向思維和發散思維，關注學生情感、態度等方面的反應，提出的問題要能產生「一石激起千層浪」的效果。

創造性應是有效性中含金量最高的指標，是培養學生求異思維和創新品質的靈魂。老師所提出的問題應是開放性的，不是封閉性的，不要只有一個標準答案，因為這樣的問題常常帶有假設性，會給學生廣闊的思維空間，引導學生從不同的角度對問題進行分析、思考，使他們保持對問題的興趣，從而活躍學生的思維，使他們產生多向聯想，從而多方面地思考，提出自己獨特的見解。同時透過對發散出來的想法的分析、比較、綜合，又可實現思維的優化，求得思維的共鳴。

（4）適度性。

適度性是指要把問題提得準、提得富有啟發性。《學記》中說「善問者如攻堅木，先其易者，後其節目」，講的就是這個道理。問題過易或過難，都會使學生產生厭煩或壓抑的心理。

一、高效課堂的提問原則

那怎樣的提問才算是適度呢？有位教育家說得好：「要把知識的果實放在讓學生跳一跳才能夠得著的位置。」這個比喻生動而準確地告訴我們：課堂提問既不能讓學生有望而生畏之感，又不能讓學生有不動腦筋就能輕易答出的懈怠。要讓學生感到「三分生，七分熟，跳一跳，摘得到」。適度的提問能激發學生的好奇心、求知慾和積極的思維，促使學生透過努力取得良好的成果。只有這樣，學生才能感到由衷的喜悅，從而增強學習的信心，保持對學習的興趣。

（5）適時性。

先哲孔子說過「不憤不啟，不悱不發」。當學生處於「憤」「悱」的狀態時，老師的及時提問和適時點撥，能促使學生積極熱情地投入到學習活動中去；在學生「心求通而未得」「口欲言而未能」時，老師要盡可能恰當地從不同的角度提出一些新穎的問題，激發學生「學而知不足」的求知慾，調動學生積極思維的主觀能動性。當學生自己推敲出新知識的結論時，會感到無限的欣慰。

（6）適量性。

適量性指恰到好處地掌握提問的頻率。問題的設置應疏密相間，要留給學生充分思考的時間和空間。一節課不能提問不斷，否則學生無法冷靜有效地思考，反而破壞了學生對學習的興趣。因此，每一個提問後，老師都要有一定的停頓時間，以符合學生的思維規律和心理特點，促進學生積極思維，使他們對問題考慮得全面周到。

（7）鼓勵性。

鼓勵性的問題有助於創設一個平等、民主、寬鬆、活躍的課堂氣氛。在這樣的氣氛下，學生的思維會空前活躍，其學習興趣、求知慾望和思考的積極性異常高漲，學習自信心十足。

求知慾是進行創造性活動的原動力，學生主動求解的內在動機一旦被激發，就有了創造的意圖和同化新知識的願望。至此，學生已融入文本，開啟了智慧的大門。

在實際教學中，對於課堂提問有效性的特徵，有些老師掌握得很好，善於發問，課堂氣氛活躍，學生的學習積極性很高，但有些老師卻因為對課堂提問有效性的特徵認識不夠，提出的問題往往既不能激發學生的興趣，也不能引發學生的思考。比如，提問的隨意性大：在一堂課中，有的老師提問多則二十多個，少則一兩個甚至沒有。

那麼，老師應該根據什麼原則設置問題呢？

一些老師對此的把握是模糊的、隨意的，提問缺乏思考的價值或缺乏探究性，不能引發學生的思維活動，事實性問題的比例較高，讓學生獨立思考、答案開放，或讓學生進行分析、評價的問題比較少；有些老師的提問缺乏藝術性，由於問題過於呆板、機械或者語言表達缺乏藝術性，致使學生很多時候成了「應聲蟲」，異口同聲地答「是」或「不是」；還有些老師提問的深度把握得不準，有些問題過於淺顯不能反映思維的深度，而有些問題過於深奧使學生不知所云，不能引發學生積極地思考，挫傷了學生的積極性；也有些老師的提問缺乏互動性，幾乎沒有為學生留出提問的時間，也幾乎沒有引導學生主動地提出問題，而老師反覆重述或打斷學生發言的現象也較普遍存在。

所以，為了做到提問的有效性，老師在日常教學活動中應注意以下問題：

（1）所提問題應具有一定的開放性。

封閉性的提問，以「是」或「不是」來回答問題，學生在回答問題的時候就會不假思索，並帶有猜測的成分，因為回答「是」或「不是」都有50%的正確概率。所以老師在設計問題時，一定要具有開放性，讓學生可以從不同的角度去思考。

（2）所提問題應具有一定的針對性。

老師所提問題的內容應包括學習的重點、難點、熱點。老師要圍繞這些內容認真地設計問題，巧妙提問，來充分調動學生的思維，拓展學生的視野。只有抓住重點、突破難點、聯繫熱點的提問，才能提高課堂效率，才能激發學生不同角度的思維，從而拓寬學生的知識面，提高學生的科學素養。

一、高效課堂的提問原則

（3）提問題時要注意對象的層次性。

課堂提問要以學生為本，兼顧全體學生。所謂深者得之深，淺者得之淺，均有所收穫。教學是一個循序漸進的過程，要求老師在籌劃課堂提問時必須抓住教材的整體要求，結合學生的認知水平，使提出的問題按知識點的難易級差遞升，體現一定的坡度和有序性。

為了使問題呈現一定的坡度，老師要對學生已有的知識進行診斷，瞭解學生相關的知識儲備，以使問題能和學生獨特的認知結構聯繫起來。而把一個大問題分解成若干個小問題的時候，老師尤其要注意各個小問題之間的坡度，要讓學生明白這樣分解的理由，並能自然地把各個階段的解決策略串聯起來，從而解決原問題。此外，老師還應瞭解學生的個性，對不同個性的學生提不同的問題，做到因人施教。

（4）所提問題應具有一定的探究性。

為培養學生的創造性思維，老師所提的問題應有一定的探究性。透過問題的設置，引導學生多角度、多途徑地尋求解決問題的方法，培養學生思維的發散性和靈活性。在學生解答完老師提出的問題後，老師還應留下具有生活化又賦有探究性的空間，讓學生利用課餘時間進一步去探究。

（5）對有效提問做出有效評價。

老師提問後，對學生的回答應當做出適當的評價。老師的評價是極為重要的，它對於保持學生學習的積極性，讓學生瞭解自己的學習情況，提高提問的效力都是必不可少的。否則就會流於形式，使學生無所適從。

有效評價可分為兩種形式：一種是激勵性評價，另一種是否定式評價。新課標強調激勵性評價，但也並沒有摒棄否定式評價。如果老師一味地表揚和遷就學生，對學生出現的錯誤不敢面對，不敢批評，這將是非常糟糕的。所以，老師應將激勵性評價和否定式評價有機地結合起來，並注意方法和方式，以關心、愛護和理解學生為出發點，以不傷害學生的自尊心和不打擊學生的創造性、積極性為前提，以學生能接受的方式為突破口，這樣才能達到有效評價的效果。

課堂提問，既要講究科學性，又要講究藝術性。好的提問，能激發學生探究問題的興趣，激活學生的思維，引領學生在知識的王國裡遨遊。但好的提問，需要老師做有心人，把問題設在重點處、關鍵處、疑難處，這樣才能使問題有效，並充分調動學生思維的每一根神經，極大地提高課堂的教學效率。

實施課堂提問有效性的具體方法

課堂教學的主要目的是使學生獲取知識、形成技能、訓練思維，而課堂提問是實現這一目標的主要手段，因此，老師應提高課堂提問的有效性。那麼，該如何提高課堂提問的有效性呢？

（1）精心設計課堂提問點。

①根據學生的興趣點進行提問。

所謂興趣點，就是能夠激發學生的學習興趣，集中學生的注意力，促進學生理解的知識點。抓住學生的興趣點提問猶如「一石激起千層浪」，激發起學生的求知慾，讓他們沉浸在思考的漣漪中，成為「好知者」；又如「柳暗花明又一村」，讓學生在探索頓悟中感受到思考的樂趣。

②抓住知識的疑難點提問。

學生學習的疑難點也是教學的重、難點，抓住疑難點提問，就是要突破教學的重點和難點。

③抓住思維的發散點提問。

培養學生的創新能力，是新時期對人才的要求。創新能力的培養要在求同思維培養的基礎上，強調並重視求異思維、發散思維的訓練，讓學生盡量提出多種設想，充分假設，沿著不同的方向自由地探索和尋找解決問題的各種答案。

（2）把握提問的時機。

一、高效課堂的提問原則

提問時機主要指提問的課堂時機和提問後的等候時間。所謂提問的課堂時機：

一是學生的學習情緒需要激發、調動的時候；

二是學生的研究目標不明、思維受阻的時候；

三是促進學生自我評價的時候。

而有些老師在提問後，常常缺乏等待的耐心，總希望學生能對答如流，如果學生不能很快地做出回答，老師就會重複這個問題，或重新加以解釋，或提出別的問題，或叫其他的同學來回答，根本不考慮學生需要足夠的時間去思考、去形成答案並做出反應。

有研究表明，如果老師在提問後能等候一段時間，那麼他們的課堂將出現許多有意義的顯著變化：學生會給出更詳細的答案；學生會自願地給出更好的答案，拒絕或隨意回答的情況就會減少；學生在分析和綜合的水平上的評論就會增加，他們會以更多的依據為基礎做出有預見性的回答，而他們的成就感也會明顯增強。

因此，老師在課堂上不能「隨意問」，更不能「懲罰問」，而要把握提問的時機。而在提出問題後，要給學生思考的時間，這樣才能有好的課堂反應。

（3）選好提問方式。

提問的方式從內容角度說是指問什麼樣的問題。如：

知識型問題——什麼是自然數？

理解型問題——用自己的話說說這個應用題是講什麼？

應用型問題——你能想辦法算出校園中的樹幹的半徑嗎？

分析型問題——能給同學們說說你是怎樣想的嗎？

綜合型問題——根據「三角形的穩定性」，你能對生活中的物品進行改進嗎？說說改進的方案及理由。評價型問題——這種做法你喜歡嗎？說說你的理由。所以，老師應根據實際情況靈活選擇提問的方式。

（4）及時對學生的回答給予反饋。

有的老師對學生回答的對錯與否不作評價，馬上又提出第二個問題叫學生回答，或者評價含糊其辭，使學生如墜雲霧，摸不著頭腦；或者只說缺點，不說優點；或者過早地把答案告訴學生，代替學生思考。這些都是不正確的做法。

而正確的做法應當是，在學生經過思考、回答後，老師給予客觀的、鼓勵性的評價或必要的指引。

（5）優化提問的情感氛圍。

作為課堂氣氛創設和保持的主導者，老師應該努力做到：

①保持良好的提問心境。

良好的提問心境，應該是老師愉快教學，自覺確立強烈的學生主體意識和「問」為「學」服務的提問觀。老師在提問時既要考慮怎樣教，更要考慮學生怎樣學，把為學生服務作為提出問題的出發點，使所提問題成為實現「學」為主體的保證，讓學生享受到自主探究、思考和發現的樂趣。

當學生的回答欠佳時，老師要以寬容、體諒的態度啟迪他們，引導學生更深入、更細緻地思考，努力培養學生積極的答問心理，形成民主、融洽的師生關係。

②尊重學生的提問權。

學生是一個個有著豐富而細膩思想的人，每一堂課中他們都會產生一些想法或疑惑。由於學生的自制力較弱，這些想法或疑惑一經產生，便急欲一吐為快，否則即會形成一個個思維干擾。學生是學習實踐活動的主人，老師要允許學生質疑，熱情地為他們創造吐露思想的機會。對於學生的質疑，老

師要在態度上給予鼓勵，方法上加以指導，讓學生在老師親切、讚賞的言行中產生強烈的思維意向，積極進行思維活動。

（6）優化提問的思維氛圍。

①消除學生的畏難情緒。

設疑、解疑的目的是要使學生實現智力和知識中的「現有水平」向「未來的發展水平」的遷移。因此，問題總有一點難度，這就造成部分學生的畏難情緒。激發這部分學生的積極思維，首先要消除他們的畏難情緒。

教育學家第斯多惠說：「教學的藝術不在於傳授的本領，而在於激勵、喚醒、鼓舞。」消除學生的畏難情緒，培養他們的答問積極性，老師至少有兩種策略：一是激發學生的好奇心和求勝心。心理學上稱好奇為直接興趣，求勝則是學生的天性，二者都是學生學習的內驅力，是思維的正誘因；二是熱情鼓勵。老師在提問時適當運用「說說看」「勇敢地談談自己的看法」「說錯了沒關係」等鼓勵性語詞，可消除學生回答問題時的一些心理障礙，諸如害羞、畏難等。對於後進生，老師還可用一些淺顯的問題，使他們體驗成功的喜悅，增強對學習的信心，推動積極的思維。

②所提問題具有適應性，要面向全體學生。

課堂提問的設計以學習成績中上等學生為基點，兼顧優、差生。無論哪個班組，都存在「中間大，兩頭小」的現象——中等生占絕大多數。所謂面向全體學生，即課堂提問要求能使全體學生都能參與思考，不應該只針對少數尖子生，而要使全體學生特別是差生都有被提問的機會，使提問具有普遍性。課堂提問時，中等生回答的機會多一些。因此，老師的提問要以中上等學生的水平為主，使中等生經過思考後能夠回答出來。為了適合優、差生的特殊需要，老師可將某些問題作一些深化，將某些問題分出層次，以便在課堂中分別向優、差生提出。例如，對優等生提問時要提有一定難度的問題，如理解性的、發散性的、綜合性的問題，激勵其鑽研；對中等生提問時則以一般性問題為主，以幫助他們掌握、鞏固知識，提高學趣，培養良好的思維情緒；而對後進生提問宜問一些淺顯的問題，如簡單判斷性的、敘述性的、

比較直觀的問題，並設法創造條件啟發他們思考，使他們在成功中勃發思維的激情。

③問題要有啟迪性。

問題要有啟迪性，即所提的問題要能激發學生思考、探索的興趣。具有教育意義的問題能針對學生的實際，對學生的言行有潛在的影響。老師不要講完什麼後都問「對不對」「是不是」「懂不懂」，這樣的提問效果平平。

思維是智力的核心，有效的課堂提問是進行思維、語言訓練，提高學生學習能力的一種有效的教學方法。作為老師，透過科學的課堂提問，多角度、多層次地調動學生學習的內動力，加強教與學的和諧互動，能極大地提高教學的有效性。

當然，課堂環境的多變性，也會使實際的課堂提問活動表現出更多的獨特性和靈敏性。老師只有從根本上樹立課堂提問的正確觀念，在實踐中充分發揮課堂提問的靈活性與有效性，才能事半功倍，更好地達到自己的預期目標。

2. 提問應把握好度：準確認知，難易適度

提問的適度性包括以下幾方面：

問題難易適度。難易適度是指在設計課堂提問時應把握分寸，老師應注意在不同的環節上設置問題的難度要有差別，盡量使每個層次的學生都有機會回答問題，而對同一個知識點的提問應注意設置問題的梯度，由易到難。

提問時機適度。首先是從教學內容方面來看，老師要選擇合適的知識點和知識點的適當視角作為提問的切入點。

其次，是從課堂教學的時間上把握，應選擇合適的提問時機。及時的提問往往可以收到意想不到的效果，上課開始時的提問可以集中學生的注意力；上課過程中的提問可以疏通和理順學生的思路，引導學生的思維方向，開闊學生的思維視野；而課尾的提問可以消除學生的疲勞和麻痺的心理。

一、高效課堂的提問原則

問題數量要適度。也就是提問應適量，即教師們在提問時要抓住知識的關鍵和本質，能用一個問題解決的就不提兩個問題；能直插主旨的就不繞彎子，堅決克服和摒棄「滿堂問」的形式。

課堂提問是師生訊息雙向交流的過程，恰當的課堂提問能激發學生的興趣，啟發他們的思維，提高課堂教學效率。所以，教師們應掌握提問的適度性原則。

小學語文特級教師、浦明師範附小的校長賈志敏，在課堂提問時就很注重問題的適度性。下面讓我們來看一看賈志敏老師的教學片段。

片段一：

在教《一張珍貴的照片》時，為了讓學生對課文有更深的理解，賈老師在文章重點處直接設問題。他先提了個引導性的問題，「周總理來到小桂花家，小桂花的爹為什麼要用『袖子』抹凳子？」

學生思考片刻，紛紛舉手，躍躍欲試。有的學生說：「因為他一時找不到抹布。」也有的學生說：「小桂花的爸爸知道來的是縣長，太激動，太高興了！沒想袖子不袖子的事，只是想盡快擦乾淨，好讓縣長坐下歇歇。」有的學生則說：「小桂花爹的行為，完全是一片真誠，這表現出了農民對縣長的愛戴和崇敬。」

聽完了學生的發言，賈老師對大家的回答進行了歸納，但他並未因此止步，而是適時地拿出一個「又」字讓學生分析討論，「小桂花的爹用袖子把一條長凳『擦了又擦』，這句中的『又』能不能去掉？」

「不能。」學生齊聲回答。

「為什麼不能？」賈老師進一步詢問。

這一個「為什麼」把討論引向了深處，課堂氣氛變得更為活躍。

學生紛紛發言道：「去掉『又』字，意思全變了。『擦了擦』可以說是漫不經心，隨隨便便地擦一下，哪能擦乾淨？」「有了『又』字，能表現小桂花的爹仔細地擦了一遍又一遍，把凳子擦得乾乾淨淨。」「嗯，不錯，很

好。」賈老師邊聽邊點頭，最後饒有風趣地總結性地說道：「同學們說得對，不能小看一個字哦，一字值千金！」「呵呵……」學生會心地笑了。在這笑聲中，大家深刻地理解了文章的核心內容。

片段二：

在教《月光曲》一文時，對「陶醉」一詞賈老師是透過三個步驟來讓學生逐步加深理解，牢固掌握，正確運用的。

他首先提問：「聽著貝多芬彈奏美妙的樂曲，兄妹倆怎樣了？」

學生立刻想到了「陶醉」一詞，於是齊聲回答：「陶醉了！」

「回答得很好。那麼『陶醉』是什麼意思呢？大家查查詞典。」

於是，學生低頭翻查詞典，瞭解「陶醉」的詞義，這時，賈老師加深了問題的難度：「兄妹倆為什麼被『陶醉』了？」

這個問題比較靈活，又沒有現成的答案，學生一時回答不上來，於是賈老師便引導學生把詞放到課文中去理解體會。

經過思考、議論，學生找到了答案：兄妹倆生活貧苦，又渴望親耳聆聽到貝多芬的演奏。而一次偶然的機會，他們的希望突然變成了現實時，自然就陶醉在美妙的樂曲聲中了。窮兄妹倆在他們破舊的茅草屋裡聽到了世界上最著名的音樂家彈奏的曲子，他們激動非常，完全沉浸在樂曲的意境之中，所以被動聽的樂曲所陶醉。

賈老師笑著點了點頭，此時又不失時機地提出了一個發散性的問題：「除了課文中的用法外，『陶醉』一詞還可以怎樣用？」

「美麗的景色。」

「精彩的節目。」

「還有動聽的故事，這些方面都可用上『陶醉』一詞。」

學生爭先恐後地發言，大家在輕鬆愉快的學習環境中牢固地掌握了「陶醉」一詞的詞義以及正確的用法。

讓學生的思維活起來：名師最激發潛能的課堂提問藝術

一、高效課堂的提問原則

每一節課都有一定的目的和要求，因此教師們的提問不能太寬，更不能無邊無際，離題千里；也不能太碎，不能提雞毛蒜皮的問題，以致不得要領。而應該適時適度，把學生的思維理正，引向主要的目標，這是老師在提問前需要深思熟慮的。

此外，老師的提問也不能是「滿堂問」，那樣並不一定能啟發好學生，反而會使他們的注意力分散，造成對學習的厭倦，甚至形成逆反心理，以致啟而不發。提問就貴在一個「精」字，所以應力避繁瑣，繁瑣會使問題碎而淺。在《一張珍貴的照片》的教學案例中，賈老師的問題就很精簡、恰當。

為了突出教材的重點內容，他先提出了一個導入性的問題，「周總理來到小桂花家，小桂花的爹爹為什麼要用『袖子』抹凳子？」

學生的回答形式各樣，賈老師對此進行了總結性的歸納，同時引出了核心性問題，「小桂花的爹爹用袖子把一條長凳『抹了又抹』，這句中的『又』能不能去掉？」

學生紛紛回答說不能，賈老師又讓他們說出理由，在不同的理由中大家逐漸找到了文章的中心和主題。

此案例中，賈老師透過恰當的核心性提問，使學生準確地抓住了文章重點，很快理解了課文內容。

而在《月光曲》的教學片段中，賈老師則利用三個逐漸加深難度的問題使學生理解了「陶醉」一詞，並能牢固地掌握和運用。

第一個問題——「聽著貝多芬彈奏美妙的樂曲，兄妹倆怎樣了？」這個提問讓學生準確地找出了「陶醉」一詞。然後賈老師再要求學生在工具書中找準詞義，接著問出了第二個難度較深的問題——「兄妹倆為什麼被『陶醉』了？」此問題較靈活，又無現成的答案，於是賈老師引導學生把詞放到課文中去理解體會。最後提問——「除課文中的用法外，『陶醉』一詞還可以怎樣用？」這是個發散性的問題，學生經過前面訊息的輸入以及加工處理，很快地反饋出答案：美麗的景色、精彩的節目、動聽的故事等方面都可用上「陶醉」一詞。

這樣一來，學生就很牢固地掌握了該詞的詞義、運用範圍，而用它造出完整、通順、具體的句子就會水到渠成。

在這個案例中，賈老師的課堂提問由淺入深，難易適中，使學生在輕鬆有趣的學習氛圍下，及時地掌握了課文內容，同時還培養了閱讀能力。

綜上所述，在課堂提問中，教師們一定要注意從學生和教材的實際情況出發，使所提的問題難易適中，切合實際。太難了不行，太淺了意義不大，最好是深文淺問，淺問深究，直事曲問，使學生有思考的餘地。題目過易，會使學生產生厭倦與輕視的心理；題目太難又會使學生望而生畏，無從回答，影響思維的積極性。

此外，教師們在提問時還要注意提問的適時和適量性，這都是適度的表現。

提問要「適度」，就是指教師們要正確地估計學生的學習潛力，使問題接近學生智力的「最近發展區」，而不是高不可攀或是繁瑣淺顯地提問，所設計的問題應該是讓學生努力思索一下就能夠想出來的。因此，教師在教學時要把握課堂提問的「度」，要善於在「度」的多層次中選擇最佳的切入點，這對搞好課堂教學有著十分重要的意義。

那麼，怎樣才算提問「適度」呢？

（1）提問要有導向性。

提問必須指向明確，不能含糊其辭、模稜兩可，否則提的問題學生將不易作答。如一位教師在教「面積」的概念前，先複習「周長」的概念。這時教師問：「課桌面的周長是哪個部分？課桌面是哪個部分？」結果學生回答這兩個問題都是用手一摸桌面了事，可見學生回答得不太理想。

這時，該教師覺得問題缺少導向性，就馬上改為問：「課桌面的周長是哪幾條邊的和？課桌面是哪個部分？」至此學生認識周長就集中在「幾條邊」這個要點上，較好地分清了「周長」與「課桌面」這兩個不同的概念，提高了學生思維的「效益」。

一、高效課堂的提問原則

（2）提問要有啟發性。

一個好的提問，必須是能啟發思維的、富有智慧訓練價值的。因此，提問切忌簡單化，一般來說，學生透過自己閱讀思考能理解的內容，就不必再提問。

（3）提問要有剖析性。

如在教授《別了，可愛的中國》這一課時，老師可以這樣設計提問：「課文為什麼兩次提到『我們愛自己的祖國』？」學生只有認真讀文，細心分析，深入領悟作者對祖國惜別、留戀的思想感情，才會得出正確的答案，這樣就達到了剖析性的效果。

（4）提問要有展開性。

如教《開國大典》一課時，老師可提問：「『正是這戰鬥的聲音，曾經鼓舞著人民為國家誕生而奮鬥』，說說這句話的具體意思」。學生在閱讀課文中的這句話後，只有根據《義勇軍進行曲》的內容，充分想像國難當頭，它鼓舞人民奮起救國的作用和在戰場上英勇殺敵的動人場面，才會得出正確答案，從而達到了展開性的作用。

（5）提問要有系列性。

如在教《松坊溪的冬天》一課時，老師可提問：「松坊溪的景像是什麼樣的？這樣寫抒發了作者怎樣的思想感情？」這個問題雖然只有兩問，但第一問卻需要學生對松坊溪平時的景象、下雪時和下雪後的景像三個方面做出回答，回答第一問之後才能再回答第二問。這個問題因答案具有系列性，所以回答時具有一定的難度。

（6）提問要有綜合性。

如在教《送孟浩然之廣陵》一課時，老師可提問：「這首詩表達了作者怎樣的思想情感？」閱讀這首詩，學生只有把四句詩的意境加以綜合，才會知道詩人借景抒情，寓情於景，生動地表達了送別老朋友時依依惜別之情。

總之，課堂提問是一門藝術，教師們在設計教案時應時刻想到在哪些地方需要提問、提問什麼、怎樣問、抽那類學生問、什麼時間問。只有充分重視問題設計的適度性，並不斷優化，才能使學生在輕鬆、高效的課堂中學到更多的知識，學會更多的思考問題的方法。

實施課堂提問適度的具體方法

課堂提問是常用的教學手段之一，要使提問真正收到滿意的效果，提問不僅要做到具有整體性、啟發性、科學性、針對性、趣味性和靈活性、面向全體性，而且還要做到適時、適度、適量。那麼，教師們要怎樣控制提問的適時、適度、適量呢？

（1）問題難度的控制方法。

難度也就是指問題的深度和廣度，適當就是問題要切合實際。從提問的內容上要求，必須先易後難、由淺入深、化難為易、循序漸進，要有一定的層次性。即在提問時，既要有一般水平的提問，表現為對教材內容的認識（回憶和再現）、理解（用自己的語言表述）和應用（解決簡單的問題），也要有較高水平的提問，表現為對教材內容的綜合、分析和評價。

教師們要根據教學的需要，針對學生的實際，由表及裡步步深入設問，激起學生的內心活動，啟發學生想問題，並善於改變設問的角度，以提高課堂的價值。

教育心理學研究表明，當問題所要求的知識與學生已有的知識沒有聯繫（這種「聯繫」指的是有意義的、本質的聯繫，而不是字面上的聯繫）時，這個問題就太難了，學生很難回答；當問題所要求的知識與學生已有知識有聯繫，但又有中等程度的分歧時，那麼它對集中學生的注意力、動員學生的積極思考最為有效，因為這樣的問題難易適當，學生透過學習可以回答。

根據以上原理，教師在設計問題時應注意兩點：

第一，應該把問題設計在學生已有知識的基礎上，先易後難，逐一解答問題。

一、高效課堂的提問原則

例如，在講授元素原子半徑週期性變化時，老師可設計三個問題——「什麼叫元素的原子半徑？」「元素的原子半徑是怎樣呈現週期性變化的？」「元素的原子半徑為什麼呈現週期性變化？」

解決這三個問題的難度是依次增加的，而這三個問題都設立在前一個問題的答案基礎上，當解答出前一個問題之後，學生的「已有知識」就擴大了，後一個問題所要求的知識就可和學生的「已有知識」建立起聯繫，解答後一個問題就比較容易了。

第二，對於難度不同的問題，應讓不同層次的學生來回答，使每個回答問題的學生都必須「跳起來才能摘到桃子」，從而達到啟發學生積極思維的目的。

而老師要注意的是，提問設計的難度要符合學生的實際水平。教育測量中的「難度」概念為提問提供了數量依據。難度 $PH=1-P/W$，這裡的「W」表示課堂內的學生總數，「P」是答問透過的人數。難度 PH 在 $0\sim1$ 之間。若難度為 0，全體學生都能回答；難度接近 1，幾乎沒有學生能回答。提問的難度一般應控制在 $0.3\sim0.8$ 之間，使大多數學生透過努力都能解答。

就問題本身而言，還可以分為不同的級別。心理學家把問題從提出到解決的過程稱之為「解答距」，根據「解答距」的長短把問題分為四個等級：「微解答距」（看書即可回答）、「短解答距」（課文內容的變化或翻新）、「長解答距」（綜合運用原有知識解題）、「新解答距」（採用自己特有方式解題）。

提問的目的在於開拓學生的智慧，但也不能脫離學生的實際，大搞有難度的題目，使他們望「題」興嘆，視為畏途。

問題深度的選擇應根據彼時彼地學生解決問題的水平，選擇適宜的角度進行提問，使學生的思維在「發散」與「集中」中向一個又一個「最近發展區」前進。

（2）提問的時機控制方法。

2. 提問應把握好度：準確認知，難易適度

所謂提問的最佳時機就是使學生的新舊知識發生激烈的衝突，使學生意識中的矛盾激化。教師們在課堂提問時必須捕捉到時機，才能引起學生的興趣，而問題一旦解決，他們就會有攻克堡壘後的快感。

在教學中，有些教師或是先叫學生後發問，或是發問後緊接著叫學生回答。這樣不僅沒有思考的時間，而且也沒有面向全體學生，影響學生的積極性，妨礙學生思維的和諧發展。

在課堂提問中，應該先提問，根據提出問題的難度留出適當的時間讓學生思考，然後叫學生回答。

教師們提問的時間要根據需要確定，切不可形成固定的僵化模式，總是在講課前「複習提問」。問題提出後，也要給學生留下思考的時間，不同的問題還要選擇不同的回答對象，既要考慮學生發言的機會均等，又要不給差生「出難題」，傷害學生的自尊心，給優生「出易題」，讓他們失去回答問題的興趣和信心。

教師們在教學中不僅要具有駕馭教材、瞭解學生、優選教法的功夫，而且要有善於根據教學中的訊息反饋，審時度勢，不失時機地進行課堂提問的能力。課堂提問時，教師們可以選擇很多時機進行提問。

（3）提問的適量控制方法。

老師的提問要精，對於每一個教學內容不見得都能提出幾個能啟發學生思維的問題，如果非要提出那麼幾個問題，使問題必有難有易、有大有小，則難難易易、大大小小的問題湊在一起必然會把主要問題淹沒，就只會產生混淆教學重點，模糊學生認識的作用。因此我們在提問時要把握住時機，要少而精，要切中要害。

比如，在講授新課時，老師應圍繞教學的要點提問；在實驗教學時，應從實驗原理、實驗現象、操作方法的相互關係中提出問題；在複習時，從知識的規律性方面，從易混淆的知識點出問題。概括地說，我們不能把提問作為唯一的教學方式，而應該根據教學情況，靈活地採用提問、討論、講解等多種教學方式，這樣才能收到良好的教學效果。

一、高效課堂的提問原則

此外我們還必須指出，對於精心設計出來的問題要做全面、深刻的討論，要使它貫穿課堂的始終，真正使問題成為學生從已知到未知的嚮導。要防止對問題簡單處之而只作為講課主題簡單陳述。

那麼如何做到課堂提問「適量」呢？這取決於老師對教材的重點、難點及知識的訓練項目瞭然於心後，考慮用什麼技巧和策略來提問。

在設計課堂提問時，老師要注意運用歸納和合併的方法，盡可能設計容量大的問題，以提高學生思維的密度和效度。

例如，在教「梯形面積計算公式」時，可以有以下兩種不同方式的提問：

提問方式一：

①兩個完全一樣的梯形可以拼成一個平行四邊形，拼成的平行四邊形的高與原梯形的高有什麼關係？

②拼成的平行四邊形的底和原梯形的哪兩條線段有關？

③拼成的平行四邊形的面積與原梯形面積有什麼關係？怎樣求梯形面積？

提問方式二：

①兩個完全一樣的梯形可以拼成一個什麼樣的圖形？

②拼成的平行四邊形的高與原梯形的高相等嗎？

③拼成的平行四邊形的底與原梯形的上底與下底的和相等嗎？

④拼成的平行四邊形的面積等於原梯形面積的幾倍？

⑤平行四邊形面積怎樣計算？梯形面積又怎樣計算呢？

⑥梯形的面積為什麼是上底加下底的和乘以高，還要除以2？

比較之下，後者顯得「雜」「亂」「碎」，並且過於「直」和「露」，問得學生心神不寧，不利於學生用已有的知識經驗對問題進行分析推理，邏輯思維得不到較好地培養。而前者所包含的思考容量較大，突出了拼成的平

行四邊形與梯形各部分之間的關係這個重點，達到了教師們「問」得精、學生「思」得深的效果。

總之，在提問時，只要教師們緊扣教材，突出重點，選擇好問題的難易程度、適量性以及提問的最佳時機，精心設計，就能培養學生良好的思維品質，在有限的時間內取得最佳教學效果。

3. 對課堂答問多做鼓勵性評價：賞識鼓勵，激發自信

鼓勵，在教學中的作用毋庸置疑，它對一個學生的積極成長，有著其他方法不可替代的作用。鼓勵要以愛護學生為出發點、要實事求是。教師們在鼓勵過程中要做到一視同仁，表現出對全體學生的真切的愛，不可存在偏愛的心理和厭惡情緒。

教師們在表揚時要特別注意保護學生心靈最敏感的地方，即自尊心。就是說鼓勵時一定要做到公正、合理、符合實際。誇大其詞，不符合實際的表揚和評價，非但不能造成積極的群體心理效應，而且對受表揚者也不會產生好的影響。

著名教師于永正老師在課堂提問時，就經常鼓勵學生積極地回答問題，特別是那些膽小的、不敢回答問題的學生。

有一次，于老師執教《全神貫注》一課。上課不久，于老師就提出了一個問題讓大家回答，很多學生都高高地舉起了手，但仍有幾個學生不舉手，於是于老師便指定一個不舉手的學生起立回答問題。那個學生面色通紅，聲音很小地說：「我沒這個勇氣。」

于老師和藹地走到他跟前說：「沒勇氣不要緊，于老師『特許』你坐著回答，怎麼樣？」這個學生點點頭，坐在座位上次答了問題。

「回答得很不錯嘛，可見你在課下認真預習了課文，以後要繼續努力。」這個學生回答完後，于老師及時地表揚了他。

一、高效課堂的提問原則

　　過了一會兒，于老師又點名讓這個「沒勇氣」的學生起來回答問題。聽了于老師的鼓勵和表揚，這名學生有了勇氣，雖然聲音聽起來仍然有些顫抖，但卻圓滿地回答了問題。這名學生回答完後，于老師大聲地鼓勵，「你回答得很好，理解能力很強，下次，你應該勇敢地站起來。」

　　在接下來的課堂提問中，這個原本膽小的學生多次站起來發言。

　　後來于老師又提出了一個問題，這個問題一提出，學生的觀點就旗幟鮮明地分成了兩大派，並且都不服對方。於是，于老師指名讓兩名不愛回答問題的學生作為代表來闡述自己一方的觀點，並說出理由。

　　這兩名學生惶惶然地站在那裡，有些手足無措。於老師說：「大家幫幫他們，你們找個地方先單獨演練演練。」

　　這樣一來，課堂氣氛就活躍起來，大家都熱心地幫助本組的代表，一起跑到一個角落起勁地練習起來。

　　「如果回答錯了該怎麼辦呢？我有點擔心。」當一個學生緊張得如此說時，于老師遞上一杯水讓他喝，並幽默地為他摸摸胸壓壓驚。在大家善意的笑聲和熱烈的掌聲中，這個學生很不錯地闡述了自己的觀點。

　　理由闡述完後，于老師問：「他們和自己比回答得怎麼樣？」

　　學生齊聲回答：「好！」

　　「是啊，每個人和自己相比，都有了了不起的進步。回答問題不在對與錯，最重要的是有勇氣說出自己的觀點，你們今天能站在大家面前說出自己的觀點，這就是一個很大的進步。」

　　課堂上頓時響起一片熱烈的掌聲。

　　……

　　「你真棒」「你太聰明了」……類似籠統概括的鼓勵性語言在當下的課堂提問上可以說是比比皆是。但事實上，特別是大多數高年級學生對這種廉價而空泛的表揚並不領情，學生更想要的是充滿真誠的、藝術化的鼓勵。

你看，對於沒有信心的學生，于老師沒有說些「要大膽」「要勇敢」之類的空話，而是非常體貼地「特許」學生「坐著回答」——這是為學生樹了一個梯子，搭了一個臺階，讓學生由膽怯攀上自信之巔。對於另一個害怕回答錯了的學生，他又變換了手法：遞上一杯水，按摩一下胸壓壓驚，此舉用的是幽默法——透過風趣的舉止，營造愉悅的氛圍，讓教室裡歡快的氣氛「融化」學生心中的緊張之情。

課堂評價是課堂提問的重要組成部分。鼓勵性的評價可以激活教學氣氛，激發學生參與提問的積極性。但在教學提問實踐中，有些老師總是一味地提倡無原則的鼓勵性評價，以致走入了教學誤區。

比如，有一位老師教《四季》一文，讀完描述四季的內容後，老師問學生：「你們最喜歡哪個季節？」有一個學生回答：「老師，我最喜歡夏天，因為夏天我可以到河裡游泳。」老師誇獎道：「你真聰明，還會游泳呢！」

其實，這名學生的聰明之處在於他不僅說出了自己喜愛的季節，還道出了理由，老師應該及時指出：「你真是個聰明的孩子，不但說了自己最喜愛的季節，還說出了喜愛的理由，讓我們聽得更明白了。」

這樣有針對性的鼓勵評價才是真正的「潤物細無聲」的激勵方式。而這位老師的鼓勵性評語很可能會讓學生覺得他的聰明是因為他會游泳，從而讓學生錯失了一次「揚長避短」的機會。因此教師們的評價要有針對性、準確性，不能像個大帽子似的，隨意扣在每個學生的頭上。

在課堂提問時，對於那些膽小、不愛主動回答課堂問題的學生，教師們可以巧妙地去設計一些簡單的問題，進行啟發式提問，當他們回答後，就聲情並茂地表揚並鼓勵他們，漸漸地他們就不會再因為回答問題而懼怕，不會因為回答不好而感到灰心，思維也會逐漸活躍，能與全班同學參與課堂討論，學習成績也就會有所提高。

此外，在課堂提問時，教師們要時時關注每個學生的表情，用關切與期待的眼神，鼓動他們積極參與，對他們的表現要常常用點頭、讚許的「表情鼓勵」，向他們流露教師們的滿意心聲，去激盪起學生不斷上進的潮湧；對

讓學生的思維活起來：名師最激發潛能的課堂提問藝術

一、高效課堂的提問原則

他們的大膽想法要給予充分的點評和肯定，用掌聲去促進他們大膽嘗試，這種由衷的「信號鼓勵」會引發全班學生的響應，形成「奮發而和諧」的學習情境和氛圍。

在教學過程中，教師們要鼓勵學生多思善問，啟發他們質疑，來加深學生對新知識的理解，去發展他們的邏輯思維，同時也有助於教師們反思，以彌補自己講課中的不足；鼓勵學生求異創新，透過問題情景的創設、方法的探索，去激活他們的思維和創新意識；鼓勵學生自我表現，使他們在親切和諧、靈活寬鬆的課堂氛圍中顯示個體在集體中的價值，體驗學習的樂趣。

鼓勵是一種教育教學手段，在課堂提問時，教師們恰當地對學生進行鼓勵性評價，往往能收到事半功倍的教育教學效果。具體說來，主要有以下三方面的作用。

（1）能調動學生學習的主動性，培養他們的自信心。

①適時鼓勵，點石成金。

在大力提倡確立學生主體地位，積極倡導「自主、合作、探究」的教學方式的今天，我們更應該對學生進行大膽鼓勵，鼓勵他們大膽答問。只有這樣，學生的主體意識、創新意識才能得以培養，潛能才能得以充分發揮。

每個學生就像天上閃爍不定的星星，有明有暗，有近有遠。只要我們有足夠的細心、耐心去尋找，就會發現每個學生的閃光之處，然後及時抓住這些閃光點，進行恰當的鼓勵，這些閃光點很可能就會閃亮一點，照亮一片。

②適時適度地對「差生」進行鼓勵性評語，可令他們步入學習正軌。

對於「差生」，鼓勵是消除他們的膽怯，更新他們的認識，轉變他們的學習態度，使他們步入正軌的必要因素。

「精誠所至，金石為開」，差生們那隱藏的閃光之處一經發現，教師們就要及時抓住這個機會，恰當地給予鼓勵和誘導。而「差生」經過一個深刻的、動態的、發展的心理過程，很有可能發生一個質的突變，告別迷途，步入正途。

3. 對課堂答問多做鼓勵性評價：賞識鼓勵，激發自信

在課堂提問中，老師不僅要善待「差生」，還要正確引導他們，讓他們認識到：通向成功的路絕非一帆風順，在實現理想的途中，遭遇困難甚至打擊是在所難免的，一定要鼓勵他們樹立自信。

有的學生在面對失敗、挫折時，對自己的錯誤總會耿耿於懷，為過去的疏忽、過失不斷自責，以致過度消極、沮喪，導致畏首畏尾，不敢嘗試回答，甚至於對未來充滿憂慮。

此時，就需要教師們及時鼓勵地學生，讓他們學會坦然地面對失敗，要積極探索失敗的積極意義，要告訴學生，自責於事無補，只有吸取失敗的教訓，鼓起重新開始的勇氣，成功才會向你招手。要及時鼓勵學生——「這點失誤算不了什麼」、「你是個很勇敢的孩子」、「這個問題下次你一定能回答出來，一定能」。久而久之，學生就會樹立起堅強的個性、正確的人生觀及正確的學習態度。

（2）鼓勵是開啟學生心理情感大門的鑰匙。

人的情感總是在一定的情境條件下激發產生的，一個良好的情感環境對激發人的情緒具有重要意義。在課堂提問中，教師們一定要認識到：情感是極具感染力的心理活動，除了知識的傳授外，還必須在提問中重視情感交流，教師們要憑藉自己的情感來影響學生。

有時，教師們的一句話，一個眼神或一舉手、一投足，都會讓學生有著不同的、深刻的理解感受和體驗。尤其是教師們的讚揚鼓勵，更是讓學生銘記在心抑或終身難忘。鼓勵的語言更能增強學生的自信心、參與意識和自主意識，更益於學生人格的健康發展。因此，老師對學生的答問，要以誠相待，與之平等地進行交流，激發學生的求知慾。

教師們要把握好每個學生的思想動態，及時引導和鼓勵，學生才能在答問中保持一種積極向上的動力，從而更加努力，要求進步。

（3）教師們的鼓勵對於學生做人、做事方面有不可忽視的影響。

一、高效課堂的提問原則

課堂提問中，教師們一句中肯的鼓勵語句，會讓學生激動萬分，學生還會模仿著老師的樣子鼓勵別人，「你能行，我為你加油」「你一定會堅持到底」「我希望堅強的你會再次笑起來」等等，他們都會為對方加油鼓勁。

教師們的鼓勵對學生的學習發展是一種有效的手段，它是一種對內因施加催化作用以改變學生的外在表現狀態的教學手段，能讓學生的學習思想狀態以波動的、快速前進的方式發展。

在課堂提問中實施激勵教育可以提高學生的學習興趣，充分發揮學生的主體作用，激發學生的潛能，調動學生主動學習的內驅力，從而使他們主動求知，自我發展。

在教學實踐中，有些教師常常對學生實行一味的、無原則的鼓勵，使「激勵性評價」走進了誤區：

（1）鼓勵性語言不真誠，過於形式化。

課堂提問時，經常可以看見這樣一種現象，教師們的嘴裡經常掛著「對」「很好」等詞語，對學生甲的回答說「很好」，對學生乙的回答也說「很好」，用含糊其辭來回應學生的精彩回答，激勵方式單調死板。這樣的激勵無關痛癢，自然也就不會對學生產生多大的鼓勵作用。

要讓課堂充滿生命的活力，教師們應該珍視每一個學生的尊嚴與價值，用真心換真心，用真誠去鼓舞、喚醒學生的上進心和求知慾。對學生在課堂中的優異表現，老師一個讚許的眼神，一個會心的微笑，一個由衷的頷首，都會對他們產生極大的鼓舞。

（2）鼓勵性評價單一乏味，缺少啟發性。

當前在有些教師的課堂上，激勵性評價語言單一乏味，不是「你真棒」、「你真行」，就是「你真聰明」之類的，一味地機械性重複。雖然有的教師鼓勵的時候情感豐富、感情真摯，但如此單一的回應，時間久了也會讓學生感到厭煩，所以教師們在鼓勵學生時，語言應豐富多樣，具有切實性、針對性。

此外，鼓勵性評價語言還要具有啟發性，要能夠誘發學生進一步思考問題，使他們有生疑的興趣、探疑的願望、釋疑的可能，要在關鍵處點撥學生的思維，開闊他們的視野，引發他們創造的慾望。

比如，某教師在教《小白兔運南瓜》一課時，有個學生說：「老師，如果牛伯伯把南瓜運回家了，這樣多簡單呀！」老師說：「你想的辦法不錯，請別人幫忙固然好，自己動手做一做那會更有意義。大家想一想，還有什麼好辦法？」學生立刻活躍起來，想了很多快捷簡便的好辦法。這裡，教師很好地利用文本去啟發學生想辦法，培養了學生的創新意識，提高了學生的學習能力。

（3）鼓勵性評價滿堂飛，盲目評價。

有些課堂教學，學生動得最多的不是腦筋，而是動手——鼓掌，學生整節課都忙於在老師的調度下為其他的同學喝彩。老師動不動就會在學生回答問題後，也不管他們的回答是不是真的精彩，就送出大禮表揚他。於是，學生同時齊伸出兩個大拇指，嘴裡齊呼：「棒！棒！你真棒！」滿課堂都是掌聲齊鳴，熱鬧非凡。對學生回答的問題或做法，一些教師們不問青紅皂白，一味廉價地予以表揚，結果造成激勵泛濫成災，「高帽」滿天飛。

誠然，學生確實需要沐浴在賞識的陽光下，賞識也的確能催人奮進。尤其是低年級的學生，他們更渴望獲得老師的鼓勵性評價。但僅僅注意欣賞學生，對他們的發言不管好差一味地讚美就不可取了。不需要努力，唾手可得的稱讚有誰會珍惜呢？這種過多的廉價的鼓勵性評價最終會使學生形成淺嚐輒止和隨意應付的態度。再者，這種鼓勵性評價語充滿課堂時，勢必擠占了學生深入讀書，深入思考的時間。如果沒有足夠的時間讓學生讀書、思考，這樣的課堂能算成功嗎？

鼓勵性評價要運用適當，而要想做到適當準確，適時得體，不缺不濫，就一定要把握好「度」，這也是教師們正確把握鼓勵時機的問題。那麼老師究竟應該在何時進行鼓勵性的評價呢？

第一，學生回答的問題富有創見或者「標新立異」時要給予鼓勵。

一、高效課堂的提問原則

第二，如果學生的表現有異於平常時，例如：一個後進生解答出一道對於他來說比較難的問題時；一個平時性格內向的學生大膽舉手回答問題時，都要給予鼓勵。

第三，課堂氣氛不活躍，學生的精神狀態不佳時，老師可以運用鼓勵手段。就像一個有舞臺經驗的歌手，總是善於在關鍵的時刻去調動觀眾的情緒一樣。

（4）濫用物質獎勵。

除了精神上的「鼓勵」外，有些教師還喜歡在課堂提問時對學生進行物質上的刺激，學生一旦回答的問題令老師滿意，老師就會說：「你真聰明，老師送你一個小禮物！」禮物有小紅花、智慧星、小卡片，甚至是作業本等等。

鼓勵性評價是調控課堂的一種手段，可以借助一定的工具，比如小紅花、智慧星等來調動學生學習的積極性。但是，教育心理學研究表明：學生對學習本身的內在興趣是學習的最佳動機，著名的「德西效應」告訴我們：當一個人真對活動充滿興趣時，給他提供外部的物質獎勵，反而會減少他對活動本身的吸引力。

從長遠來看，物質獎勵過多並不利於學生興趣的持續發展。從很多課例中，我們都可以看出物質獎勵過多所帶來的負面影響。在一些學生的潛意識中，積極回答問題已成了得到小紅花，得到老師讚揚的途徑。更糟糕的是，有些學生已對智慧星、小紅花之類的東西熟視無睹，失去了興趣，時時期盼著有更新鮮的獎品來刺激他們。

所以，獎品不能大面積地發放，更不能濫用。當一些學生無望爭得禮品時，往往會讓他們更加洩氣。要想對學生進行物質獎勵，可以在一個學習階段結束時進行，例如：在一個單元的學習結束，對於課堂提問表現優異的學生給予適當的物質獎勵，以增加他們學習的動力，而不應該在每一節課都進行物質獎勵。

實施鼓勵答問的具體方法

在教學中，教師們真誠的鼓勵可以激勵優等生更上一層樓，可以消除差生的自卑心理，增加他們的自信心。因此，課堂提問時，教師們要想調動學生回答問題的熱情，激發他們的內在學習動力，一定要多運用鼓勵性的語言給予評價。

鼓勵的方法有哪些呢？

（1）語言鼓勵法。

即針對學生在課堂上的表現、學生的性格特點用適當的語言來肯定學生的答問，讓學生從內心產生一種成功感，從而激發學生學習的內在動力。這種鼓勵方式是平時教師們用得最多，也是比較有效的方法之一。

教師們在運用語言鼓勵法時，要注意以下幾點：

①鼓勵要實事求是。

鼓勵要既不誇大，也不縮小，是很好就是很好，是較好就是較好。不要對學生的回答一概而論，甚至含糊不清。實事求是的鼓勵能訓練學生思維的條理性，更能激發學生的學習興趣，從而達到「言之有序」的答問要求。

②鼓勵應具體明確。

教師們在肯定學生的同時，應指出學生是理解準確，還是答問方法對頭，要給出明確的評價。這樣，教師們做出評價後，被評者就比較清楚，旁聽者也明了了。

因此，教師們的鼓勵要有根有據，只有如此，學生回答問題時才會有思維的空間。這種鼓勵不僅會開拓學生思維的廣度，而且會使思維更加嚴密，讓學生在獲得成功體驗的同時，更增添了一份自信，從而達到「言之有理」的答問要求。

③鼓勵應投入情感。

一、高效課堂的提問原則

心理學家贊科夫曾說：「教學法一旦觸及學生的情感和意志領域，觸及學生的精神需要，這種教學法就會發揮高度有效的作用。」也就是說，只有教師們對學生的答問充分投入了情感，才會造成真正的鼓勵作用。

④鼓勵應以尊重學生為前提。

哲學家盧梭在他的《愛彌兒》中曾說到：「做老師的人經常在那裡假裝一副師長的尊嚴樣子，企圖讓學生把他看作一個十全十美的完人。這個做法的效果適得其反……要打動別人的心，自己的行為就必須合乎人情！」因此，尊重我們的學生，就是尊重我們自己，就是尊重我們的教育，就是尊重我們的未來。

教師們鼓勵學生，首先要懂得尊重學生，理解學生，尊重他們的人格，尊重他們的發言，只有如此，我們的課堂才能更添色彩，才能使學生的靈魂受到增強自信的激勵和美的薰陶。

⑤鼓勵要注意語音語調。

老師在運用言語激勵時，要注意語音語調的使用。對於成績較好的學生，應採取較為平靜的表達方式，如「正確」「很好」，避免優等生產生一些不必要的傲氣，讓他們能繼續努力，爭取更好的成績；而對那些後進生，則宜採用直接表露的方式，如「太好了」、「同學們都為你精彩的回答感到高興」等等，也可以兼用其他激勵方式，讓他們對自己的成功有深刻的印象，逐步培養起答問的自信。

（2）行為鼓勵法。

行為鼓勵法，即教師們在教學提問過程中透過親切的笑容、和藹的目光、溫暖的撫摸、熱情的期待等無聲的鼓勵，達到「此時無聲勝有聲」的教學效果。這些看似平凡的舉措，恰恰也是學生期待的、信服的。

學生回答問題時，老師那期待的目光、面容上所表露出的微笑是對學生的一種鼓勵，一種鞭策。當學生回答完畢時，老師的頷首示意、與回答問題的學生握握手、用有力的手臂一揮、將大拇指高高地翹起、與同學們一起鼓

3. 對課堂答問多做鼓勵性評價：賞識鼓勵，激發自信

掌、讚許地摸摸學生的頭、拍拍學生的肩膀等等也是一種鼓勵。這些都能讓學生真正感受到老師對自己的關懷。

（3）物品鼓勵法。

物品鼓勵法，即在課堂上用一些實物進行獎勵。獎勵一些小五角星、卡通小貼畫、糖果、小玩具、一些常用文具等等。

這種方法較適用於小學或中學低年級的學生，具有直覺性和不穩定性。學生的學習興趣往往會與外部刺激物的特徵相聯繫，對這些物品的感興趣程度，對物品愛好的持久性等，均有可能影響激勵效果。

因此這種激勵應適可而止，如果這種獎勵濫用了，不僅不能促進學生回答問題的興趣，而且可能會削弱學生學習的內在動力，而強化了學生的學習、生活物質化，對學生正確思想品德的形成也有一定的負面影響。

另外，在鼓勵學生回答問題的同時，老師還要鼓勵學生大膽地提出問題，既要提出自己不明白、不理解的問題，也要提出進一步思考後所產生的新困惑、新問題。學生學習任何東西都是從模仿開始的，因此，要學生提出問題，教師們必須「言傳身教」，要站在學生的角度給學生作示範，給學生以模仿的機會。

教師們要為學生提出問題創設一個和諧、民主、平等的氛圍，同時要透過自己的語言、動作、表情傳遞給學生一種親切、信任、尊重的情感訊息，使他們感到老師最可信賴。而教師們可在新知識的生長處、新舊知識的連結處創造提出問題的條件，給機會和時間讓學生質疑，這種質疑問難應融合於課堂教學的全過程。

學生提出問題遠比解決問題難得多，它需要學生有更高的思維水平，因此，教師們應寬容學生問難時的幼稚可笑，就像父母不嗤笑幼兒的蹣跚學步那樣讓學生邁出提出問題的第一步；當學生提出「多而雜」的問題時，可組織學生討論與課本知識有關的急需解決的問題，從而逐步引導他們提出「小而精」的問題。

當學生提出了質量較高的問題時，老師要加以表揚，並且及時引導學生詳細地講述自己的思維過程，讓全班學生學習這種思維方法。

這樣做可讓提問的學生進一步理清思路，以便下次提問得更有深度。還可鼓勵其他同學積極思考，充分體現出學生自主、合作、探究學習新的教育理念，讓每個學生都真正地成為學習的主人。

答問時，教師們有效的鼓勵能使學生更加活潑地學習，學生不會再因為回答問題而懼怕，不會再因為回答不好而感到灰心。相信在這樣的氛圍中，學生必然身心愉悅、思維活躍、暢所欲言、積極參與；在這樣的境界中，學生必會如沐春風；在這樣的境界中，課堂一定會充滿勃勃生機。

有這樣一句教育名言：「最殘酷的傷害是對一個人自信心的傷害，最大的幫助是給人以能支撐起人生自信風帆的信任、掌聲和喝彩。」作為一名教師，我們應該站在學生的立場上，要給學生多點鼓勵與喝彩、少些批評與指責，多給學生「鼓勁加油」，使學生成為勇於嘗試、敢於探索，在失敗和挫折面前不氣餒並成為不斷進取的、具有積極健康心理的開拓型人才。

4. 提問要堅持平等性：平等對待，全面參與

平等原則就是說提問時要面向全體學生，即要充分體現「學生為主體」的教學思想，調動每個學生思考問題的積極性，讓全體學生參與教學過程，讓每一位學生都有回答問題的機會，體驗參與和成功帶來的愉悅。

老師在提問時，對應答人數要有量的要求，每個問題根據難易及重要程度提問1～3人，形成一種討論的氛圍。每節課要盡可能地讓更多的學生參與回答，特別要考慮中低程度學生的參與面，選擇有利於發揮學生特長的時機讓他們參與，爭取每節課讓全班大多數學生都能有解答問題的機會，更好地激發班級群體積極思維的熱情。

課堂提問不能只滿足於個別學生的回答，而應當盡量使每個學生都有回答問題的機會。有的教師偏愛某些學生，所以提問這幾個學生的次數明顯高於其他學生。提問對象過於集中，會對其他學生產生不良的心理影響。

因此，老師在提問時不要忽視後進生，應讓他們回答一些難度較小的問題，從中得到訓練和鼓勵；也不要忽視尖子生，應提一些發展思維的問題，讓他們得到發揮，從而使絕大多數學生都有主動參與的機會。

小學教師牛茂林在課堂提問時，一向就是面向全體學生，讓大家都有回答問題的機會。下面，我們來看看牛茂林老師是如何實施平等原則進行提問的。

在講《小蝦》一文時，為了激發學生的興趣，牛茂林老師提了這樣一個問題：「同學們，大家還記得翠鳥美麗的樣子嗎？」

大家齊聲回答：「記得。」

「那麼誰來給大家說一說或背一背？」

「翠鳥喜歡停在水邊的葦稈上，一雙紅色的小爪子緊緊地抓住葦稈。牠的顏色非常鮮豔。頭上的羽毛像橄欖色的頭巾，繡滿了翠綠色的花紋。背上的羽毛像淺綠色的外衣。腹部的羽毛像赤褐色的襯衫。牠小巧玲瓏，一雙透亮靈活的眼睛下面，長著一張又尖又長的嘴。」優等生小林順嘴就背了出來。

「背得很好。翠鳥真是美麗迷人呀！那麼今天我們再來學習一篇寫可愛的小動物的文章——《小蝦》。」說完，牛老師轉身寫下文章課題，然後說道，「下面大家先把課文讀一讀，難讀的地方多讀幾遍。邊讀邊體會，想想課文主要寫了什麼。」

於是，學生低頭開始認真讀課文。過了一會兒，牛老師說：「我發現有的同學已經讀完兩遍了，真不簡單！那麼，讀了課文，你們明白了什麼？」

立刻有幾隻小手舉了起來，牛老師巡視了一遍，發現舉手的是班裡平常發言比較積極的幾個好學生。因此，他讓這幾個好學生逐一發言：

「我明白了小蝦的樣子很多，知道了什麼是千年蝦，什麼是才長大的蝦。」

「我明白了小蝦的脾氣不好。」

「我明白了作者很喜歡小蝦。」

讓學生的思維活起來：名師最激發潛能的課堂提問藝術

一、高效課堂的提問原則

……

「大家真了不起！自己讀課文能明白這麼多事情，說明你們很會讀課文了。」聽著大家的發言，牛老師誇獎道，

「還有哪位同學有不同的發現？」

牛老師巡視著班裡的其他同學，這時又有幾名學生舉起了手，其中包括班裡的「調皮大王」、成績很差的小洋。牛老師立刻點名道：「小洋，來說說你的觀點。」

「我明白了作者很喜歡玩。」周洋站起來回答。

「哈哈……」學生「轟」的一聲都笑了，「他就知道玩。」

小洋的臉「刷」地紅了，他惱怒地瞪著笑他的同學。

「好了，大家不要笑。我認為小洋的發現很獨特。」牛老師制止了學生的笑聲，啟發性地繼續問小洋，「你認為喜歡玩好不好？」

「反正我很喜歡玩。不過要是能像作者這樣玩，我覺得好；要是光玩而忘了學習，就不太好了。」小洋想了想，很認真地回答。

「說得多好呀！像作者這樣，在玩的時候也做個有心人，把觀察到的情況寫下來，不但玩得開心，還鍛鍊了自己的寫作能力，難道不是一舉兩得的好事嗎？你們以後再玩的時候，能不能也像作者這樣玩呀？」牛老師對小洋的回答給予了充分的肯定和表揚，同時引導性地詢問大家。

「能！」學生響亮地大聲回答。

接下來，牛老師又提出了很多難易適中的問題，可能受牛老師誇獎小洋的影響，學生對回答問題的興趣明顯高漲了，一些平時不愛回答問題的學生也高高地舉起了手。特別是小洋，他的積極性非常高，不停地舉起小手。

對此，牛老師一律平等地對待，給每個學生回答問題的機會，如果是太難的問題就盡量交給學習好點兒的學生，容易點的問題就讓學習差點兒的學生來回答，以提高他們回答問題的積極性。

這樣,整堂課上學生都興趣盎然,積極地回答牛老師提出的每一個問題,師生間的「問」與「答」充滿了默契。

在一個班級中,學生的個性特點、才能品質都不盡相同。作為教師,在課堂提問時,不能表現出特別喜歡哪位學生,或者特別頭疼哪位學生,否則會打擊一些學生回答問題的積極性。特別是學習比較差、性格內向的學生,更容易被老師的褒貶左右自己的情緒。

深知此理的牛老師在提問時就特別注意平等地對待學生,當他發現「調皮大王」小洋舉起手時,就立刻給予了他回答問題的機會。而當小洋的回答被學生譏笑時,牛老師及時地加以了阻止,他不但沒有嘲笑他,反而對他的回答給予了肯定和表揚,說「他的發現很獨特」。受到鼓勵和肯定的小洋立刻對課堂充滿了興趣,回答問題的興趣明顯高漲。而其他學生也受此影響,不再懼怕回答問題,勇敢地舉起了手。

在課堂提問時,教師們一定要面向全體學生,這樣才能達到良好的課堂效果,但在實際的教學中,有些老師總喜歡按自己的喜惡來提問學生,自己喜歡的學生就不停地讓他回答問題,而自己不喜歡的學生則一次機會也不給,即便這個學生高高地舉起了手。

一名稱職的教師,應主動把學生看作是一個平等的主體,把無私的愛灑向學生,讓每一位學生都受到民主、平等的對待,讓每一位學生的個性都得到應有的尊重,讓每一位學生都能健康地成長。

此外,在課堂提問時,教師們還要顧及不舉手的學生,這也是平等對待學生的體現。「舉手」與「不舉手」,有的是智力因素所致,但更多的是非智力因素所致。不舉手的學生不表示對課堂提問一無所知,舉手的學生不一定對課堂提問理解得完全正確。因此,如果我們冷落了不舉手的學生,把他們置於課堂提問的範圍之外,對於不舉手的學生來說,這同「填鴨式」的教學方法又有什麼差別呢?

課堂提問是教師們傳授知識的一種教學方法,教師們透過提問能及時瞭解學生的思維方式和掌握知識的程度,從而調節與優化教學程序,同時它對

讓學生的思維活起來：名師最激發潛能的課堂提問藝術

一、高效課堂的提問原則

教師們把握教學進度起著決定性的作用，在很大程度上決定著教學任務是否能完成。

正因為如此，有些教師在平時上課時，總喜歡讓好學生回答問題，很少提問差生，生怕差生萬一回答不出來會浪費時間，導致課堂教學任務來不及完成。而有些老師在上公開課的時候更是如此，這是需要一些好學生來撐場面的時候，老師怎麼可能讓回答不出問題的差生來丟自己的面子呢？這其實是很多老師的共同心理，但這種心理傾向只能帶來一時的表面成功，長此以往必會造成不良的後果。

之所以出現老師喜歡提問好學生，冷落差生的現象，究其原因莫過於兩點：

一方面是學生自身的原因。差生相對來說頭腦反應慢或基礎差，課堂上沒有足夠的時間讓他們充分地思考。由於他們獲得回答問題的機會極少，逐步形成惰性心理，更導致不積極思考，同時怕因回答不出或答錯問題而挨老師的批評，有時甚至受到同學的嘲笑，這類學生剛開始的那種勇於思維的熱情就會慢慢熄滅，積極爭取回答的希望也被扼殺。久而久之，他們也就習慣於上課做一名「旁聽生」，常常把答問的機會讓給發言積極的同學了。

另一方面是來自於教師們的偏向性。教師們為了取得良好的教學效果，順利完成教學任務，對於提問只是走過場，總是叫那些反應較快，跟得上老師思路的好學生，偶然也提問那些所謂的「差生」，而那僅是一種可有可無的陪襯。

這樣一來，好學生每次答對都受到表揚，於是越學越有趣，各方面的成績也隨之提高，而「差生」很少得到表揚的機會，於是越學越乏味，學習興趣低落。如此循環往復，「差生」與「優生」的距離越拉越大，造成嚴重的兩極分化現象。

那麼，怎樣才能改變這種不良現象，最大限度地發揮課堂提問的作用呢？

（1）喚醒每一位學生參與問題的意識。

教育家蘇霍姆林斯基說：「要喚起那種無動於衷的學生，把他們從智力的惰性狀態中挽救出來，就使這個學生在某一件事情上，把自己的知識顯示出來，在智力活動中表現自己和自己的人格。」

針對學生在課堂提問中的惰性狀態，教師們可以讓學生利用課餘時間參與課堂提問和提高成績的關係的討論，並要求人人寫一份心得體會。

其實，大部分學生都能認識到上課踴躍答問是促進思維發展、培養口頭表達能力、提高自身綜合素質的一條重要途徑，應該重視而不是忽視，只是他們不知道該怎麼回答好老師的問題。對此，老師可以再次讓學生討論，並以書面總結、口頭朗讀等形式在班上交流，做得好的介紹經驗，做得不夠的談改進辦法。

透過多次這樣的討論，原先回答問題積極性不高的學生都會發生或大或小的變化。有位化學老師在班裡實施了這個方法，效果很好，大部分學生都被喚醒了參與的意識。有一位學生在日記裡寫道：「在第一次化學課上老師喊我回答問題，我滿臉漲紅，吞吞吐吐地說著，不知道自己說的是什麼，在老師的點撥和同學的提醒下，我還是答出來了。當時化學老師說我講得很好，很對，我用高興而又懷疑的目光看著老師，『我真的回答得很好嗎？』經過這次提問，我開始變得膽大、活躍了，由原來被動回答到現在的主動回答，我深深愛上了化學這門學科。」

一次偶然的提問收到如此效果，它的意義遠遠超過了引導學生答出問題。它說明，學生潛藏著極大的思維熱情，關鍵是教師們要有信心、耐心去激發、點燃學生心中的智慧之火。

（２）讓每一個學生都感受到老師的愛。教育家夏丏尊先生說過：「教育之沒有情感，沒有愛，如同池塘沒有水一樣。沒有水不能稱其為池塘，沒有情感，沒有愛，也就沒有教育。」英國哲學家羅素也曾說過：「凡是教師缺乏愛的地方，無論是品格還是智慧，都不能充分自由地發展。」造成後進生學習成績差的一個重要原因就是他們缺少教師們的愛。

讓學生的思維活起來：名師最激發潛能的課堂提問藝術

一、高效課堂的提問原則

俄羅斯有句諺語：「漂亮的孩子人人喜愛，而難看的孩子才更需要愛。」因此，老師在課堂提問上對後進生一定要一視同仁，讓他們感受到自己在老師心中仍占有一定的位置，他們已經引起了老師的注意，老師已經發現了他們，重視了他們，他們和優秀生一樣得到了老師的愛。這種關愛能夠在老師和後進生之間架起一座感情的階梯，可以鼓舞后進生積極向上，奮發圖強。

（3）給每一個學生回答問題的機會，讓他們體驗到成功感。

心理學研究表明，智力因素差的學生一般都有自卑感、無助感、孤獨感，容易妄自菲薄、無所作為。要提高後進生的學習成績，應該對他們進行成功教育，多給後進生表現的機會，即創造成功的機會，強化、滿足後進生的表現欲。而課堂提問，是給後進生創造成功機會的一種極好的形式。

針對學生中存在成績參差不齊的現象，教師們在備課時要因人而異，因材施問，設計出不同難度的問題。對後進生，要讓他們在課前做好充分的準備，在課堂上提出一些簡單易回答的問題讓他們回答。他們答上來後，教師們應立即給予表揚和肯定，讓他們認識到自己並不比別人差多少，別人能做到的，自己經過努力也可以做到。對優秀生，老師則要提出一些難度較大的問題，讓他們同樣感受到成功的喜悅。

（4）讓每一個學生感覺到合作的愉快。

教育家馬卡連柯說：「要盡量多地要求一個人，也要盡可能地尊重一個人。」因此，課堂提問不僅是一個知識的探究過程，更是一個師生合作的過程，是良好師生關係的體現。

在課堂提問中，教師們應該注意聆聽學生的回答，不要隨意打斷，就是學生講錯了也應該讓他們講完。對回答問題流利準確、吐字清晰的學生，教師們要及時予以肯定；對回答錯誤的學生，也不要一下子全盤否定，但也不能讓他簡單地坐下，而應針對實際情況，引導他講出自己的思路，採用對話的形式順著他的思路進行討論或作適當的提示，讓他自己找到正確答案。這樣主要是為了培養學生積極思維、大膽創新的精神。

成功的課堂教學必須是尊重學生,以學生的活動為主體的,課堂提問也必須以所有的學生都積極地參與並有效地學習為前提,以學生的學習興趣、基礎水平、反應能力和性格特點為中心。

在課堂提問中,教師們只有平等地對待每一位學生,才能調動學生的參與意識,使課堂教學生動活潑。

實施課堂平等提問的具體方法

教師們在課堂提問時應面向全體學生,這也是素質教育向教育工作者提出的新要求。那麼,老師怎樣才能做到平等地提問學生呢?

(1)熟悉全體學生。

課堂上,很多學生都不願舉手發言,這些學生大體分以下幾種類型:

一是「自暴自棄」型。這些學生學習成績不好,上課表現較差,他們沒有明確的學習目的,學習沒有責任感,懶惰、厭學情緒濃,上課時「人在曹營心在漢」;

二是「學不得法」型。這些學生的學習態度端正,作業認真,但由於不會學,掌握不住學習規律,往往事倍功半,成績較差,自卑感強,他們怕答錯了遭到老師的批評和同學們的譏笑;

三是「知而不言」型。由於學生的性格有差異,一些學生或由於口吃或由於害羞等多種非智力因素造成性情孤僻,沉默寡言,他們不願在眾人面前亮相,更不願在眾人面前發表自己的見解。即使對老師提出的問題完全能夠解答,他們也常常不願舉手。

先哲孟子曾說:「困於心,衡於慮,而後作;徵於色,發於聲,而後喻。」這些不願舉手的學生在課堂上長期被老師冷落,那麼,他們對知識的理解程度如何,能力提高得怎樣,又怎麼能被老師瞭解,老師又怎麼能做到有的放矢地對他們因材施教呢?

《學記》曾說:「學者有四失,教者必知之。」老師對學生的心理狀態、知識水平、秉性差異,必須有所瞭解,才能有針對性地提出難易適宜的問題,

讓學生容易回答，才會讓基礎較差的學生感到學習並不可怕，從而逐步消除學習的恐懼感，樹立起學習的信心。

（2）保持良好的提問心境。

良好的提問心境，應該是老師愉快教學，自覺確立強烈的學生主體意識和「問」為「學」服務的提問觀。老師在設問時，既要考慮怎樣教，更要考慮學生怎樣學，把為「學」服務作為提問的出發點，使提問成為實現「學」為主體的保證，讓學生享受到自主探究、思考和發現的樂趣。當學生的回答欠缺時，要以寬容、體諒的態度啟迪他們，引導學生更深入細緻地思考，努力培養學生積極的答問心理，形成民主、融洽的師生關係。具體方法如下：

①微笑地面對學生。

教育心理學家贊科夫說：「由活的人說出來的話，不單是只靠它的內容來激發對方的思想和感情的。這裡有交談者一副興致勃勃的面孔，有一雙忽而在科學的豐功偉績面前燃燒著讚美的火花，忽而又好像在懷疑所做的結論的正確性而瞇縫起來的眼睛，有表情，還有手勢……」面帶微笑恐怕是老師和學生溝通、傳遞訊息最好的表情了！有了微笑，學生才有回答問題的勇氣，老師才能瞭解學生，從而針對全體學生提出問題。

②寬容地對待學生。

對於童心未泯的學生，我們的每一次信任和寬容，都可能創造出一個新的奇蹟。蘇霍姆林斯基說：「教師的職業意味著他放棄了個體喜怒哀樂的權利，應使自己胸懷寬廣。」因此，老師一定要有寬容大度的胸懷，只有師生間真誠地傾聽，相互包容，真正敞開自己的心靈，彼此在對話與理解中接納對方，才能使師生間的對話走向心靈的深處，獲得最佳的效果。

老師應樹立這樣的觀念：課堂是允許學生犯錯誤的地方，要相信學生有一個自我學習、自我發展的過程，要允許學生回答得有誤，以寬容的心態去面對這一切。

③尊重學生的人格。

要想讓全班學生都敢於發言，老師必須保護學生發言的積極性不受到挫傷。即使學生答錯了，也不要批評甚至怒斥他們，應當善於發現他們的閃光點、及時點撥、引導。只有「知其心，救其失」，才能把他們的缺點轉化為優點。

只有這樣，學生才會暢所欲言，才能達到師生的真正溝通，也才能真正做到平等地對話。

（3）要因生施教。

對不同心態、不同水平、不同性格的學生，老師應採取不同的啟發式提問方法。有些學生性特別向、活潑大膽、勇於發言，還有些學生性格內向、不善言談、不敢舉手。因此，老師在提問時一方面要多請舉手的學生發言，培養他們愛動腦筋的習慣和語言表達的能力，調動他們善思樂學的積極性，另一方面也要顧及到那些不願舉手的學生，老師要根據這些學生的知識水平，設計一些難易適度的思考題，請這些不願舉手的學生回答。

只有對學生十分瞭解，老師才能在設計課堂提問的過程中，面向基礎參差不齊的全體學生提問，實施因生施教，開發各個層面的學生的智慧。如果老師平時不能循序漸進地培養不愛舉手發言的學生大膽發言的習慣，不去啟發誘導他們，把他們拋在一邊，他們就會感到他們是課堂上的「多餘人」，就會失去學習的責任心和自信心，成為課堂中的「南郭先生」。這樣一來，他們自然就沒有了靈氣，也很難形成語言表達、實踐操作、想像創新等各方面的能力。

（4）通盤考慮，以優帶差。

老師所提問題的難易程度應以中等水平的學生為依據，調動全班學生的積極性，不能僅僅侷限於少數尖子學生。應量題難易，選擇合適的人回答。如題目較容易，可讓後進生來回答，使其在答對後，具有「征服感」，產生向上進取之心；如提問較難，應先請好學生回答，為後進生的回答設置契機，給他們較長的思考時間，完備自己的答案。避免他們因答不出或答錯而產生

「受挫」的心理，以致喪失信心。老師應以優帶差，形成幫、帶、促的良好風氣，使學生攜手共進。

（5）點面結合，變一言堂為全言堂。

老師提出問題後，可讓全班學生都參與討論，給每個人暢所欲言的機會，讓後進生在民主融洽、生動活潑的討論中克服當眾發言的心理障礙，盡情地發表意見，同時在互相討論中聽取同學的意見，取長補短，完善自己的回答，具有回答的信心。這樣就能使後進生較準確地回答出來，從而使課堂提問由優秀生的「大包大攬」「一包到底」，變成同學們的各抒己見、積極發言。

雖然這樣做在時間上耽誤了教學進度，但長此訓練，就能調動起全體學生的學習興趣，教學進度不但不會耽誤，還有助於提高教學的效率。在課堂提問時，老師一定要考慮到各個層次的學生，使每個學生都有回答問題的機會，這樣才能讓課堂提問真正變得有價值、有意義。

二、高效課堂的提問切入點

1. 在知識的重點處提問印象最深：重點設計，舉一反三

何謂「重點」？顧名思義，即在同類事物中占有重要地位的或主要起作用的部分。學生學習一項知識，如果連它的重點都不知道的話，那又如何談理解、記憶呢？因此，作為一個優秀的教師，並不是要求學生將一堂課的內容記個滴水不漏，而是引導學生首先一定要記住最應該掌握的部分，即我們所謂的重點。

明確了重點，就把握了課堂的精髓，就能夠由此及彼，達到觸類旁通的教學境地。

掌握了重點，就掌握了最關鍵的部分，就能夠帶動全面，使其他問題也迎刃而解。

一般的課堂教學普遍受環境和時間的限制，一堂課有時會需要學生理解很多知識，而有些知識受本身的限制，其內容有時難免會有一些乏味。此時，有些學生就會出現注意力不集中的現象。如果老師在講授重點時提出問題，不僅可以重新拉回學生的注意力，更可以引起學生的重視，造成一舉數得的效果。

2005年9月，語文教師竇桂梅在小學開課，帶領一群「別人的學生」共同學習了傳統課文《晏子使楚》。

上課鈴聲響後，竇老師精神飽滿地走進教室：「同學們好！」

「老師您好！」學生異口同聲地回答。

竇老師站在講臺上大聲對學生說道：「剛才我們彼此的問候，從我們的表情和我們的狀態上，可以送大家三個字——『精、氣、神』。今天，我們學習的是《晏子使楚》。現在，請同學們先不要急於打開課本，先試著回答老師一個問題，透過預習，你們認為晏子是一個什麼樣的人呢？」

二、高效課堂的提問切入點

　　有一名同學說道：「晏子是齊國的大夫，他非常聰明，而且口才很好，在楚國為國家掙回了面子，為齊國做出了很大的貢獻，深受百姓的愛戴。」

　　「非常好。」竇老師微笑了一下，又繼續說道：「晏子是一個非常了不起的人物。那麼，他在出使楚國時，是用什麼為齊國贏得了尊重，並讓楚王『再也不敢不尊重晏子了』呢？」

　　同學們回答道：「是用他的聰明才智和優秀的口才。」

　　「那麼，課文又是從哪幾件事來突出表現晏子的聰明與優秀的口才的呢？」

　　學生 A 說道：「晏子出使楚國就是使節，到別的國家去訪問，就理應受到尊重，但是楚王看晏子身材矮小，乘機侮辱晏子，於是就讓晏子鑽狗洞。」

　　「那麼，結果他讓晏子感到難堪了嗎？」竇老師問道。

　　學生 A 答道：「當然沒有。」

　　竇老師又問道：「我聽到你回答時，用了『當然』兩個字，很顯然楚王是不會得逞的。那麼，晏子究竟是怎樣用自己的聰明才智和優秀的口才來維護自己和國家的尊嚴的？」

　　「晏子說，出使狗國才鑽狗洞，讓迎接的官員問清楚，自己此次出使的到底是人國還是狗國。於是，楚王就不得不命令人們打開城門來迎接晏子了。」

　　「非常好，這件事正充分地表現了晏子的聰明才智與優秀的口才。」頓了頓，竇老師又繼續問道，「還有什麼事例嗎？」

　　學生 B 說道：「晏子見到楚王后，楚王瞧不起他，說齊國是不是沒人了，怎麼讓你這種人來。」

　　「那麼晏子又是怎樣用自己的聰明才智應對的呢？」

學生 B 說道：「晏子拱拱手對楚王說：『敝國有個規矩，訪問上等的國家，就派上等人去；訪問下等的國家，就派下等人去。我最不中用，所以派到這兒來了。』說著，他故意笑了笑，楚王也只好賠著笑。」

寶老師又問道：「為什麼晏子的這些話能表明他的聰明才智與優秀的口才？」

學生 B 解釋道：「一開始，楚王先侮辱晏子的國家，楚王問他：『為什麼要派你來呢？』晏子說因為齊國有這樣一個規定，可是，事實上齊國並沒有這樣的一個規矩，晏子是故意這樣說的。」

「他用貶低自己的話語來回答楚王，羞辱楚王。意思是暗指楚國是下等的國家。但是，表面上又沒有直接說出來，乍看之下還以為晏子是說自己呢。楚王就只能自己生氣，也說不了晏子什麼。」

「晏子用他巧妙的口才來維護了自己國家的尊嚴，還抨擊了楚王的傲然之氣。所以說，晏子非常聰明，口才很好。」

「那麼，還有嗎？」

學生 C 又說道：「第三次楚王說齊國人沒有出息，最後還是沒有羞辱到晏子，晏子引用了一個典故就把楚王說得啞口無言了。」

寶老師贊同地點點頭，然後說道：「楚王就這樣一次一次地羞辱晏子，然而，最終的結果又是怎樣的呢？」

這時，同學們都異口同聲地說道：「從此以後，楚王再也不敢不尊重晏子了。」

「同學們的聲音真洪亮，看來大家都在為晏子的勝利而高興了，老師也為晏子的勝利覺得高興。」笑了一下，寶老師又接著問道：「開始時，楚王的氣焰十分的囂張，到後來他就再也不敢不尊重晏子了。這便是晏子使楚的最終結果。請大家思考一下，為什麼作者要用『不敢不』這個詞語呢？」

學生說道：「就是不能不尊重晏子，必須得尊重晏子。」

寶老師又問道：「那麼，楚王不能不尊重晏子的是什麼呢？」

二、高效課堂的提問切入點

同學們又異口同聲地說道：「口才，聰明才智。」

「非常好！這便是我們本課所要理解的重點，晏子的聰明才智和他優秀的口才。現在請大家再仔細地、大聲地讀一遍課文，更深刻地感受晏子語言的精闢和語言中所表達出來的晏子聰明的頭腦。」

聽了竇老師的話，同學們都精神十足地讀了起來，此時的課堂氣氛又進入了一個新的高潮。

竇老師透過巧妙地在知識的重點處提出問題，引起了學生的興趣，使學生在回答問題的同時，加深了對問題即重點處的印象，更有效地提高了教學效果。

竇老師是一位非常出色的老師。課堂中，她巧妙地在知識的重點處提問，使學生在回答問題的同時加深了對重點處的印象，達到了更好的記憶、理解效果。

晏子是一個其貌不揚但內在卻擁有雄才偉略的人，楚王因為瞧不起晏子的外貌而三番兩次地找晏子的麻煩，想乘機侮辱晏子和他的國家，但每次晏子都用自己的聰明才智和優秀的口才破滅了楚王的陰謀，使楚王再也不敢不尊重晏子。

文章主要是圍繞晏子出使楚國的三個事例來重點敘述的，晏子的勝利是由三個故事引發的，透過這三個故事，我們看到了晏子的智慧、品德和他優秀的口才，晏子的勝利也使我們對他肅然起敬。因此，晏子的聰明才智和他優秀的口才便成了重點理解領悟的內容。

竇老師在講解這一章節時便運用提問的方式，將學生的注意力從故事的內容巧妙地吸引到了內容所表達的重點中，引發了學生對重點處的重視，使他們真正做到了深入理解課文的精髓，而不只侷限於膚淺的表面文章。

而且，在文章中，晏子的口才是相當了不起的，他的語言簡潔而精闢，這也是晏子口才優秀的其中一個表現。

比如，在第二個故事中，楚王想找藉口侮辱晏子的國家，就問他：「為什麼要派你來呢？」晏子則用那種有點貶低自己的話語來回答楚王，諷刺楚王；用他巧妙的口才來維護自己國家的尊嚴，還抨擊了楚王的傲氣。

在這裡，文章的語言語法運用得巧妙而精闢，說得楚王無言以對。於是，竇老師又在此處設置了疑問，把學生的注意力又十分巧妙地引到了晏子暗藏深意的話語上，從而更近一步地烘托出了重點，也避免了學生對這個不太「明顯」的重點的忽略。

就這樣，竇老師透過在知識的重點處提問，讓學生不光理解了知識的內容，更對知識的重點處加深了印象，極大地提高了學生的學習質量。

在傳統的教學模式裡，我們往往習慣了在課後由老師來總結重點，分析難點，學生則亦步亦趨地跟著老師的思路走。這看上去似乎是把這些重點、難點都解決了。

但是，當老師把這一切都包攬了的同時，就相當於是在學生還沒有發現問題的時候就已經將問題的答案拋了出來，那麼，這些重點知識對學生來說，又有何難可言？又怎會引起學生的重視、加深學生的印象呢？

對於學生來說，課堂知識的重點往往也是他們學習的困難點、疑點，也可以說，課堂知識的重點也是學生學習的興趣點。讓學生自己一步一步攻克難關，他們會充滿快樂、滿足與自豪。

教師們在問題的重點處提問，便可以幫助學生加深其對重點處的印象，逐漸引導學生主動理解、分析知識的重點並逐步培養學生學會找尋重點。

心理學家皮亞傑曾經說過這樣一句名言：「一切真理都要學生自己獲得，或者由他重新發現，至少由他重建，而不是簡單地傳遞給他。」攻克了重點知識，學習的阻力自然也會隨之減弱或消失，當學生在沒有任何束縛之下去學習、探索知識時，你會驚奇地發現，你的學生個個都是天才，個個都能找到不同的知識點，個個都懂得創新。

二、高效課堂的提問切入點

只有掌握了知識的重點，學生才能更好地理解知識，才能將有限的知識無限地延伸，這樣才能鍛鍊學生的發散思維，讓學生在深刻理解的基礎上做到不斷創新。

請放心地把自主思維的主動權交給學生吧！作為教師，我們只需要給予學生適當的引導和提醒，就能培養學生分析問題、解決問題和獨立思考的能力。

實施在知識的重點處提問的具體方法

我們常說：「學得多，不如學得精。」因此可見，老師在增加學生知識的「量」時，也要注重知識的「精」。而這個「精」，就是我們所要讓學生深刻理解記憶的重點。

每一個新的知識都是一個小的、完整的知識結構，其中有主體的，也有烘托主體的；有重點的，也有連接重點的，那麼怎樣才能更好地讓學生分清主次，對知識的重點印象深刻呢？那麼，就在知識的重點處向學生提出問題吧！

課堂提問是一門精深的藝術，一個好的問題不僅可以活躍課堂氣氛，引發學生的興趣，更能提高學習的質量。其中，提示重點、加深對重點處的印象，也是提問的功能之一。

透過一個好的提問，教師們可以引導學生注意知識中必須加以注意的內容，使他們可以透過對重點的排列形成易於自己理解記憶的知識結構，促進學習成效。而一個不成功的提問卻有可能會誤導學生的思路，造成相反的效果。

教材的重點是學生學習、理解、掌握知識的最重要的知識點。教師們要在知識的重點處精心設計問題引起學生的重視，從而拓展學生的思維，啟迪學生的智慧，使學生深刻理解和掌握新知識。

在提問時，用什麼方法才能達到這樣的效果？

（1）引導學生透過預習內容來找出知識的重點，然後教師們在重點處提出問題進行引導。

指導學生針對課本中的章節內容進行閱讀、預習，這樣，既能回憶、複習已學過的知識，又能在預習新知識的時候從中發現重點、難點，便於帶著問題有目的有重點地聽課。

老師可以適時地在重點處提出問題，引導學生在預習過程中對所學知識進行分析、歸納，從中發現重點，並動手把自己找到的重點、難點都標出來，以便聽課時集中精力弄清楚。

（2）在課後複述時，就重點處提出問題進行引導。

一節課完畢時，請同學們來複述這節課所學過的知識，在學生複述的過程中，老師可以在重點處提出問題，給予適當的提醒、引導，讓學生自己發現印象中最深的幾個知識點，而這幾個知識點往往正是老師講課的重點所在。

（3）在課堂練習中老師可對重點提出問題進行引導。

如果對課本知識只講不練，學生往往就會對課本知識的印象停留在一個淺層次上。透過精心布置相關的練習，可以讓學生在練習的過程中強化課堂知識，並思索出這堂課的重點所在。

當學生忽略某些重點時，老師可以及時地提出問題給予提醒。

在知識的重點處先提出問題後再請學生回答。

在課堂內容的重點處提問，是為了提醒學生注意並反覆思考、加深印象。提問後，為了使全體學生都注意並進行思考，教師們在重點處提問之後到指名回答的時間，稱為「候答時間」，由於學生在接受問題後必須有時間來醞釀、發展和組織想法，這個過程要充分，特別是在重點處提問，更要留給學生思考的時間，若時間過短，則易造成草率回答，降低提問效果。

因為每節課都有它的重點和難點，所以只有把這些重點、難點逐一突破，這節課的教學任務才算完成。

二、高效課堂的提問切入點

在教材的重點處設計一定的問題進行提問，引導學生思考解惑，並在指導學生運用分析、綜合、比較、概括等一系列思維方式進行解答的同時，也教給了學生舉一反三、融會貫通的學習方法。

總之，在強化新知識時，抓住知識的重點，巧設提問讓學生由疑惑不解，進而積極思維，到最後豁然開朗，如此遞進，將會達到更加完美的學習效果。

2. 用延伸法在知識的生長點處提問：新舊關聯，延伸提問

教育家蘇霍姆林斯基曾這樣說過：「學生來到學校裡，不僅是為了取得一份知識的行囊，更主要的是為了變得更聰明。」這也正體現出了我們所要表達的「延伸」提問法的精髓。

「延伸」提問法即為：透過提問，引導學生將其對某個問題的理解從原有的知識框架中「跳」出來，在時空上做拓展性的延伸，聯繫現實或其他因素談出新的認識、不同的看法。即訓練學生的發散性思維，讓學生敢於大膽地發揮想像。

例如，在小學語文課程裡的《蝙蝠和雷達》，學生透過學習懂得了：人們從蝙蝠身上得到啟發，進而發明出了雷達。於是教師可向學生提出問題：「你們還能舉出其他的例子來說明嗎？」學生經過思考，有的說：「科學家看到飛鳥在天空中飛行，受到啟發，就發明了飛機；看到魚在水裡游，就根據魚控制沉浮的器官的原理，發明了潛水艇；根據模擬大腦的思維方式，發明了計算機……」。

而學生透過想像延伸出來的這些新的訊息，像飛機、潛水艇、計算機等等又是另一個新的知識點，這樣學生就把思路放寬了，透過思維的延伸，將不同的知識有機地結合在了一起，從而更深刻、更實際地理解了課文所要表達的內在含義。

這只是一個簡單的例子，但它也形象地說明了「延伸」提問法的特點及它在教學當中所造成的重要作用。

語文教師高萬祥老師的教學風格輕鬆有趣，其方式方法靈活多變，聽他講課，總是讓人欲罷不能，難以割捨。

下面是選自他給學生上作文課《如何謙讓》時的一個片段：

上課後，高老師首先對學生說道：「同學們，小學我們學過《孔融讓梨》的故事。但同學們知道這則故事的關鍵在哪個字眼上嗎？」

學生異口同聲地回答道：「讓。」

「好，同學們，千百年來，《孔融讓梨》的故事一直流傳下來，成為謙讓品德的典範。如今社會競爭非常激烈，有人認為還需要謙讓精神，有的卻認為謙讓『落伍』了，再也不能適應社會了。那麼，我們到底還需不需要謙讓精神呢？同學們可以充分發揮自己的想像，盡情回答。」高老師看著大家說道。

同學們都認真地思考起來，有些人甚至還露出了擔心的表情。

過了一會兒，第一名同學說道：「當今社會還需要謙讓精神，有謙讓才能適應社會。比如，開學發新書時，往往都會有一兩本破損或起皺的。如果同學們沒有謙讓精神，人人都不要破皺的書，那麼這本破損或起皺的書怎麼處置呢？幸好有些同學站起來說：『老師，請把那本書給我吧！』所以，社會需要謙讓精神。」

第二名同學則提出了不同的意見：「我反對。在公共汽車上，你把座位讓出來給老人、孕婦坐，反倒被一些不講禮貌的人搶先坐下了。這種謙讓還有什麼意義呢？」

第三名同學說道：「學習成績在班裡名列前茅的同學，你能對他說『請把你的名次讓給我』嗎？或者說『我的第一名這次就讓給你了』。這明擺著是不可能的。因此說，謙讓精神已不適應社會的需要了。」

第四名同學說道：「我覺得這個觀點應該看環境而定，有些無所謂的小事可以互相謙讓，但是在一些重要的事物上，就必須寸土必爭。比如在學習上，就應該展開競爭，這樣才能造成互相促進的作用。」

二、高效課堂的提問切入點

　　第五名學生說道：「我認為當今社會競爭很激烈，但是無論在學習上、工作上、社會上都需要這種『謙讓』的美德。學習上有了謙讓才能互相促進，共同進步，否則就可能會故步自封；工作上有了謙讓則能更好地開拓事業，沒有它便會爭個魚死網破、兩敗俱傷；社會上有了謙讓，便能推進社會文明的進步，沒有它整個社會則無法發展，不進則退。」

　　高老師又問道：「對於謙讓，大家都抱有不同的意見，那麼我們又該如何來解決關於這個『度』的問題呢？」

　　這時，有一名同學說道：「我認為這應該視具體的對象而定。就像我以前看到過這樣一個故事：

　　三個中國人正在打籃球，這時有四個美國人跑來要與他們三對三地對打比賽。顯然，四個美國人中有一個人只能站在旁邊觀看，他們沒有說誰不應該上場，而是主動地拿起籃球站在罰球線上準備投籃，結果投中的三個人參與比賽，沒投中的人就自覺地退到一邊觀看，這當中他們一句話也沒說，但很自然地解決了誰該上場、誰不該上場的問題。大家既不需要違心地謙讓，也可以避免因激烈競爭而傷友誼。

　　所以，我覺得有時當你不知道是否該謙讓時，就可以找一個裁判或者旁觀者，來幫助你解決這個問題。」

　　高老師聽後，對大家的回答非常滿意，欣慰地說道：「同學們能踴躍發言、各抒己見，這真是太好了。而且都能開動腦筋想問題，由一個問題延伸到另一個問題上，特別是有很多同學能很全面地談論帶有現實意義的社會問題。不過，老師想補充一句，競爭和謙讓精神並不矛盾，競爭中你大可當仁不讓，但競爭無論如何激烈，也必須學禮、識禮、守禮，方能提高效率。無論你持有的是什麼樣的觀點，只要能言之成理，自圓其說，就可以形成一篇好的文章。今天，我們的作文題目就是《如何謙讓》。」

　　說完，同學們都開始認真地寫了起來。

高老師透過使用「延伸」提問法，使學生不僅掌握了運用發散性思維思考問題，更學會了聯繫實際思考問題，做到舉一反三，使學生的寫作水平得到了更大的提高。

高老師本也可以為了「提高效率」而照本宣科，但是他卻沒有那樣做，而是採用了更生動的「延伸」提問法進行教學，引導學生把自己以往所學到的知識或技能，延伸到現在所遇到的問題中去，創造性地解決問題，從而培養了學生的發散性思維和舉一反三的能力。

首先，在課程開始時，高老師先和學生一起回想了與本次作文主題十分相近的文章——《孔融讓梨》，為學生能更深入地分析作文的主題做好了鋪墊。

隨後，高老師在知識的生長點，也是本次主題引起爭論的突破口——「該不該讓」處提問，進而引導學生盡情地想像，盡情地表達自己的想法。我們知道，每提出一個問題，都會延伸出很多的分支，就像一棵大樹的枝蔓、樹葉一樣，不停地伸展、延續。而這些看似互不相連又密不可分的枝蔓、樹葉，透過延伸，最後形成了茂密的樹冠。

而在此當中，學生則也找到了知識的生長點——「讓」在現實社會中存在的具體意義，回答的內容也由單一的答案，變成了包含社會、經濟、道德、科學、國情等內容更加全面的答案。

最後，在大家進行了充分的討論之後，高老師再次使用了「延伸」提問法，把學生的思路從「該不該讓」中成功地延伸到了本次作文的主題《如何謙讓》，使學生能把運用發散性思維思考問題的技巧發揮到淋漓盡致。

學生的思路開闊了，寫作的內容也就豐富了，寫作水平當然也就有了更大的提高。

在一堂課的教學過程中，教師們的學生觀是非常重要的，而要具有正確的學生觀要求就必須教師能充分地認識學生，充分地理解學生和發動學生。

在一堂課的教學裡，教師們首先要清楚可以使學生更好地理解新知識的生長點在哪裡，包括今天所學習的知識，它自身的生長點又在何處，而這個

二、高效課堂的提問切入點

生長點又是否已經植入了學生的大腦之中，學生的大腦當中有沒有這個生長點。

如果沒有的話，我們就要先把這個造成生長作用的知識灌輸到學生的頭腦中，這樣新知識的種子才有可能在教師們的「精心照料」下「生根發芽」，越長越大。

也就是說，應該從學生已有或現有的知識體系中，透過具有開放性、延伸性的提問方式逐步引出新的知識，「要讓知識從學生的思想當中流淌出來，而不是我們灌輸進去。」因此，作為教師，我們要充分地瞭解學生的知識儲備程度和面對新問題具有的可擴展的程度，從而使提問的延伸性得到合理的發掘。

只有具備以上這些因素，教師們才能更好地在課堂中運用「延伸」提問法，在知識的生長點提問，使學生更好地理解、記憶、思考，從中引出更多的知識。

從知識的生長點進行教學提問，不僅可以開放學生的思路，而且還可以豐富學生的想像力，使學生可以自由地由一個知識點延伸出更多的知識來，在對比中不斷地完善自己的知識結構。

實施「延伸」提問法的具體方法

老師只找到了知識的生長點是遠遠不夠的，同時也要抓住在生長點提問時應注意的要點，才能達到更好的效果。老師可以嘗試從以下幾點入手：

（1）結合所學知識，從學生的愛好處延伸，然後提出問題。

每個學生都是一個鮮活的個體，總有著相應的，或特定的興趣愛好，以這些興趣愛好為出發點，使用「延伸」提問法，可以更好地引發學生的思考。

（2）結合所學知識，從內容的不同角度中延伸，然後提出問題。

教材是開展實際課堂教學的立足點和出發點，但任何教材都不可能包羅萬象。因此，在實際教學中，有必要創造性地使用教材，透過內容的延伸，在延伸處提出適當的問題，使課堂知識結合現實知識，進而達到教學目的。

（3）結合所學知識，從素材中延伸，然後提出問題。

每個知識的素材都不會是絕對獨立的，因此，可以在與這個素材相關的知識點處提問。

（4）從對比中延伸。

有句俗語說得好，「不怕不識貨，只怕貨比貨。」這說明了可以透過同類事物的對比，使事物各自的優缺點、相同點和不同點都一目瞭然。這樣我們就可以引導學生根據它們之間的異同來進行延伸性提問。

（5）從問題中延伸。

一個聰明的教師必須懂得創設遷移情景，由淺及深、由舊引新，不斷地引導學生找出知識的可延伸性，然後提出問題，激發學生積極主動地進行思考。只有這樣才能讓學生把知識理解得更深刻，掌握得更牢固，達到舉一反三的目的，使知識有不斷延伸的效果。

3. 在課文細節處提問：魅力細節，見微知著

細節，雖然細小，但它無論在何時何處都起著非常重要的作用。

著名的建築大師密斯·凡·德羅在被要求用一句話來概括他成功的原因時，他只說了五個字「魔鬼在細節」。由此可見，細節在整體中占有重要的位置。

細節在生活中、工作中具有非常重要的作用，在學習中也同樣的重要。

一篇文章，如果對細節的把握不到位，粗糙且偏離主題，那麼這篇文章就不能稱之為一篇好的文章。而細節處理得準確、生動，就可以在一篇文章中造成畫龍點睛的作用，就有可能成就一件偉大的作品。相反，如果細節粗糙而偏離主題，照樣也可以毀壞一件驚世之作。

有時，一堂課的精彩與平庸，往往就取決於其細節夠不夠完美。細節充斥著每一個角落，它就像一個隱身的天使，我們只有把它找出來並緊緊地抓住它來提問，才能讓它發光發亮，照耀每一個渴求知識的心靈。

二、高效課堂的提問切入點

著名教師王崧舟老師是一位幽默而嚴謹的人，作為「詩意語文」教學流派的領軍人物，他的課上得優美而生動，而且總能讓學生從細節處找到啟發，讓課堂變得精緻而有趣。聽他的課，總是能讓人覺得眼前一亮，感嘆知識的神奇與細節所蘊涵的無窮奧妙。下面，就讓我們一起來欣賞一下王崧舟老師為我們展示的這堂《小珊迪》吧。

王老師微笑著走入教室，他並沒有馬上進入主題，而是先為學生講了一個故事，從側面引導學生注意細節的重要性。

「同學們，這是一個真實的故事：一個在德國留學的中國留學生，在獲得博士學位之後他決定留在德國發展。他找了第一家公司，沒有被錄取，又找到第二家，人家也拒絕了他……他先後找了 25 家大公司，結果都沒有找到工作。於是，他去了一家小公司。他想，憑我這樣的學位和才能，在小公司裡幹肯定是不成問題的。但是，那家小公司居然也照樣拒絕了他。」

說完，王老師看了一眼學生驚訝的表情，問道：「現在，同學們來想一想，他為什麼會被拒絕呢？」

教室裡響起了一陣小聲的討論後，一名學生說道：「我想，是不是因為德國是一個排外的民族，所以他們不喜歡用外國人呢？」

另一名學生說：「可能是那些公司的經理認為他沒有實際工作經驗，所以才不用他的吧。」

又有一名學生說道：「也許是那個學生高分低能也不一定。」他的話引起了同學們的一片笑聲。

王老師聽後也笑了，「你們的想法也有道理。後來，那個留學生就憤怒地問那個老闆：『我是一個博士，難道在你這樣的小公司幹還不夠資格嗎？你們憑什麼這樣對待我？』那個老闆就回答說：『對不起，先生。我們從網上查到你在德國乘坐公共汽車時，曾逃過三次票，一個連蠅頭小利都不放過的人，又怎麼可以讓人信任呢？』聽了這個故事，你們有什麼問題？」

一名同學頗感不解地問道：「為什麼那個老闆對這樣的小事也要斤斤計較呢？」

3. 在課文細節處提問：魅力細節，見微知著

又有同學問：「那個經理為什麼不給他一個改正的機會呢？」

……

「因為德國人是非常注重細節的，他們深知細節對一件事物的重要性。」王老師繼續說，「這樣吧，就讓我們先去看看小珊迪，去問問小珊迪，從他那裡找找答案。」說完，王老師請同學們自由地朗讀課文，並邊讀邊在頭腦中想像影像，就像放電影一樣。

看到同學們差不多讀完了，王老師說道：「看到同學們讀得這樣投入，說明同學們已經被這個故事感動了。那麼，你們看到小珊迪了嗎？看到了怎樣的小珊迪？」

一名同學回答道：「我看到小珊迪身上只穿一件又薄又破的單衣，瘦瘦的小臉凍得發青，一雙赤腳又紅又腫，非常可憐，還在賣火柴。」

「哦，看得出來，你是一個富有同情心的孩子。」王老師對他肯定地點了點頭，「這位同學看到了小珊迪的外貌，請大家注意一些細節描寫，如『一件』、『瘦瘦』、『赤腳等』，從這些細節描寫中，大家體會到了些什麼？」

一陣沉思後，一名同學說道：「小珊迪的家境非常貧窮，在冬天裡也沒有鞋穿，而且應該是一直都很貧窮，『瘦瘦的小臉』不可能是一天餓的。」

又有一名同學說道：「小珊迪已經這樣窮，這樣可憐了，但他仍然信守承諾，更說明了他高尚的品質。」

這時，王老師說道：「剛才同學們說的這些，與其說是看到的，不如說是感受到的，而有時細節的地方更能體現出作者的情感和作者想要表達的意境。讀課文不能光有感受，還要透過讀把感受表達出來。」

學生開始了自由朗讀，王老師便一邊巡視一邊仔細地傾聽著，等同學們都朗讀完了之後，王老師說道：「仔細聽了同學們的朗讀，我有一種感動，我知道，大家對小珊迪有一種最真切、最直接的感受。有哪位同學願意帶有感情地為大家朗讀一下小珊迪說的那些話呢？」

二、高效課堂的提問切入點

　　一名同學自告奮勇地站了起來「先生，請買盒火柴吧！」他剛讀到這裡，王老師突然打斷了他，「請停一停，當時的天氣非常寒冷，而小珊迪又穿得那麼單薄，寒冷更是可想而知了。請你先感受一下寒冷，然後再來讀一遍。」

　　於是，這名同學又繼續讀道：「買一盒火柴只要一個便士呀！」聲音裡隱約還透著一絲顫抖⋯⋯

　　讀罷，教師裡響起了熱烈的掌聲。王老師也欣慰地說道：「你讀得真的是太好了，真實地抓住了小珊迪的感受。現在請同學們思考一下，如果用幾個字概括一下剛才『小珊迪』說話的特點，大家覺得應該是什麼？」

　　同學們說道：「顫抖、乞求地說、真誠、善良⋯⋯」

　　「非常好，大家都聽得非常仔細，也感受到了小珊迪的真誠、守信與善良。最後，小珊迪就那樣死了，為了那小小的火柴，為了那四個小便士，除了『我』，除了他的弟弟，誰也不知道他就那樣死去了。小珊迪的品格深深地感動了作者，也深深地打動了每一位讀者的心。但是，『我』卻也懷疑過善良的小珊迪，課文中哪句話是描寫『我』的懷疑的？」

　　另一名同學說道：「等了很久也不見他回來，我猜想可能上當了。但是當我想到孩子那誠懇的面容，想到他那使人信任的神情，我斷定他不是那種人。」

　　學生讀罷，王老師又繼續說道：「請同學們注意『斷定』這個詞，這是一個非常肯定的詞，在還沒有看到結果之前，『我』又從何而斷定小珊迪他不是那種人呢？」

　　一名同學說道：「是從小珊迪那誠懇的面容和他那使人信任的神情而斷定小珊迪不是那種人。我覺得文中的『我』也是一個善良的人，不然他也就不會等小珊迪給他找零錢，並在沒有結果之前就斷定他不是那種人。」

　　王老師補充說道：「是啊，其實當時的『我』猜想得非常合情合理。小珊迪需要錢嗎？答案是肯定的，他非常需要用錢來買食物；他需要用錢來禦寒；他更需要用錢來照顧他的弟弟；他需要用錢做更大的生意來維持生計。他非常需要錢，而那個社會見錢眼開、見利忘義的事很多很多，所以『我』

一想到這些，就覺得自己上當了。可是，後來想到孩子那誠懇的面容和使人信任的眼神，『我』便斷定他不是那種人。不是哪種人呢？」

「無信無義、見錢眼開、見利忘義、不守承諾⋯⋯」同學們爭先恐後地說。

王老師又問道：「那麼，後來『我』看到的結果是什麼呢？」

一名同學回答道：「可憐的小珊迪躺在一張破床上，一看見『我』就難過地說：『我換好零錢往回跑的時候，被馬車撞了。我的兩條腿全斷了，就要死了。小比利，我可憐的弟弟！我死了你怎麼辦呢？誰來照顧你呢？』」

讀完後，王老師請大家注意這是一個貧窮的、斷了兩條腿、快要死了的孩子說的話，這是一個臨死前還只擔心著自己的弟弟，掛念著弟弟的孩子說的話。同學們都陷入了深思之中⋯⋯

透過王老師引導學生對細節進行探討、理解，並巧妙地在課文的細節處提問，使學生在探究細節的過程中，更深刻地理解了社會的冷漠與小珊迪可貴的品質。

這樣的提問，在學生被課文的細節深深打動的同時，也更深刻地體會到了作者創作時的感受和對社會、對人們真誠、善良、互相信任、遵守承諾等高尚品質的呼喚，進而更加深刻地理解了課文。

細節在文章中具有非常大的作用，它是文中構成人物形象、故事情節、環境特徵等等最基本的組成單位，也是表現事物各種本質的具體而細小的刻畫部分。

可以說，在任何一件作品中，都離不開真實而生動的細節刻畫。一個好的細節刻畫會如同畫龍點睛一樣，可以極大地增強作品的真實感和藝術感染力，可以把事物的真實本質鮮明而逼真地呈現出來，引領人們走出迷霧，最終讓真相浮出水面。

王老師就是這樣一位善於抓住細節的老師，透過引導學生對細節的探究，使他們更深刻地感受到作者的用意和對小珊迪悲慘遭遇的同情。

二、高效課堂的提問切入點

首先，在課程開始部分的導入中，王老師先以一個《逃過三次票》的故事引入本節課的中心——「誠信的重要意義」，並初步在學生的頭腦中埋下了「細節的重要性」的種子，提高了學生對細節的重視，同時也為後面的深入理解做好了鋪墊。

因為一般的細節雖然都造成了重要的作用，但由於一般只作為輔助或突出重點而刻意安排的，因此一般用於細節刻畫的篇幅都比較小，特別容易被人忽略。所以，王老師就刻意地在如「乞求」、「顫抖」、「一件」、「赤腳」、「瘦瘦」等重點描寫小珊迪處境的細節處提問，讓學生透過一步步地解答、探究、掌握而達到真實地理解小珊迪最珍貴的品質的目的，並在解答的過程中激發了學生的同情心和正義感，使他們更深刻地明白了小珊迪精神的難能可貴，並樹立起自己正確的道德觀和世界觀。

老子是古代著名的思想家、教育家、早期道教的創始人，他在其著作《道德經》的第六十三章中這樣說過：「天下難事，必做於易；天下大事，必做於細。」其含義也就是說天下的難事都是從容易的時候發展起來的，天下的大事都是從細小的地方一步步形成的。

在精益求精的教學過程中亦同樣如此，因為細節有時會決定教師們講課的精彩與平庸。

例如，教師們準確地抓住課文的細節，在課文的細節處提問，用細節打動學生，就可以使學生在更好地理解知識的同時，又能體會到細節學習的樂趣，在優化了課堂氣氛的同時，還可以提高教師們的個人魅力。

另外，我們從一些學生表現出的細節之中，就可以大體上推斷出他們對知識的理解程度。

例如，在檢查學習情況時，機械記憶的學生和理解記憶的學生相比，也許他們說出的答案都是正確的，都是一樣的，但他們在回答時的表現絕不是一樣的，有時是一個表情，有時也許只是一句「多餘」的話，從這些細節方面就可以看出他們對知識的理解和運用程度的差異了。

由此可見，準確地把握住細節，對老師的教育工作是多麼的重要，而在細節處及時的提問，更能造成畫龍點睛的作用。

實施細節處提問的具體方法

教學過程其實就是由無數個細節組成的。一個問題、一個小節、一堂課、一個學期或一個學年，無數的細節教學「串」成了一個教師的教學風格與教學藝術，有時它也會決定一節課的成敗。

因此，我們首先要提高自己的責任心和危機感，要讓每個學生的心裡都提高對細節的重視程度，讓他們主動去感受那小小的細節中所蘊涵的無限乾坤。

我們在實施細節處提問時，要注意如下的一些事項及方法：

（1）在細節處提問後，要重視學生所做出的反應裡的一些細節，這樣便可以有效地避免學生產生逆反心理。

例如，在學生回答問題突然說錯，或是不知怎樣回答時，學生的表情是不一樣的。這都是一些經常遇到的小插曲、小細節，有的學生可能會覺得沒什麼，下次繼續努力就可以了，但也有些學生的內心會覺得十分害怕，或是害怕老師的批評，或是害怕同學的嘲笑。

如果此時老師的做法過於偏激，很可能就會打擊學生的積極性，甚至會因為維護自己的自尊心，而對老師產生逆反心理。由於這些內心活動所顯現的時間都很短，大多也不會產生得太直接，因此教師們就要多留意每一次提問後，學生所表現出的細節變化。

而此時老師的一個眼神、一句鼓勵的話，或者是幽默、詼諧的語言都可以造成非常好的效果，能有效地激勵學生保持積極向上的學習態度。

（2）在課文的細節處提問，讓細節成為知識的生長點。

細節就是精髓，它總有很多值得我們抓住、探究的地方，學生可以在回答細節提問中展示自己，教師們也可以在細節中體現智慧，但並不是所有的

二、高效課堂的提問切入點

細節都要不停地去研究，老師只要抓住重要的、關鍵的細節引領大家一起去關注、去突破就可以了。

特級教師華應龍曾經說過這樣一句話：「一個細節，見理念、見價值、見功力、見境界、見文化、見魅力……」可見細節在課堂提問中造成的重要作用。因此，我們在知識的細節處提問便也有了同樣不可忽視的魅力，我們要善於發現教學中的細節問題，捕捉其中的亮點，使它們成為我們教學中的有利資源，讓細節綻放光彩，讓課堂呈現精彩。

但是，教育並不只是侷限於課堂教學之中，它更是充滿了日常教學的每一個角落。因此，我們不僅要抓住課堂裡的每一個細節，更要抓住日常生活中的每一個細節，適時地進行適當的教育提問。

作為一名教師，我們主要的工作雖然是教書，但更重要的是育人。在細節處提問，也能促使學生做人從小事做起，從細節入手。這樣不斷地把教育工作認真地深入到每一個細節之中，使學生的學習也可以深入到每一個細節裡，為國家、為社會培育出更優秀的人才。

4. 在考點處提問更能加深學生的重視度：準確設題，擊破考點

考點，就是指考試中的熱點、難點、重點。而考點提問法，就是在課堂教學時，為了引起學生對相關考點的重視，老師針對這些「點」提出相應的問題，力求讓學生透過回答問題，及時準確地把握這些考試要點，從而有針對性地把握考試命脈，進而在考試中取得好成績的提問教學法。

這種提問法，透過一個又一個的問題，讓學生知道了考試的基本內容，引起了他們對相關知識的重視，並且能在以後的學習和複習中有的放矢，更為準確地記憶知識，使他們不再為各種各樣的考試而揪心、煩躁。

考點提問法，是一種從考試的角度把握學生學習內容的提問方法，它要求老師所設計的問題一定要圍繞考點，或者對圍繞在考點周圍的其他知識的

學習有啟發意義。所以，在教學中，老師應該有意識地在考點處多給學生設置幾個問題。

中學化學教師鄭克強透過長期的教學實踐，研究出了一套頗有實踐價值的教學方法。這就是考點提問教學法。

鄭老師認為：在教學實踐中，經常給學生強化考點，明確考試範圍，學生才知道學習什麼，才能合理地分配自己的學習時間與精力，這樣他們就能在考試中脫穎而出，取得令人矚目的成績。而讓學生能夠更好地把握考點的辦法，就是在考點處產生問題。因此，老師可以有意識地針對考點，提出相應的問題，加深學生對考點的理解，啟發他們的思維，他們就不僅能理解、掌握考點，還能複習好與考點相關的知識點或者考點，從而引起甚至加深對考點的重視。

因此，在日常教學的提問過程中，鄭老師總是盡可能地在考點上下工夫，遇到考點，就盡量順勢給學生提出各種各樣的問題，讓他們去思考。結果，他們不僅學會了知識，還在考試中取得了優異的成績。

記得有一次講授「燃燒和滅火」這節課時，鄭老師就用考點提問法，引起了學生對考點的重視，幫助他們牢固地記住了不少相關知識。

氧氣的實驗室製法是初中化學重要的基礎知識，也是中考重要的考點，所以，在教學中，鄭老師下了一番工夫。

上課引入正題後，鄭老師說：「上節課，我們學習了氧氣的基本性質，也知道了離開氧氣，我們是生存不下去的。而這節課，我們透過實驗來講一下氧氣的製法，這節課有許多知識點和考點值得我們關注。

首先是實驗室制氧氣的原料，通常實驗室制氧氣，我們都用氯酸鉀和二氧化錳，或者氯酸鉀和高錳酸鉀也可以，或者單獨用高錳酸鉀。可是，在氯酸鉀和二氧化錳制氧氣的實驗中，我們卻驚奇地發現二氧化錳的質量和性質都沒有出現改變。大家知道這是為什麼嗎？」

二、高效課堂的提問切入點

「老師，因為二氧化錳是催化劑，而催化劑在化學反應中，只能加速或者延緩其他物質的反應速率，而本身的質量和化學性質在化學反應前後卻不會發生任何改變。」

「哦？那麼高錳酸鉀可以當催化劑使用嗎？」等這位同學回答完後，鄭老師緊接著又拋出了一個問題。

「可以。因為在反應過程中，高錳酸鉀會因為加熱而生成二氧化錳，然後二氧化錳就繼續加速化學反應。因此，可以說高錳酸鉀是一種另類的催化劑。」

「沒錯！你說得不錯。現在，我們準備進行實驗，在這個實驗中，還有好多考點需要我們注意，因為它們不僅在這節課上非常有用，而且在其他氣體的實驗室制取中也有重要意義。比如，我們量取藥品的方法就是這樣的一個考點。同學們，在量取藥品時，我們需要注意什麼？可以像平時拿蘋果似的直接用手拿嗎？小鵬，你說。」鄭老師點名道。

「不可以！在拿藥品時，我們需要注意『三不』，即不能用手直接拿藥品，不能把鼻子湊近容器口去聞氣味，也不能用嘴嘗藥品。」

「為什麼要注意這些問題呢？」鄭老師接著問。

「因為藥品可能有腐蝕性、毒性，或者與手接觸就變得不純了。」

「那麼，難道量取藥品時只需要注意這些問題就足夠了嗎？」鄭老師絲毫沒有放鬆的樣子。

「不是！如果我們取用的是固體藥品，還要注意橫放、豎放；而取用液體時，則應該讓瓶塞倒置，標籤向著手心，瓶口緊靠容器口。」

「取液體時，為什麼要瓶塞倒置啊？正著放不可以嗎？」

「不可以！因為液體藥品，可能有腐蝕性，會腐蝕實驗臺的，而且正著放，還有可能汙染瓶塞，降低藥品的純度。」

「好的！小鵬，現在我可以放過你了！回答得不錯！現在，我們開始量取高錳酸鉀。」說著，鄭老師就直接把藥品往天平的右盤內放，「我這樣放，可以嗎？小林，你回答。」

「老師，不對！應該放在左盤裡，同時還得墊張紙！」

「為什麼還要墊張紙，那多麻煩啊？」

「可是這樣可以防止藥品被汙染。」

「沒錯！現在，我們的藥品稱好了，該安裝實驗器材了，我們這個實驗都需要哪些器材啊？大家說說看。」

「需要帶有鐵夾的鐵架臺、大試管、集氣瓶、帶導管的橡皮塞、玻璃片、裝有水的水槽和加熱用的酒精燈。」同學們爭先恐後地答道。

「好！安裝器材時，也有個考點，大家知道是什麼嗎？」

「檢查裝置的氣密性，看看裝置是不是漏氣。」

「沒錯！如果漏氣的話，我們的氧氣就不純了。誰能告訴我，怎麼檢查啊？」

「我們應該按照從下往上、從左到右的順序檢查，要用左手拿橡皮管或者橡皮塞，右手拿玻璃管，沾水潤濕，然後插入橡皮管或者橡皮塞，接著把管端浸在水裡，用手掌貼器外壁。如果管口冒氣泡，並且放開手後，會有少量的水回流入管內，則說明裝置不漏氣，產生的氧氣可以全部收集起來。」

「說得不錯！但是，製出來的氧氣，我們怎麼收集啊？」

「教材上說用排水法或者向上排空氣法。」

「沒錯！氧氣的收集也是一個重要考點。那麼，請問誰知道為什麼採取這些辦法收集啊？」

「這與氧氣的物理性質有關。因為它不易溶於水，所以我們就可以用排水法進行收集；而用向上排空氣法進行收集，是因為它的密度比空氣大。」

二、高效課堂的提問切入點

　　佳揚回答完畢後，鄭老師做了一個「開始」的手勢，於是同學們就開始安裝實驗裝置了，很快，就都安裝好了。

　　可是，同學們等了半天，鄭老師卻遲遲沒下命令開始實驗。

　　「同學們再檢查一下，我們的裝置安裝和書上的圖一樣嗎？思聰，你認為呢？」

　　「老師，我發現書上的試管口有團棉花。我們的沒有。」

　　「觀察得夠仔細。為什麼它要塞棉花啊？」

　　「是為了防止高錳酸鉀粉末進入導管。」

　　「還有嗎？」

　　「還要注意把試管固定在鐵架臺上時，應該把試管口稍微向下傾斜一點兒。」

　　「好的！這都是實驗安裝時需要我們必須記住的考點。好了，現在，我們可以做實驗了。同時，有誰可以告訴我：氧氣生成後，我們就立即收集嗎？」

　　「不是的！我們採用的是排水法收集氧氣，所以應該等導管口產生連續、均勻的氣泡後才能開始收集。」

　　說著，大家的實驗裝置都冒泡泡了，於是大家趕緊收集氧氣。

　　「同學們，我們怎麼才能知道氧氣是不是滿了呢？如果太滿，會不安全的。」

　　「老師，當氣泡從瓶外冒出時，我們就可以知道集氣瓶已經收滿氧氣了。」

　　「好！估計，用不了幾分鐘，大家收集的氧氣就差不多了。一會兒，我們可以直接熄滅酒精燈嗎？」

　　「不可以！應該先把導管移出水槽。這樣，水槽中的水就不會倒吸入試管導致試管炸裂了。」

「老師，我的已經滿了，可以移出導管了。」

「好的！大家趕快行動吧！」說著，鄭老師就帶頭有條不紊地把自己實驗裝置中的導管移出了水槽。

「同學們，我可以用嘴吹滅酒精燈嗎？」

「不可以，應該用酒精燈蓋子去蓋酒精燈！」

「沒錯！這也是一個考點。之所以這樣做，是因為我們用嘴吹，會加速空氣流動，使酒精燈燃燒時需要的氧氣增多，那樣，酒精燈自然就不會滅！」

「好了！下面，我們開始講一下實驗室制氧氣的化學方程式，這也是一個考點，非常重要。希望大家認真聽講，並且記住這些考點。千萬不要在我提問時回答不上來哦！」

「好！」同學們非常配合地回答。

提問是老師開啟學生創造性思維，引導學生思考的最直接、最簡便的教學方法，同時它也是老師藉以接收學生反饋訊息的有效手段。

提問教學的關鍵在於老師設計的問題，在於老師提問的時機與地點，比如，如果老師能夠在教學內容的關鍵部分，提一些既考慮到學生心理特徵又結合了教學內容的問題，就能引起學生思考，打開學生的思路，加強他們的印象，甚至使學生自己就解決了問題；而如果老師能夠在考點處提問，學生就能重視這些在考試中有著重要地位，能夠讓自己取得更好的學習成績的問題，從而把更多的時間與精力放在解決這些問題上，更好地掌握這些考點知識。

在多年教學實踐中，鄭克強老師發現學生考試成績不好，就是因為它們對考點掌握得不夠扎實，或者根本沒有充分重視考點在考試中的地位。

鄭老師說：「現在，雖然在推廣素質教育的改革中，考試的地位有所下降。但是，我們不可否認的是，考試在很長一段時間內，都將是衡量一個學生素質的重要方面，是各大學校招生和單位招工的重要指標。因此，我們應該盡可能地讓學生在考試中取得優異的成績。所以，在日常教學中，我們應該教

二、高效課堂的提問切入點

學生學會抓住考點學習，抓住考點思考。而從教學提問的角度講，我們應該抓住考點，在考點處提出有建設性的問題。」

正是因為意識到這一點，鄭老師才在平時的教學中，盡量給學生在考點處設置思維障礙，幫助他們在解除障礙的過程中，把握住考點。

實驗室制氧氣，在初中化學課程中的地位非常重要，因為它涉及的知識點是以後許多化學知識的重要基礎，而且裡邊有許多知識都曾經在考試中出現多次。所以，學好這一課，對於學生取得好成績非常重要。

其實，這節課涉及的知識點，包括實驗的每一個步驟都是考點，都需要引起學生足夠的重視，需要他們盡快掌握。但是這些考點比較零散、細小，很容易被學生忽略。所以，鄭老師下定決心，一定要找到一個最適合的辦法，讓學生記住這些考點。為此，他認真地下了一番工夫，在考點處提問，吸引他們的注意力，讓他們進行有意識的記憶。

在這節課中，催化劑、裝置的安裝、氧氣的收集方法、實驗步驟、量取藥品、檢驗方法、驗滿方法等等這些歷年考試的重中之重，如果用一般的授課方法講，學生也能在當堂課上學會這些知識，但是他們卻並不一定重視這些知識的學習。而這樣一來，這些重要考點，就難以給他們留下深刻的印象，甚至在以後的複習中，都有可能一筆帶過。

「讓學生對考點有足夠的重視，這是學生在考試中取得優異成績的重要條件。」鄭老師說。同時，鄭老師認為，「我們對一件事情提起重視的好方法就是對它有疑問，或者是別人給你設置了一個疑問。因為疑問是引人思考的重要方法，而思考則是加深印象的根本途徑。」

所以，為了提高學生對這些知識點的興趣與重視，鄭老師就故意在一些比較容易遺忘的考點處設置了一系列問題。

之後的教學結果證明，鄭老師的學生確實給予了這些考點足夠的重視。因為在其後的多次考試中，他們都沒有在實驗室制氧氣中所涉及的相關考點知識上丟失一分。

因此，教學時在考點處提問，對於提高學生對考點的重視、加深他們對這些知識的理解、引發他們相應的思考有著重要的教學意義。所以，老師不妨在考點處「為難」一下學生，讓他們多重視一下這些考試的提示點。

在教學中，老師往往離不開提問這個教學助手，但是，要想使提問法能真正收到滿意的教學效果，卻還需要在一些細節問題上做好功課，比如在哪裡適當地提出自己的問題以及提出問題所能、所要達到的目標。

考點提問法就是在對這些問題有了深入思考的基礎上總結出來的提問方法、教學新思維。

然而，考點提問法和其他提問法一樣，如果進入誤區，就有可能達不到教學目標，實現不了預期的教學效果。所以，老師在教學中，應該注意一下技巧性的問題，以防不小心就進入了這些陷阱。

（1）突出重點難點。

雖然考點是教學內容的濃縮，但是一本教材仍然會有諸多紛繁、複雜的考點。因此，在考點處提問時，老師要注意，千萬不要把所有的考點都設計成問題，不要在所有考點處提問。

因為這樣做，不僅沒有意義，也是不現實的，而且這樣做就是「眉毛鬍子一把抓」，主次不分，使得一堂課下來，學生只是蜻蜓點水地學了學所有的知識點甚至考點，而沒有進行深入地思考、領會。

所以，在考點處提問時，老師也應該力求重點突出、難點突破，這樣才能深化考點知識，強化學生思維訓練。

（2）問題要有適宜的難度。

針對考點提問時，老師要注意把握問題的難度，力求做到深度難易合理。因為考點本來就是考試中的「重點」，所以針對它們提的問題，應該具有一定的難度，而不要提那些學生不用動腦子就能輕易回答或者能較為容易地在書上找到提示性答案的問題。

二、高效課堂的提問切入點

當然，為了強調某些比較容易但必考的考點，老師也可以提一些簡單的問題並且有意識地說明一下。

（3）問題要由淺入深。

課堂上，我們需要從教材和學生實際出發，盡量由易到難、由淺入深，循序漸進地講課。而提問時，也應該針對考點設計出有坡度的問題。因為這樣，可以讓學生享受到回答淺易的問題的「成功感」，從而激發他們進一步學習探討的興趣，同時也有利於老師對他們進行深入的引導。

相反，如果老師為了突顯考點的重要性，專門提一些難度非常大的問題，使學生無法回答，整個課堂就失去了原有的活力與生機，而提問的初衷也沒有達到。

在考點處提問，即便是那些有難度的考點，老師也應該盡量精心設計問題，比如把問題分解為由易到難、由淺到深的一系列小問題，透過問題層層地推進、解決，幫助學生理解有難度的考點。

（4）提問時要注意多變換角度。

教無定法，在考點處怎樣提問，也沒有固定模式。所以，老師把考點放在學生注意力容易集中之時，或者思維活躍之機講解，並且趁機提出相關問題。

由考點延伸的問題，老師應該盡可能地變換角度，以便讓學生能夠從多角度、多層面思考問題。

總之，為了彰顯考點的重要地位，老師應該設計一些問題，去吸引學生。但是，同樣需要注意這些問題的「含金量」，而不能讓這些問題的「怪異」奪去考點的光芒。

實施「考點」提問法的具體方法

考點提問法可以說是素質教育中的另類提問教學法，因為它是針對考試的熱點、重點、難點等要點而提問的，是最近出現的一種意圖透過考試引發學生的學習興趣、思維興趣，併力求解決這些問題，解決心中的疑問的教學

方法。因此，我們相信這一定能夠在很大程度上吸引各位老師的興趣，並且盡力在教學實踐中推行。

那麼，具體來講，考點提問法有哪些方法呢？在實踐中應該怎樣實施呢？下面，在一些老師的教學實踐基礎上，我們總結了一些經驗，希望能給大家一點啟發：

（1）在課堂導入時提問考點。

每堂課都有自己的考點，老師隨時都可以拿來提問。在剛上課時，老師可以用三五分鐘的時間，提問一下與本節教學內容相關的考點。

這些考點，包括上節課講的考點、在接下來的教學中需要用到的學過的考點以及需要學生透過預習掌握的新考點。

（2）在課堂講解時提問考點。

課堂講解時，遇到的考點最多。對此，老師不妨選幾個比較重要的且最難理解的，專門設計幾個問題，讓學生解答一下。

有時，有些考點難度比較低，很容易為學生所忽略。對於這樣的考點，老師應該根據教學經驗，挑選出來，並且設計幾個小問題，讓學生回答，否則學生有可能在學習之初，會忽略這些要點，從而影響其他考點的學習。

比如，實驗室製氧氣的諸多考點就屬於瑣碎、簡單但又重要的考點。於是，鄭老師就在這些重要考點處有意識地不斷地提出相應的問題。而面對老師連珠炮似的提問，學生為了回答上問題來，就不得不對這些考點產生相當程度的重視。

（3）在做實驗時提問考點。

做具體實驗過程中，老師可以根據實驗的進展情況或者學生出現的小錯誤提出一些與考點相關的問題。此時，老師針對考點設計的問題，有可能透過學生實驗，加速學生的理解速度或者記憶速度。

（4）做習題時提問考點。

二、高效課堂的提問切入點

做習題，是最容易發現學習弱點、發現考點是否掌握的環節。在此時，老師也可以結合學生實際，在考點上設置幾個問題，以便讓問題吸引學生更多的注意力，而且學生也可以及時透過練習這些考點，進行強化記憶。

（5）複習舊知識時提問考點。

複習過程中，老師針對考點提問的範圍可以比較廣。他們可以任意選擇學過的舊考點，設置針對性或者綜合性較強的問題，幫助學生把考點串聯起來。這樣，學生不僅加強了對舊考點的重視，還會因重視而加強了對舊知識的理解與把握。

總而言之，為了提高學生對考試中的重點、難點、熱點以及必考點的重視，讓他們以這些「點」為發散點，把思維擴散到學習的每個角落，老師有必要在考點處精心設計問題。

5. 設置「矛盾衝突」，激發學生思維火花：聚焦矛盾，發散思維

矛盾一詞在漢語中最早見於《韓非子》，指邏輯上的不一致，即事物自身包含的既對立又統一的關係。在教學中，有些教材在內容上看起來似乎「自相矛盾」，其實這正是內容的精妙之處。還有些教材有很大的延伸空間，可以創設出「矛盾」，而這就是提問之點，教師可以在這些有「矛盾」或可創設「矛盾」的地方進行提問，以引起學生對知識的探究興趣。

在「矛盾」處提問其實就是引發學生的認知衝突，即引發他們原有認知結構與新知識之間的衝突，使學生在腦海裡產生認知衝突，這樣的提問會使學生對新知識產生強烈的興趣以達到合理解決問題的目的。

「矛盾」是思維的「催化劑」。根據課文的「矛盾點」設計問題，形成一種認知衝突，可以激起學生思維的火花，培養學生思維的深刻性。上海市寶山區大場中心小學優秀語文教師錢曉虹老師就常常在課文的「矛盾處」提出問題，引發學生的認知衝突，加深他們對課文內容的理解。下面我們來欣賞錢老師的幾個精彩的教學片段。

片段一：

教豐子愷的《白鵝》一課時，文中有這樣一段話：「鵝的吃飯，常常使我們發笑。我們的鵝是吃冷飯的，一日三餐。牠需要三樣東西下飯：一樣是水，一樣是泥，一樣是草。」在這段話當中，「一樣」這個詞重複出現三次，錢老師以此作為「矛盾點」，提出了這樣一個問題：「在這幾句話中，『一樣』這個詞語連續出現了三次，但老師卻常常教導我們，用詞不要重複，一個文學大師是不是在這裡出現了用詞重複的錯誤？」

學生一時陷入了沉思，錢老師又引導性地說道：「去掉『一樣』我們讀讀看，看看是否會更舒服一些？」

學生開始興趣盎然地比較性朗讀，先讀原文，再去掉「一樣」二字朗讀，這樣反覆朗讀比較，最後大家有了結論：大師沒有出現錯誤，應該加上「一樣」二字，同時還發表了自己的見解。

學生一說：「我覺得還是加上『一樣』要好一點，因為這裡作者似乎在特別強調白鵝吃的是這三樣東西。」

學生二贊成地說道：「對，就是這樣。這裡分成三個短句來講，其實就是告訴我們鵝下飯非這三樣東西不可。」

學生三點了點頭說：「鵝就是吃這三樣特別簡單的東西下飯，但牠還三眼一板，一絲不苟，所以常常使我們發笑。」

學生四也迫不及待地說：「這樣簡單的東西下飯，鵝還架子十足，還得有人在旁侍候，真是高傲的動物。」

……

一個簡簡單單的詞語，在錢老師創設的「矛盾提問」和點撥下，學生有了意會，品出了文章中的深意，同時也領略了文學大師在語言運用上的考究。

片段二：

二、高效課堂的提問切入點

　　《鳥的天堂》中有這樣一句話：「我們的船漸漸地逼近榕樹了。」錢老師抓住句中「逼近」一詞問道：「我們平常講距離越來越近時，都習慣用『靠近』或『接近』，這裡卻用了『逼近』，這是不是不合常規？是否用錯了？」

　　這個問題一提出，學生就產生了爭論，大部分同學都表示同意：

　　「沒錯，是不合用詞常規。據我瞭解，只有當人們遇到壓力時，才用『逼近』。作者是坐小船去『鳥的天堂』，所以這裡根本談不上『逼近』。」

　　「『逼近』有時還含有緊迫、速度快的意思。但作者在文中說『我們的船漸漸地逼近榕樹了』，絲毫沒有快的意思。」

　　「是啊，小船走得並不快，作者的心情也很好，可文中竟然用『逼近』，而不用『靠近』和『接近』，看來，值得推敲。」

　　聽著同學們發表的見解，錢老師微笑著說道：「大家講得都很有道理，有沒有不同意見呢？」

　　這時，有一同學站起來說：「老師，我有不同意見。我覺得用『逼近』非常準確，因為河面變窄了，而榕樹正是茂盛的時期，枝幹多而密，以至於看不出主幹在什麼地方，顯得非常高大，相對於小船上的人來說，大榕樹有一種氣勢逼人的感覺。可以說，大榕樹在『逼近』我們，我們也在『逼近』大榕樹。」

　　「有道理，能聯繫上下文來思考，說明你已經掌握了一個非常重要的讀書方法。」錢老師誇讚道。

　　此時，更多的同學發表了不同看法：「我們以前讀過《小站》，文中有這樣一句話『迎面是逼人而來的山崖和巨石。』現在想想，山崖和巨石高大，可以說成是『逼人而來』。同樣，高大而充滿生機的榕樹離『我們』越來越近，不也可以說成『迎面是逼人而來的大榕樹』嗎。」

　　「從前面對環境的描寫可以看出，巴金爺爺遊玩時的心情很好，雖然小船離大榕樹還比較遠，但他內心卻有了『輕舟已過萬重山』的感覺，『逼近』反映了作者想盡快見到『鳥的天堂』的迫切心情。」

「我認為用『逼近』一詞更富有人情味。因為此時，作者親眼看到的不是一株大樹，而是枝多葉茂、滿眼綠色、充滿生機、『臥在水面上』的一個生命，作者好像已進入榕樹的內心，正在與榕樹對話，與榕樹交流感情。」

聽了這幾個同學的發言，先前表示同意作者用錯詞的同學也推翻了自己的論斷，認為用「逼近」這個詞沒有錯，因為「如果把『逼近』換成『靠近』和『接近』，那就太平淡了。這樣不能突出榕樹之大和作者心情之急。」至此，大家達成了一致的觀點。

片段三：

《西沙漁人》這篇課文透過記敘西沙漁人釣鯊魚的事例來反映他們機智剽悍的性格，文章圍繞「機智剽悍」，先概括介紹西沙漁人是久經風浪、機智剽悍的海獵手，再具體介紹西沙漁人釣鯊魚的過程，最後簡介釣鯊魚是西沙漁人的入門考試。

許多語文教師都認為這篇課文已不適合作為教材了，因為現在人類不停地在呼籲要保護動物，而教材卻偏偏要欣賞西沙漁人那樣勇敢地砍殺鯊魚，這與時代發展所倡導的環保理念相悖，但錢老師卻正是利用這種矛盾提出了問題，使其成為學生探究新知的生長點。

錢老師首先讓學生閱讀了課文，透過閱讀課文，學生明白西沙漁人釣鯊魚是為了生存，同時也證明自己的機智勇敢。隨後錢老師讓學生看了兩則新聞：一則是海洋科學家警告：350多種鯊魚中，瀕臨滅絕的鯊魚種類已經增加到了82種。由於鯊魚繁殖慢，過度捕撈，最終可能導致鯊魚從地球上消失，鯊魚的消失將對海洋生態平衡造成嚴重後果。

另一則是從1998年開始，毛里塔尼亞阿爾甘自然保護區的主管部門向當地漁民解釋過度捕撈鯊魚的嚴重後果，動員漁民停止捕撈鯊魚。幾年後，漁民終於接受了保護區的建議，並在捕撈鯊魚季節來臨之前交出了捕鯊魚網，徹底放棄了捕撈鯊魚。

同學們看完新聞後，錢老師問道：「你們從這兩則新聞裡讀懂了什麼？」

學生一說：「鯊魚快要滅絕了，不能再捕鯊魚！」

二、高效課堂的提問切入點

學生二說：「應該禁止捕鯊魚！」

錢老師話鋒一轉，提出了矛盾之處：「可西沙漁人為了生活必須釣到鯊魚，而且他們還將釣鯊魚作為入門考試，要是禁止捕鯊魚，他們的生活怎麼辦呢？」

學生回答：「他們可以捕海裡其他的動物！」

錢老師提出疑問：「其他動物也要捕完的呀！」

學生又回答：「把大的抓走，小的放掉！等養大了再抓！」

錢老師再次提出疑問：「這樣海裡的動物越來越少，總有一天也會被抓光的呀！」

方法一再被老師否定，學生張口結舌，一時也想不到辦法了。

「咱們先來看一些圖片！」這時，錢老師又適時地播放了現代漁業捕撈技術「漁輪拖網捕魚」及漁業養殖技術「海洋牧場」的圖片，圖片旁用標題式語句進行了簡單的說明。

錢老師再次問道：「從這些圖片中你看懂了什麼？又想到些什麼？」

學生一說：「用大輪船拉網捕魚又安全又容易，西沙漁人不用冒險去釣鯊魚了！」

學生二說：「他們不靠釣鯊魚也可以生活，可以在海裡進行人工養殖！」

「那麼在造出大輪船之前、發明漁業養殖技術之前，西沙漁人怎樣生活呢？」錢老師又問。

「坐小船去打魚啊！」學生一回答。

「釣鯊魚！」學生二回答。

「你覺得課文寫的是什麼年代西沙漁人的生活？」錢老師再問。

「是在很久以前的年代！」

「一定是在生活很窮苦的年代！」

5. 設置「矛盾衝突」，激發學生思維火花：聚焦矛盾，發散思維

錢老師總結道：「是啊，在造不起大輪船，也沒有發明漁業養殖技術的窮苦年代，西沙漁人如果不能勇敢地去海上打獵，釣鯊魚，就不能在四面環海的那種環境裡生存下來，那是當時環境逼迫的。但我們現在技術發達了，已不再需要靠釣鯊魚來生活，所以我們應該保護鯊魚，以防止它們滅絕，對不對？」

「對！」同學們異口同聲地回答。同學們在瞭解課文的同時，也明白了環保的意義。

現在的文本由於具有很大的開放性，使得它留有許多的空白處或延伸的空間，只要我們仔細閱讀，就會發現差異，有時甚至是矛盾的。當然這並不是真正的矛盾，而是可以結合實際情況設置和製造矛盾，從而提出問題。

教師在這些地方提問，往往可以引導學生把課文理解得很深，培養學生思維的深刻性。錢曉虹老師就很善於發現這些矛盾之處，並設置出能發散思維的問題，引發學生探究問題的興趣，激起思維的火花。

片段一中，「鵝的吃飯，常常使我們發笑。我們的鵝是吃冷飯的，一日三餐。它需要三樣東西下飯：一樣是水，一樣是泥，一樣是草。」這段話語句平淡樸實，粗略一看，似乎沒有什麼特別之處，但錢老師卻在這平淡中發現了不同之處，那就是這裡連用了三個「一樣」，這是不是有些重複呢？

當然，這肯定不是重複的，豐子愷作為一個文學大師不可能犯這種低級的錯誤，他這樣重複使用一個詞，自然有他的用意，但學生由於知識量的限制，卻並不瞭解這裡的用意，因此錢老師以此作為矛盾點，提出了問題。學生立刻產生認知衝突，經過仔細閱讀，分析比較，最終發現豐子愷先生連續重複使用「一樣」這個詞，主要是起強調的作用，強調「鵝就是吃這三樣特別簡單的東西下飯，但它還三眼一板，一絲不苟，所以常常使我們發笑。」

一個很簡單的詞語，在錢老師巧妙的設問和學生的研讀之下，不但讓學生對文章有了更深的理解，也體會到了語言大師在使用詞語上是多麼的考究，多麼的斟酌。

二、高效課堂的提問切入點

片段二與片段一差不多，也是抓住一個詞語設置矛盾，提出問題。而這個問題的提出立即引發了學生的爭論，也就是引發了認知衝突，而爭論又激發了學生深入思考、大膽發言的積極性。透過比較，學生發現「逼近」一詞不但沒有用錯，而且比「靠近」和「接近」更形象、準確，更富有人情味，讀起來更有味道。

在爭論問題時，學生迸發出智慧的火花，進行著思想的碰撞，用爭論說服自己，說服大家，歷經這樣的感悟過程，學生的記憶將會更深刻。

片段三同樣是創設矛盾，《西沙漁人》主要是透過記敘西沙漁人釣鯊魚的事例來反映他們機智剽悍的性格，這裡所宣揚的精神與現今重視人文、呼籲環保、保護生態平衡的理念相違背，這就是課文內容與現實的矛盾之處，錢老師很好地抓住這一矛盾，讓學生懂得了更深層次的道理。

透過學習文章，學生知道西沙漁人以釣鯊魚為生，如果釣不到鯊魚他們就賣不到錢，就無法生活。隨後，她又讓學生看了有關鯊魚現在的生存情況，學生看完後深有感觸，都感覺不能捕鯊魚了，否則就要滅絕了。這就產生矛盾了：西沙漁人大量釣鯊魚，但現在鯊魚卻大量減少，甚至就要滅絕，這怎麼辦呢？

這時，錢老師又播放了現代漁業捕撈技術「漁輪拖網捕魚」及漁業養殖技術「海洋牧場」的圖片，透過這些圖片，學生瞭解到現在用大輪船拉網捕魚又安全又容易，西沙漁人不用再冒險去釣鯊魚了，但很顯然西沙漁人不是生活在現代，在遙遠的造不起大輪船，也沒有發明漁業養殖技術的窮苦年代，他們只能去海上釣鯊魚，否則他們就不能在四面環海的環境裡生存下來，這是環境所逼，而現在我們的理念就是積極保護鯊魚，以防止其滅絕，產生生態不平衡。

在這三個教學片段中，錢老師都是透過創設矛盾，提出問題的。而有些文本在其本身內容上就看起來自相矛盾，實際上這卻是作者的匠心所在，這時我們教師可以直接在這些矛盾的地方提出問題，引發學生的認知衝突，產生思維火花。

例如，有一位教師在教學《飛奪瀘定橋》時，書中有一組描繪 22 位英雄英勇奪橋的鏡頭，為引導學生透過比較體會用詞的準確，感受戰士捨生忘死的精神，這位教師抓住其中一組動詞「攀」和「衝」進行比較，然後提出矛盾點：「攀」是什麼意思？說明手拽著鐵鏈，很艱難地走；「衝」是什麼意思？說明速度很快。這不是一組矛盾嗎？學生立即積極思考，透過比較這些看似矛盾實則不矛盾的組詞，體會到了戰士們英勇頑強、奮不顧身的精神。

還有，在《十里長街送總理》一文中有這樣一個句子：「一位滿頭銀髮的老奶奶雙手拄著拐杖，背靠著一棵洋槐樹，焦急而又耐心地等待著。」「焦急」是著急，「耐心」是不著急，「焦急而又耐心」豈不是自相矛盾了嗎？這位教師抓住句中矛盾處提出問題，使學生產生了認知衝突，透過討論從中體會到了老奶奶的崇敬之情。

教材中這種「自相矛盾」的情況很多，教師要善於發現和創設，從這些地方設問，造成學生思維的起伏跌宕，使他們激情迸發，讓他們學會分析問題，解決問題。

在矛盾處提問就是透過知識的矛盾點設置問題，從而引發學生的認知衝突，使學生積極思考，所以教師在課堂提問時，應多設置矛盾衝突，它對激發學生思維，提高課堂教學效果有很重要的作用。

（1）設置矛盾衝突可引發學生的思維。

在課堂提問中設置矛盾衝突可以形成懸念，讓學生產生企盼、渴知、欲答不能、欲罷不忍的心理狀態，由此激發學生的求知慾，引發學生的積極思維。

（2）設置矛盾衝突可加強學生的思維能力。

設置矛盾衝突可以強化學生的注意力，促使他們頭腦保持警覺和知覺集中。學生的注意力集中了，就會凝聚思維焦點，積極思考教師提出的問題，而矛盾的設置又讓學生產生認知衝突，認知衝突能夠激活大腦中已有的知識儲備，使學生能迅速地選擇和接受相關訊息，並對訊息進行有目的的加工，最後得出自己的答案。

二、高效課堂的提問切入點

（3）設置矛盾衝突可發展學生的思維能力。

當學生發現不能用頭腦中已有的知識來解釋一個新問題，或發現新知識與頭腦中已有的知識相悖時，就會產生認知失衡，因為人有保持認知平衡的傾向，所以認知失衡會導致緊張感。為了消除這種緊張的不舒服感覺，他們就會產生認知需要，也就是內驅力，努力求知，萌發探索未知領域的強烈願望。

矛盾衝突的設置會讓學生產生失衡感，他們會積極思考，努力求知，將「失衡」變為「平衡」。在這一過程中，他們學習的主體活動得到了有效體現，思維得到了發展，解決問題的能力也得到了提高。

（4）設置矛盾衝突可活躍學生思維。

沒有矛盾衝突的課堂教學就像一潭死水一樣，沒有漣漪、沒有波浪、平平淡淡，無法讓學生產生激情，思維也會變得鬆弛，大腦皮層處於惰性狀態，認知興趣不能得以維持，教學效果自然不好。

在課堂提問時，以矛盾點設置矛盾衝突，一方面可以喚起學生的思維注意，活躍課堂氣氛，另一方面也能激發他們的情緒注意，使學生從情感上參與課堂提問活動。矛盾衝突的設置還可以調節教學節奏，使課堂教學有張有弛、有起有伏。

設置矛盾衝突就是為了引發學生的認知衝突，那麼，引發學生認知衝突的前提條件是什麼呢？要想引發學生的認知衝突必須具備以下條件：

（1）學習環境平等和諧。

學生只有在平等和諧的環境裡，才敢於發言，說出自己的想法，課堂提問活動才能得以實施。如果學習環境存在的只是主觀和武斷，即便教師設置的矛盾再有懸念，學生也不願，甚至是不敢發表言論，雖然他們也有認知衝突，但他們卻充滿恐懼和不滿。

教師在課堂提問時，首先要創造一個平等和諧的學習環境，以主動、平和、耐心的態度參與到提問活動之中。教師可以從以下幾方面著手：

①允許學生打斷教師的講課，隨時講出自己的體會或好的解題思路、方法，或對教師的觀點提出質疑和評價。

②包容那些善於思考、說話直接、有獨創性的學生。

③鼓勵學生指出教師的不足，修正教師的錯誤。

④有計劃地提出問題，有意識地設計矛盾衝突，讓學生積極參與探究。

（2）培養學生樹立正確的學習動機和積極的學習態度。

認知衝突的產生與學生學習動機和態度密切相關。如果學生態度積極、熱情，他們就會密切關注教師提出的問題，認真思考，產生認知衝突，從而使課堂氣氛變得異常活躍，高效地吸收和消化新知識。反之，如果學生對知識漠不關心，不管教師怎樣設置矛盾衝突，學生都無法產生認知衝突，他們會自覺不自覺地迴避認知衝突。所以，教師要培養學生樹立正確的學習動機和積極的學習態度，這樣他們才會對教師設置的「矛盾問題」做出積極反應，達到提問的目的。

實施「矛盾衝突」的具體方法

設置矛盾衝突最重要的就是找到好的矛盾點，這樣才能提出既有價值又能讓學生產生興趣的問題。那麼，如何設置矛盾衝突呢？

（1）在新舊知識的分化處設置矛盾衝突。

要想讓學生自主探究學習，就要激發他們學習的熱情，如果只是按教師的指示讓幹什麼就做什麼，被動地學習，學生肯定不會主動積極。教師在課堂提問時，要找準新舊知識的分化點，在分化點處設置矛盾衝突，提出有懸念的問題，從而引發學生迫不及待想探究的興趣和慾望，促進他們利用已有的知識和經驗，積極調動思維，讓他們個個都有躍躍欲試的態勢，這樣會促進學生形成自主的探索意識，逐步樹立起學習的主動性和積極性。

（2）在新舊知識的連接處設置矛盾衝突。

二、高效課堂的提問切入點

　　產生認知衝突和矛盾是激起學生求知和探究慾望的很重要的因素。在課堂提問中，教師要善於在新舊知識的連接點發現學生的認知矛盾，如果知識本身並不存在自相矛盾處，教師可以在連接點處尋找契機製造一些矛盾，以便引起學生的認知衝突，進而引導他們探究知識。

　　（3）在新知識的形成處設置矛盾衝突。

　　學生在學習中遇到完全陌生的內容是很少見的，他們對學習的內容總是感到既熟悉，又陌生。這就是矛盾點。課堂提問時，教師要把新知識變成學生似曾相識的東西，再在新知識的形成過程中找到矛盾點，設置矛盾衝突，提出問題，激發學生解決問題的慾望，讓學生在新舊知識的比較中找出共同點與區別點，順利地接受新知識。

　　在設置矛盾衝突時，教師要把握好時機，善於捕捉思維衝突。課堂提問時，可能會發生各種情況，有時在矛盾點提出問題並不是由老師完成的，而是學生在積極思維時會發現矛盾提出問題，這就是一個很好的契機，教師絕對不可忽視，一定要抓住這個矛盾點，順勢提出問題，讓學生產生認知衝突，激發思維的火花。

　　如有一位教師在教《走一步，再走一步》時，當他正與學生分析文中揭示主旨的那句話「不要想著遠在下面的岩石，而要著眼於那最初的一小步」，陶醉在自己的高談闊論「不積跬步，無以至千里」時，一位學生發言了：「老師，我覺得這裡的說法有問題，因為從小爸媽就教育我『不要著眼於眼前的一小步』，而要目光遠大、胸懷大志，這不是矛盾了嗎？我到底該聽誰的？」聽到學生的發問，這位老師既感到意外，又感到驚喜。他及時抓住這個同學提出的矛盾問題，讓學生各抒己見，結果整個班的氣氛都被這個問題帶動起來了。最後，同學們達成一致意見：提問題同學的觀點指向的是「理想」，理想是應該遠大，而文中的觀點指向的是「實現理想的踐行」，踐行就應該一步一個腳印，踩結實。透過爭論，這次思維衝突產生了它應有的價值。

　　教師的職責絕不是將現成的答案直接告訴學生，而應該積極調動起學生的思維，產生激盪的火花。要想做到這一點，就必須引發學生的認知衝突，在矛盾處提問就是一個很好的方法。它能把學生的思維驅動起來，引起學生

的認知衝突，讓他們的思維在衝突中由幼稚走向成熟，由淺薄走向深刻。從這個意義上講，設置矛盾，在矛盾中提出問題理應成為課堂教學的一抹亮色。

6. 巧設提問，突破難點：重點攻關，掃除障礙

難點，就是指教材中的難點知識，是學生在學習時感到費力、困難或者自己難以理解、解決和掌握的知識。這屬於教學中應該特別重視的知識內容。因為如果突破不了這些難點，尤其是那些同時屬於重點知識的難點，學生的學習進程就會受到阻礙，從而影響教學效果。

所謂的難點提問法，就是指在課堂教學中，老師透過在教學內容的難點處，巧妙地設計問題，或者針對難點提出一些具有啟發意義的問題，幫助學生踢開這塊學習的絆腳石，從而加快教學進度，解決其他學習問題的教學方法。

這種提問法，能透過提問幫助學生突破教學難點，讓他們在享受排疑解難的成功感的同時，激起了內心對學習的興趣，從而更加積極主動地去學習其他相關知識。

所以，在遇到教學難點時，老師先不要急於把答案或者結論告訴學生，而應該先巧妙地設計幾個問題，讓學生自行跨越這道學習的障礙。

中學語文教師徐德強是一位非常善於用提問幫助學生解答疑難問題的老師。

徐老師說：「教學內容中的難點，就好比一百公尺跨欄跑中的欄杆，它們是擋在學生學習前進之路上的絆腳石、攔路虎，如果不能跨越這個『欄杆』，解決這些問題，學生就很難前進，很難順利地學會某個知識，掌握一篇文章所要表達的中心思想。所以，作為學生學習之路上的引導者，老師有必要幫助他們或者引導他們把這塊絆腳石搬走。而幫助學生踢開這個絆腳石的最好方法，莫過於提問了。因為在難點處提問，不僅能幫助學生掌握知識，突破難點，還會同時揭示這個難點知識的來龍去脈，使學生獲得的不僅僅是知識結論，更在同時培養了邏輯思維能力。」

二、高效課堂的提問切入點

在教學實踐中，為了幫助學生突破難點，徐老師總是會精心設計幾個巧妙的問題。

在講魯迅先生著名的文章——《孔乙己》時，他就運用了提問法順利地引導學生解決了一系列的難點知識。

課堂上，在帶領大家粗略地分析了一下課文後，徐老師問道：「同學們，透過課下預習和我剛才的講解，大家還有哪些問題自己解決不了呢？可以拿出來問問。」

「老師，魯迅先生多次寫孔乙己的臉色變化，有什麼特殊意義嗎？」

「那些短衣幫自己很窮、很可憐，可是他們為什麼還嘲笑同樣處於社會底層的孔乙己呢？」

「當有人問『孔乙己，你臉上又添上新傷疤了』時，孔乙己沒有回答，而是對櫃裡說：『溫兩碗酒，要一碟茴香豆』，同時『便排出九文大錢』。這裡這個『排』字是他故意向那些短衣幫炫耀自己有錢、擺闊麼？」

「老師，課文最後一句說『我到現在終於沒有見——大約孔乙己的確死了』。作者為什麼說大約的確死了呢？這樣寫不是互相矛盾嗎？」

聽完學生提出來的問題，徐老師笑了。因為他知道這就是他們的難點所在，而自己只有幫助他們解決這些難點，他們才能真正地把握作者的寫作宗旨，感受到作者的寫作思想，才能真正學好這篇課文。

於是，徐老師微笑著說：「好！看來同學們都很用心學習了。現在，我們一個一個地解決這些難點知識。首先是小默同學提出的魯迅先生多次寫孔乙己的臉色變化的特殊意義。我們大家都知道，面部表情的描寫，對於刻畫人物性格，推動情節發展，突出主題，都有著非常重要的作用。」

「所以，請同學們想想，當時上層社會的達官貴人，都是一副紅光滿面的富相，可是出場時的孔乙己為什麼卻臉色青白，甚至在皺紋間還夾些傷痕呢？」

「老師！我覺得可能有以下原因：第一，孔乙己雖然讀過書，但是卻沒有考上過秀才或者舉人，而且他又不會營生賺錢，於是就越過越窮。第二，雖然他寫得一筆好字，可以替人家抄書寫字換碗飯吃。但是他又偏偏好吃懶做，而且經常偷拿人家的紙筆換錢，所以也就經常挨打。這說明他深受封建科舉制度殘害，因為他自己的生活連溫飽都沒有保障，窮得都快討飯了，卻還固執地認為『萬般皆下品，唯有讀書高』，還不願意透過自己的勞動去賺取吃飯的錢，爭取生存的機會。像這樣一個人，當然不可能像上流人物那樣紅光滿面、腦滿腸肥了。」

「那麼，為什麼當人家說他偷書時，他會臉色漲紅地爭辯呢？難道是人家在汙蔑他嗎？」

「不是！因為根據作者寫的事實，表明他確實偷書了，沒有被冤枉。而他之所以臉色漲紅地竭力辯解，可能是想維護自己的面子。因為他是讀書人，本來應該知書達理，懂得禮義廉恥，不偷不搶的，可是他自己卻確實偷了。他這樣做可能還想表明自己內心確實很羞愧，想表明自己不是慣偷，只是不得已偶爾為之。」

「可是，當有人問他『你怎麼連半個秀才也撈不到呢』時，他為什麼又變得頹唐不安，臉上籠上一層灰色呢？通常，灰色是什麼時候才有的臉色啊？」

「灰色的臉色通常是人失望、絕望的時候才有的，所以我們平時形容一個人絕望的時候，都說『面如死灰』。這表現出孔乙己在因撈不到秀才而被人家嘲笑時，產生了一種被人戳到內心隱痛、軟肋的疼痛，失望、頹廢的心理，同時也說明他因為受到封建教育和封建科舉制度的毒害，頭腦已經變得異常僵化、迂腐不堪了。」

「孔乙己最後一次出場，是在被丁舉人打折腿後，用手『走』到酒店的時候。此時，他的臉色『黑而且瘦，已經不成樣子』了。這說明什麼啊？」

「這說明孔乙己受盡了折磨後死裡逃生、苟延殘喘活下來的。也說明了丁舉人這個透過科舉制度爬上上流社會的人的殘酷、凶暴！」

二、高效課堂的提問切入點

「沒錯！當掌櫃取笑他時，孔乙己低聲回答掌櫃的訕笑，同時露出『懇求』的眼色，這表明了他什麼心情呢？」

「表明在遭受他人給予的非人折磨和摧殘後，孔乙己非常畏縮、害怕、絕望了，同時這也再現了一個封建制度和封建文化摧殘讀書人的血淋淋的悲慘情景。」

「說得好！正是透過對孔乙己臉色由『青白』而『紅』，再到『灰』而『黑瘦』一系列的描寫，作者才完整而生動地給我們刻畫出了一個因深受封建制度和封建教育毒害而變得迂腐麻木的底層知識分子形象。」

「接下來，我們解決第二個問題。在課文中，笑聲主要有兩種──穿長衫的人和掌櫃等有錢人的笑聲和短衣幫這些窮人的笑聲。大家先想想有錢人為什麼笑孔乙己呢？」

「因為他們處於統治地位，他們的笑，說明了統治階級對被統治階級的殘忍和冷酷。」

「可是，短衣幫是窮人啊？他們的笑也有這意思嗎？」

「沒有！」

「那他們是笑什麼呢？大家可以想想魯迅先生的另外兩篇作品──《狂人日記》和《藥》。」

「哦！老師。這說明了封建制度和封建教育的殘酷，它們不僅吃掉了讀書人的思想和靈魂，還毒害了那些處於被統治階級的普通人，使他們精神陷於麻木、不覺悟的狀態，甚至喪失了起碼的同情心與人性的善良。」

「沒錯！像孔乙己這樣的可憐人，本來應該得到短衣幫的同情和幫助，但是卻得到了他們的嘲諷和譏笑，這表明作者明白需要挽救的不僅是深受封建制度毒害的讀書人，還有同樣被封建制度『吃了心』的普通人。同時這也表明作者對落後的普通民眾不是抱著嘲笑的態度，而是希望找到治療方法，把他們從封建思想的桎梏、毒害下挽救出來。同學們理解了嗎？」

「明白了！」

「好!第三個問題。有同學認為孔乙己喝酒時『排出九文大錢』的『排』是故意向窮人炫耀、擺闊,真是這樣嗎?這個細節描寫,值得我們好好品味一下。現在,大家想想,當時孔乙己的處境是什麼?」

「孔乙己做這個付錢動作時,他在遭受他人無端的訕笑、嘲弄,感覺很窘迫,而且當時他在向酒店的夥計要酒要茴香豆。」

「從以往孔乙己的言行看,他是個喜歡炫耀錢財的人嗎?」

「不像!因為他是個讀書人,而且他說過『君子固窮』,所以,孔乙己願意向他人炫耀的只有自己是讀書人的身份,而不會是錢財。更何況他那九文錢也不值得炫耀,因為當時就連短衣幫都有可能拿出那麼多錢來。」

「老師,還有一種可能,就是孔乙己『排出九文大錢』是給夥計看的,他是在向夥計表明:九文,一文不少,意在表現他的『清白』、不做假。因為以前大家曾經汙衊過他的『清白』,而他自己也說過『你怎麼這樣憑空汙人清白』的話。」

「說得有道理!那這個問題就過去了。接下來,我們解決下一個問題——大約孔乙己的確死了,是不是互相矛盾?『大約』表示不確定的判斷,『的確』是表示肯定性的判斷。它們是互相矛盾的詞語。通常,這兩個互相矛盾的詞語是不可以出現在同一個句子中的,可是,在這裡,語言文字駕馭能力十分強的魯迅先生卻犯了這樣一個低級錯誤,大家認為可能嗎?」

「不可能!」同學們異口同聲地回答。

「可是,如果這不是個錯誤,是什麼呢?難道作者另有深意?」

學生沒有回答,但是從他們的表情來看,徐老師已經知道他們更相信是魯迅先生想表達另外一種意思。

「好的!在課文中,出現過孔乙己死了的語句嗎?在哪裡?怎麼說的?」徐老師問了一個提示性的問題。

二、高效課堂的提問切入點

「在喝酒的人議論孔乙己因偷丁舉人家的東西被打折腿的那段中，曾經有人說過孔乙己『許是死了』的話。但是，因為後來孔乙己用手『走』到酒店裡來喝過一次酒，所以這個結論就推翻了。」

「然後書上怎麼說的？有沒有說他再出現過？」

「沒有！於是課文中說從那以後，好久都沒有人看見孔乙己。直到年關、到第二年的端午、中秋、年關，課文中的『我』都沒有見過他。而且即便是掌櫃，除了在年關和第二年的端午，還惦記著孔乙己欠的錢之外，到了次年的中秋都不再說了，這隱約表明掌櫃的已經對孔乙己還錢的事不抱絲毫希望了，因為他猜測孔乙己這回是真『死』了。所以，結合作為酒店小夥計的『我』『到現在終於沒有見』他的事實與掌櫃的推測，我們可以終於斷定『孔乙己的確死了』。」

「想法不錯！從當時的社會背景看，大家認為孔乙己會活著嗎？」

「我想不會！」徐老師話還沒說完，就有個同學站起來說，「孔乙己是個悲劇人物。他在那個時代不可能有其他結局。因為腿沒有打折的時候，他的生計就非常艱難，就經常吃了上頓沒下頓，更何況又被打折腿呢？所以，他的結局除了窮死、餓死，不會有其他的。『的確』一詞表明死亡是孔乙己的必然結局，而之所以說他『大約』死了，是因為在咸亨酒店裡出入的人，誰都沒有親眼見到孔乙己死了，也沒聽說孔乙己死了，所以小夥計只能用『大約』猜測孔乙己的結局。這也可以從側面說明大家根本就不關心孔乙己，同時也表明了被封建制度毒害的人們的殘酷與冷漠。在這裡，作者又一次控訴了這個吃人的黑暗制度。」

「沒錯！在當時那個絕大多數人都深受封建制度毒害的時代，在那個吃人的時代，孔乙己除了死，已經沒有選擇了！」

「好！現在同學們所認為的難點知識已經差不多都解決了。大家對這篇課文還有什麼不懂的地方嗎？」

「沒有了！」大家又一次異口同聲地回答了徐老師的問題。

一堂課要想取得最好的教學效果，就要求老師能夠想辦法把教學內容中最為主要、最能看透本質的東西教給學生，這其中包括抓住教材的重點、難點，尤其是學生認為的難點。因為只有幫助學生解決掉那些他們自己解決不了的知識點或者問題，才能最終完成教學任務。

因此在課堂教學中，老師應該想方設法地幫助學生排除學習中的疑難問題。對此，有著多年教學經驗的徐德強老師認為：「提問就是一個幫助學生突破難點的好方法。」因為在教學實踐中，徐老師發現，作為一個經常為老師所採用的課堂教學手段——提問，如果設計得合理、巧妙，總是能把學生的思維帶進一個更為新奇、廣闊的世界，激起他們的思維火花與靈感。

「學起於思，思源於疑。所以，只要我們針對教材中的難點知識或者學生自己感覺難以學習的知識點，提出適當的有啟發性或者提示性的問題，相信學生會在這些問題的指引下，能夠順利地解決掉這些學習中難啃的骨頭。」

魯迅先生的名作——《孔乙己》是初中語文教學中的難點，同時也是重點。因為魯迅先生的文章寓意深遠，寫作手法奇特，同時其寫作背景離學生所處的社會環境比較遙遠，所以學生在理解與掌握過程中，有一定的難度。

為此，在粗略地講解了一番後，徐老師就讓同學們列出自己認為的難點。

「《孔乙己》這篇課文的難點，往往就是本文的重點，我帶領學生突破了難點的同時，也就掌握了重點。所以，我就讓學生先羅列出了自己學習中的難點，意圖透過提問法一舉兩得地幫助他們解決這節課的難點與重點。事實證明，我的做法是正確的。」

在徐老師的引導下，同學們先後提出了包括魯迅先生為什麼多次寫孔乙己的臉色變化、短衣幫為什麼嘲笑同樣可憐的孔乙己等四個難點問題。

針對第一個難點問題，徐老師透過一個個並列的小問題把學生的思路引到了作者寫作的中心，讓他們自己找到了隱藏於其中的特殊意義。

針對第二個難點問題，徐老師在提問中運用了對比的方法，透過短衣幫與穿長衫的人的對比，讓學生意識到了這是封建制度造成的人與人之間的冷漠的結果。

二、高效課堂的提問切入點

針對第三個難點問題，徐老師只提了幾個提示性的問題，就讓學生自己找到了其中的緣由。

針對第四個難點問題，徐老師綜合運用了反問與提示兩種提問方法，讓同學們結合當時的時代背景與作者的寫作意圖，找到了答案。

誠然，換一種教學方法，徐老師也可以幫助學生突破這些難點，幫助他們抓住文章的中心思想，但是與提問的方法相比，其他教學法的效果就略遜一籌了。

因為其他教學法難以激起學生的疑問與思考，難以激起學生自動學習的慾望。此外，課堂教學中，老師針對教材難點或者學生提出的難點設計提問，不僅避免了提問的雜亂無章，還節省了許多課堂時間，使學生能夠騰出更多的時間去解決其他學習問題，因此提高了課堂教學效率。

所以說，「難點」提問法有必要在教學實踐中得到推廣。

在《師生關係——音樂教育的現代觀念之一》一文中，中國音樂學院研究部副主任、教授謝嘉幸老師曾經說過：「教育的過程不是一個老師把知識灌輸給學生的簡單過程，也不是一個學生自我潛能開發的簡單過程，而是老師將自己的知識體驗與學生的知識體驗進行交流的過程。」

因此，每一次課堂教學都是一次積極的師生交流，然而，其中師生交流最頻繁，也最有影響的莫過於師生問答了，尤其是處於教學主導地位的老師，透過設計好的提問，更好地幫助學生解決教學中的難點，更是一次意義深遠的師生交流。

只有在學習中沒有困難了，學生才能積極主動地去學習、思考。這樣，他們的求知之路才會順利，才會愉快。那麼，在教學實踐中，老師怎樣才能針對教學難點提出適宜的問題呢？

（1）所提問題應該帶有懸念。

雖然幫助學生突破難點是老師提問的目的所在，但是老師不能只以突破難點為目的，因為如果把答案給學生，雖然同樣可以幫助他們突破難點，但

是，這會失去一個培養學生思維能力，讓學生獨立思考的機會，那樣得到的結果，就只有一個答案或者結論而已。

在教學中，老師應該盡量圍繞教學難點設計帶有懸念的問題，引導學生積極參與、積極思考，把更多的空間留給學生去進行思考和討論，讓他們自己去解決問題。

（2）多提引導、提示性的問題。

教學中，老師的提問不能只讓學生回答一些「對」與「不對」，或者「是」與「不是」的問題，因為這樣的問題，根本不能鍛鍊學生的邏輯思維能力，也不能培養他們的創新思維，這樣自然也難以真正幫助他們突破教學中的難點。在針對教學難點提問時，老師應該多問「為什麼」，提一些引導性的問題。

（3）讓問題更形象一點。

教學中的難點本身就比較抽象，讓學生難以理解，如果老師再提一些抽象的問題，學生的思維就更容易混亂了。所以，在透過提問幫助學生突破難點時，老師應該力求問題形象化，能夠讓學生產生思考興趣。只有對所提問題產生了濃厚的興趣，學生才會排除畏難情緒，把更多的精力投入到探究難點的學習中去。

德國教育家第斯多惠曾經說過：「教育的藝術不在於傳授的本領，而在於鼓勵、喚醒、鼓舞。」所以，老師應該提一些形象化的問題，引導學生去突破抽象的難點知識。

老師巧妙的提問引導，能讓學生體會到突破難點的成就感，感覺到自己的進步，進而積極地挖掘自身潛能，去完成學習目標。因此，在難點處設計一些好的問題，不僅是突破教學難點的重要手段，更是上好一堂課的重要手段。

二、高效課堂的提問切入點

實施「難點」提問的具體方法

難點知識，往往是學生不容易理解、掌握的知識點，因此課堂教學中突破難點的過程，也就往往是一堂課的核心所在，而突破難點時所講的內容，往往是一堂課的精華所在。

在知識的難點處進行提問，啟發學生思考，解決他們學習上的疑難困惑，使學生更加準確、透徹地理解知識，應該成為提問教學中最值得推廣的手段。

那麼，在教學實踐中，老師可以採用哪些方法針對難點知識提問呢？

（1）針對難點，進行層遞式提問。

在備課過程中，老師可以結合教學經驗，羅列出教學難點，並且把這些難點知識設計成一個大問題，然後再把這個大問題，分解成一個個的小問題，讓學生透過回答這些小問題，對大問題產生新的認識，進而在解決小問題之後，一舉突破難點。

比如，徐老師解決魯迅先生為什麼多次寫孔乙己的臉色變化這個難點時，就採用的這種方法。

（2）針對難點，進行探究式提問。

突破難點知識的過程，就是探究知識的過程。所以，針對教學難點，老師可以像進行科學探究似的，提一些引導性問題，引導學生一步步地找到答案或者總結出結論。

（3）針對難點，進行提示性提問。

對於學生自己提出來的難點，老師可以視具體情況，提一些有啟發意義的提示性問題，讓學生在老師的提示下，自己去尋找答案，突破難點。這種提問法對於學生在突破難點後的學習非常有幫助。

（4）針對難點，進行比較式提問。

針對一些難點，老師可以根據教學內容或者以前學過的類似知識，提一些具有比較意義的問題，讓學生在比較中突破難點。

（5）針對難點，結合背景提問。

這種難點提問法主要適用於語文、歷史等文科知識。每一件事件的發生，都有其社會背景，每一個人物的刻畫，都會有時代的烙印，所以，在解決一些難點知識時，老師不妨結合當時的背景，提一些問題，給學生一點啟發與引導。

（6）針對難點，迂迴地提問。

這種提問法的妙處就在於其問在此而意在彼，所以，針對教學的難點知識，老師可以抓住一些關鍵詞、關鍵內容進行迂迴提問。這樣的另類提示，會讓學生頓悟，從而即刻解決掉難點問題。

老師一定要把「提問」這個好方法用在刀刃上，即把問題提在關鍵處，提在難點處。這樣，才能夠把學生的思維吸引到解決問題的課堂教學中，幫助他們集中精神，全力攻克難點知識的阻礙，充滿激情地投入到下一輪的學習活動當中去。

三、高效課堂的提問藝術

三、高效課堂的提問藝術

1. 創建活躍的答問氛圍：創設情境，趣味引導

課堂氣氛是指在課堂教學情境中，各種成員的共同情緒（情感）狀態，它是由班級社會體系中各個成員之間的互動而產生的，它反映了課堂教學情境與學生集體間的關係，也是學生答問的關鍵。

從課堂教學提問的實際情況來看，課堂教學氛圍可分為三類，即積極（良好）型、消極型和一般型。積極的課堂提問氛圍，也就是良好的課堂氣氛，它的基本特徵是課堂情境符合學生的答問特點，師生之間、學生之間關係正常和諧，學生產生滿意、愉快、羨慕、互諒、互助等積極的態度和體驗。而消極的課堂答問氛圍的基本特徵是主課堂情境不能滿足學生的答問需要，脫離了學生的心理特點，師生關係不融洽，學生之間不友好，學生產生了不滿意、煩悶、厭惡、恐懼、緊張、焦慮等消極的態度和體驗。

而教學中大量的課堂氣氛屬於一般型，它介於積極和消極型之間，即課堂教學能正常進行，教學答問效果一般。然而，課堂答問氛圍、情境將直接影響到師生的關係、雙方訊息的交流，以致影響整個教學效果。

從教育的角度來看，良好的課堂答問氛圍會造成一種具有感染性、催人向上的教育情境，使學生受到感化和薰陶，產生感情上的共鳴，更加積極地回答老師的提問。

從教學的角度來看，生動、活潑、積極、主動的課堂提問、答問氛圍容易使學生的大腦皮層處於興奮狀態，易於引起學生的興趣，從而更好地接受新知識並在新知識的基礎上聯想、綜合、分析、推理，進行創造性、主動性學習。

良好的課堂答問氛圍對調動學生回答問題的積極性有著毋庸置疑的作用，因此，小學教師徐敏華老師就經常想盡辦法創造情境，以營造良好的課堂氣氛，讓學生在這種好的氣氛中樂於回答各種問題。

三、高效課堂的提問藝術

在教《噸的認識》一課時，徐老師就在開課伊始創造了一個很好的生活情境。她先在電腦上出示了一幅情境圖，然後指著電腦上的圖說道：「同學們，在假日裡，你們肯定常跟媽媽上市場買東西吧。看，星期天，媽媽帶著小明去了水果批發市場。他們走進市場，看到了一袋袋、一箱箱的蘋果（出示一個蘋果圖片、一箱蘋果圖片）。媽媽拿起一個蘋果稱了稱，發現一個蘋果約重150（　）；那麼一箱蘋果就約重10（　）。同學們，括號裡能填上什麼單位呢？」

看著電腦上那熟悉的生活場景，課堂氣氛馬上活躍起來，大家紛紛說道：「填公克與公斤。一個蘋果約重150（公克），一箱蘋果約重10（公斤）。」

「嗯，同學們回答得很正確。『公克』『公斤』這些質量單位我們已經認識了，知道了一個蘋果的重量用『公克』做單位，一箱蘋果的重量用『公斤』做單位。這些蘋果都是用大卡車運來的，大卡車能裝很多很多的蘋果，一輛大卡車到底能裝多重的蘋果呢？這就需要用比『公斤』更大的質量單位『噸』了，今天我們就來認識一下『噸』。」在肯定學生答案的同時，徐老師轉身在黑板上寫下了板書。

接下來，徐老師問道：「一噸到底有多重呢？」

受到鼓勵的學生立刻又發表「高論」。

學生一說：「1噸是1000個1公斤。」

學生二說：「1噸有10袋大米那麼重。」

……

徐老師笑了笑，問道：「你們想體驗一下嗎？老師準備了一大桶水，現在請同學們推舉出我們班的一位大力士，先來提一提這桶水，展示一下你的實力。」

於是，大家都笑呵呵地指名讓班裡一個長得又高又壯的男生去提。這名男生很痛快地就答應了。只見他走到講臺前提起那桶水，結果費了很大力才提起一點點。

徐老師笑著問他：「怎麼樣？感覺重不重？」

這名男生撓了撓頭，說：「挺重的」

「那麼這桶水到底有多重呢？我們來稱一稱。」說著，徐老師把桶放到了天平秤上，「大家看到了吧，這桶水重20公斤。」

學生都很有興趣地走上前看了看。這時，徐老師問道：「大家都提過水，剛才那位也是大家推選出來的大力士，看他提這桶水的樣子，你們覺得這桶20公斤的水重嗎？」

學生齊聲回答：「重！」

徐老師再次問道：「這桶水的質量是20公斤，50桶這樣的水大約重1噸，想像一下一次提得起1噸嗎？不能吧！可見1噸是很——重的！50桶這樣的水才大約重1噸，這說明1噸＝（　）公斤？你是怎樣想的？」

有一個學生回答：「我想一桶水重20公斤，50桶重多少公斤？就是用20公斤乘50等於1000公斤，也就是1噸。」

「不錯，回答得非常好。」徐老師轉身寫下「1噸＝（1000）公斤」，然後說道，「為了讓每個同學都能感受一下『噸』的重量，我們現在請幾位同學們上來。有哪些同學的體重大約重25公斤？」

班裡幾名同學舉起了手，並用好奇的眼光望著徐老師。「好，請你們上來。」徐老師指著這幾名同學說道。

這幾名同學疑惑地走上前，「現在，其他的同學可以上臺背一背這幾名同學，感受一下一個同學的體重有多重。」徐老師笑著對臺下的同學說道。

噢，原來是互相背啊！學生的興趣大增，大家紛紛試著背了背這幾名25公斤重的同學。

「好了，就到這裡吧！剛才大家已經有了親身的感受，請問大約多少個25公斤重的同學的體重合起來才夠一噸？」徐老師制止了大家的互背活動，然後拋出了這個問題。

三、高效課堂的提問藝術

「40個同學。」學生笑著回答。

「你們誰能一次背起40個同學們？」徐老師又問。

「哈哈，不能。」學生都做出了驚訝的表情，笑了起來。

徐老師也笑了，師生們就在這歡快愉悅的課堂氣氛當中認識了「噸」這一重量單位。

良好的課堂氣氛能夠充分調動學生回答問題的積極性，激發他們的學習熱情。所以，教師們要善於創設好的情境，來創造良好課堂答問氛圍。

老師創設的情境最好要來源於生活，因為源於生活的課堂情境，能使學生置身於日常生活當中，看到、聽到、想到的都是平時熟悉的事物，這樣能更快地將學生的思維調動起來，進入參與答問的狀態。

在這個案例中，徐老師在激趣導入中，就創設了小明和媽媽上水果市場買東西的生活情境。學生對此既熟悉，又感覺親切，因此很快就讓學生把注意力集中起來，同時也更引發了他們對新知識——「噸」的求知慾望。

在接下來的提問當中，學生都表現出了極高的熱情，踴躍回答徐老師提出的每一個問題，而在「同學之間互相背一背」的活動當中，課堂氛圍達到了高潮。小學生由於年齡較小，所以喜歡玩和鬧，徐老師順應了他們這個年齡段的心理特點，特別創設了「背一背」這個情境活動，所以，學生的熱情很高，紛紛投入到活動當中，而在「玩」與「鬧」的切身感受中，他們也對「噸」這一重量單位有了更深的理解和認識。

心理學研究表明，學習內容和學生熟悉的生活背景越貼近，學生自覺接納知識的程度就越高。因此，教師們要勇敢地從教科書裡跳出來，把教材內容與生活實踐結合起來，在更廣闊的天地間開展課堂教學提問活動，讓學生透過主動積極地獲取知識，將感性的實際活動與內心的感受、體驗結合起來。

在課堂提問時，教師們可從學生的生活實際出發，創設生活情境，提出問題，點燃學生探究學習的熱情，給思維以動力。這樣的安排，將學習內容

與生活、學習有機地聯繫起來，使學生感受到知識來源於生活，從而激發他們認知的興趣和情感，喚起他們探究學習的慾望。

創造良好的課堂答問氛圍有很多種方法，教師們可以根據實際情況創設。比如，除了像徐老師那樣設置情境以外，還可以透過表演渲染課堂氣氛。有一位老師在教學《小鎮的早晨》時，課文中有這樣一段話「……農民面帶微笑，甜甜地訴說著自己的產品價廉物美」。

這位老師就讓學生根據這段話展開想像，「如果你是那位農民你會怎樣訴說自己的產品價廉物美？」這樣，學生的積極性一下子就被調動起來了，大家紛紛做起了小生意，課堂答問氣氛立刻被渲染了。

總之，教師們在課堂上要將知識與生活實際緊密聯繫，將書本知識活學活用，使小小的課堂變得活躍起來，不再像以前傳統課堂那樣死氣沉沉的沒有一點活力。只有課堂活躍起來了，學生才會有學習的興趣，也才會有回答問題的積極性。

課堂氣氛是瀰漫在整個課堂內的一種活生生的氣息，是一種特有的心理情態。積極的氣氛表明課堂情境符合學生的求知慾和心理特點，它反映出來的是師生之間、同學之間的關係正常和諧，學生產生了滿意、愉快、羨慕、互諒、互動等積極的態度和體驗。反之，學生就會產生不滿意、煩悶、厭惡、恐懼、緊張、焦慮等消極態度和體驗。

教學實踐證明，在輕鬆愉快的良好課堂氣氛中，學生回答問題的主動性普遍很高，而在緊張、壓抑的條件下，學生回答問題的主動性就會很低。因此，教師們創設良好的課堂氣氛有著很重要的作用。

（1）加強「社會助長作用」。

社會心理學者研究指出，有人在場或許多人一起從事某項工作，可以促進個人活動效率的提高，這就是「社會助長作用」。課堂氣氛為學生提供了一個小型的心理環境，此時，班級的規範、準則對每一個學生形成一種壓力，使他們產生「從眾傾向」，隨著大多數學生積極地投入到課堂活動中，主動回答教師提出的問題。

三、高效課堂的提問藝術

（2）促進學生創造性思維的發展。

課堂氣氛作為學生的集體情緒傾向，一旦產生便能作為一種相對獨立的因素反過來作用於學生的情緒，而情緒則具有共鳴和感染性的特點。作為學生，情緒成熟較低，容易被集體情緒所控制，一旦如此，他們的思維狀態也相應地被制約。

生動活潑、積極主動的課堂氣氛能使學生的大腦皮層處於興奮狀態，他們感知、記憶、創造能力都能大大提高，這特別有利於教學。同時，又由於班集體的良好氣氛具有「社會助長作用」，這便使個人對本來不太關心的問題發生興趣，並把集體的創造行為當作社會規範迫使自己去思考，從而推動創造性思維的進行。

班級的和諧氣氛，使每個學生都無須擔心集體的壓力與他人的目光，能夠不拘泥於慣例與規範，創造性地去思考並付之於行動，這樣就促進了學生的創造性發展。

（3）增大學生的參與程度、學習機會。

一般而言，學生參與課堂教學的程度、學習機會與課堂氣氛關係很大。積極的課堂氣氛能使絕大多數學生參與教師們的課堂提問活動，中差生們主動配合提問活動，師生們的交往異常活躍，學習機會比較均等，這有利於全體學生共同進步，有利於大面積提高教學質量。

（4）具有課堂提問效果的訊息反饋功能。

課堂教學具有一種「信號功能」，它標誌著學生的情感體驗的方式，表達對課堂教學和人際關係的態度和評價。對於教師們來說，學生的情緒顯現就是教學訊息，及時對這些訊息進行具體分析，教師們可以瞭解學生對課堂提問的反應，以便從提問方式、方法、態度等方面加強、改進或變更原有的課堂教學，以求得最佳的課堂提問效果；對學生來說，某種課堂氣氛會使他們頭腦中形成關於該課堂提問情境的具有情感色彩的記憶映像。這樣，他們不僅在再次見到該情境中的某類事物時會喚起相應的情緒體驗，而且當再次觀察到某種情感表現時，就會很快地領會其含義並作出積極反應。

那麼，良好的課堂氣氛有哪些特點呢？

（1）師生之間和諧融洽，「問」與「答」配合默契。

良好的課堂氣氛一般表現為兩個方面。一方面表現為師生情感的統一，相互推心置腹，師生之間的討論、對話，能以誠相待，知無不言，言無不盡，聽不到喝斥和嘆息的聲音，看不到苦惱和僵持的情狀。另一方面，表現為師生思維的共鳴，問答活動妙趣橫生。師生之間的動靜搭配恰到好處，學生的靜心聆聽與積極思維同步進行。嚴肅中不乏輕鬆愉悅，緊張之下也有歡聲笑語，師生們的課堂提問活動在興趣盎然、情緒高漲之中進行，「問」與「答」配合得非常默契。

（2）情緒熱烈，鍥而不捨。

良好的課堂氣氛，表現在師生們的精神面貌上，應當是熱烈而執著的。教師們必須始終熱情洋溢，精神飽滿，用自己振奮的神態來感染學生。教師們自己應有活潑愉快的情緒，手勢動作要靈活自然，語音聲調要抑揚頓挫，要向學生表現出各種形式的興奮狀態。

愛因斯坦強調：「教育應當使提供的東西讓學生作為一種寶貴的禮物來接受，而不是作為一種艱苦的任務要他去負擔。」「作為一個平民，他的日常生活並不靠特殊的智慧。如果他對知識感興趣，他就可以在他本職工作之外埋頭研究他所熱愛的問題，他不必擔心自己的努力毫無結果。」可見，「熱愛」是學生積極參與課堂提問的前提。

一項對原始材料的分析表明：那些心境很差的學生幾乎把句子忘記 3/4，那些心境好的學生只忘記 1/2。這正如托爾斯泰所說：「成功的教學所需要的不是強制，而是激發學生的興趣。」所以說興趣對課堂提問很重要。它不但表現在學生答的方面，也表現在教師問的方面。教師提問有興趣，才能熱情洋溢，專心致志地教；學生回答有興趣，才能情緒高漲，聚精會神地學。

總之，在這種氣氛中，整個課堂會變得生動活潑。教師不唱「獨角戲」，學生不是「旁觀者」。

（3）善於創新，富於膽略。

三、高效課堂的提問藝術

良好的課堂氣氛，可以從課堂提問活動的具體運用中體現出來。首先，從教師提的問題來看，在良好的課堂氣氛中，教師提問內容既有一定的深度又要有自己的見地，還能深入淺出，提問方法靈活多變，表現出高度的教育機智。

其次，從學生對教師所提問題的反饋來看，在良好的課堂氣氛中，學生要能提出較深的問題，且回答問題有自己獨立的見解並能創造性地運用知識。尤其是在良好的課堂氣氛中能促進學生的快速思維，引領學生向更寬泛的領域探索，求得真知。

（4）扎扎實實，實中求活。

良好的課堂氣氛，可以透過教學效果和教學形式而體現出來。在「實」與「活」的關係上，良好的課堂氣氛，應當是「實」字當頭、「實」中求「活」。求「實」，新知識的獲得，是學生充分理解的結果；舊知識要充分鞏固，能經受時間的考驗；在掌握知識的同時，訓練思維，發展智力，更新觀念。求「活」，不應搞「滿堂問」，不能靠個別「冒尖戶」精彩發言製造虛假繁榮，更不能搞華而不實的「花架子」和「假把式」。而應活在靈活提出問題和回答問題上，活在提問形式的多樣化上。

良好的課堂氣氛是師生心理相容的體現，也是師生智力活動處於高峰狀態的標誌。良好的課堂氣氛，它能使課堂提問活動做到恬靜與活躍統一，熱烈與凝重的統一，寬鬆與嚴謹的統一，形成一種和諧共振的教學情境。因此，作為教師在教學中要善於營造一種良好的課堂氣氛，積極調動學生回答問題、提出問題的主動性，促進教學效果的提高。

實施創造良好提問氛圍的具體方法

良好的課堂氣氛，是指在課堂教學中，師生群體所表現出來的積極的情緒狀態。教師在教學活動中應充分發揮主觀能動性，選擇和運用最佳課堂提問方法來調動學生積極性。

蘇霍姆林斯基說：「如果教師不想方設法使學生產生情緒高昂和智力振奮的內心狀態，就急於傳授知識，那麼這種知識只能使人產生冷漠的態度。」

這說明在課堂提問中創造出一幕幕情感化、情景化的氛圍的必要性，從而讓學生在這樣的氛圍中去興奮、衝動，去探究、創新，去完善自我。那麼，在課堂教學中，教師怎樣創造良好的課堂氣氛，從而提高學生回答問題的積極性呢？

（1）從教師自身形象來說。

要想創造一個良好的課堂氛圍，教師必須塑造一個與學生期望相一致的教師形象，這樣才能讓學生有興趣投入到課堂提問活動當中。

①課堂提問時要面帶微笑。

教師的情緒、情感具有感染性。教師本身的情感狀態，可以產生共鳴，使學生受到潛移默化的影響，從而使課堂出現某種心理氣氛。教師于漪說：「作為一個教師，教學時不能總是板著面孔進課堂。板著面孔進課堂，一進去就跟學生拉了一個很大的距離，學生一看到你就望而生畏，感情上就有了距離。教師上課應當和顏悅色，使學生感到可親可敬。優秀教師的經驗說明教師積極的情感有助於良好課堂氣氛的形成。」

因此教師提問時應面帶微笑，使學生感到可親可敬。如果教師提問時板著面孔，學生就會望而生畏，不敢回答問題，課堂氣氛也就活躍不起來，這樣勢必就會導致課堂提問的失敗。

②教師要有民主平等的思想作風。

教師要正確看待師生關係：在年齡上，師生間只是大小的差異；在知識上，師生間只是聞道先後與傳承先後的差別；在教學上，師生互相依存、互相提高；在發展上，師生間是長江後浪推前浪。師生這種情既有園丁與幼苗之間的感情，又有互相促進、共同發展的依戀之情；既有長輩與晚輩間忘年之交的感情，又有共同奮鬥之情。

③教師要關愛每一位學生。

三、高效課堂的提問藝術

在課堂提問中，教師要面向全體學生，調動每一個學生的積極性，關愛每一位學生的生存與發展。理解他們童心童趣，淘氣與天真；偏愛後進生，充分認識後進生對創造良好課堂氣氛的重要性。

一個開頭、一個過渡、一個提問，從方式的選擇、難易的設置，都須充分關注學生的實際知識程度與興趣，都須有關愛之情浸潤其中。一句鼓勵的話語、一絲讚賞的微笑、一個告誡的眼神、一次親近的愛撫，甚至一聲深深的遺憾，都應有關愛之情噴薄而至，使學生產生愉悅親和的感覺，讓每一個學生的心境都處於最佳狀態。

④要教導學生敬愛老師。

師生情是雙向的，良好的課堂氣氛是師生共同創造的，教育學生尊敬熱愛老師也很重要。要讓學生明白，對老師的尊敬，實際上是對人類文明、對真善美的肯定，也是對自己的尊重。使學生對老師的敬愛不僅表現在課外，更重要的是表現在課內，表現在好好學習、積極回答問題的每一個環節上。

這種敬愛是一種嶄新與傳統的類型：它不光表現為學生對老師的敬愛與順從、理解與原諒，還表現為學生對老師的認識與評價、告誡與反對。如此，良好的課堂氣氛才易於形成，而且易於提升與延續。

⑤教師要有威信。

教師是課堂教學的組織者和領導者，他的人格和威信，是一種巨大的精神力量，具有很強的教育作用，是影響學生情感體驗，制約課堂氣氛的重要因素。所以教師要在課堂提問過程中處處嚴格要求自己，以身作則，為人師表，用自己的良好威望影響全班，給全班學生以積極的情緒體驗，創造良好的課堂氣氛。

⑥建立良好的師生關係和同學關係。

課堂氣氛也受班級集體人際關係狀況的制約。師生關係融洽，教師熱愛、信任學生，學生尊重、敬仰教師，這往往營造積極、健康、活躍的課堂氣氛；不和諧、僵化、緊張的師生關係則容易釀成消極、沉悶以致一觸即發的課堂氣氛。

從學生間關係看，也有類似的情況。同學之間團結、友愛容易使課堂形成互相尊重、體諒、友好的風氣；同學之間如果不和睦、矛盾重重、四分五裂，課堂上就容易出現嘲諷、攻擊、緊張等不健康氣氛。所以教師首先要以身作則，首先熱愛學生、尊重學生、關心學生，建立良好的師生關係。同時要經常注意發揚同學之間的團結、互助、友愛的精神，使全班的人際關係十分健康和諧，讓同學們在歡樂愉快的課堂提問氣氛中積極回答問題。

（2）從課堂教學來說。

①問題導入要抓住學生的好奇心。

在課堂教學中，要使課堂活躍，有良好的課堂氛圍，教師設計的導入問題至關重要。提出的問題富有啟發性、連接性、伸縮性，適合學生的特點，使學生能回答上來又不易回答出來，這樣可調動學生思維，開發學生智力，使學生的頭腦都動起來，而不是被動僵化地接受。

如果教師能透過巧妙地導入來調動學生的積極性，創造出各種與課堂教學目標相對應的問題情境，會為一節好課奠定堅實的基礎。

②創設情景調動課堂氣氛。

從心理學的角度來講，學生有著好奇心理、疑問心理、愛美心理和活潑好動的特點。作為教師應從這些方面多去思考，充分發揮學生非智力因素在學習中的作用。在課堂中創設出學與「玩」交融為一體的課堂提問方法，使學生在「玩」中學，在學中「玩」。在課堂上創造問題情景的方法有很多，我們教師可根據自己班級學生的實際情況選擇合適的方法，提供具體的內容、生動活潑的形式、新奇動人的事物，以恰當的手法表現出來，讓學生真正體會到其中的樂趣。

③透過課堂討論或辯論激發學生的創造性。

有意義、有趣的課堂討論或辯論也是良好課堂氣氛的一個標誌。要想讓學生有興趣參與課堂討論，首先，要求我們教師必須提出引起學生興趣，促使學生獨立思考的問題。教師應從教學任務中選取最有趣，最有爭議，能激起廣泛興趣，或者是學生主動提出的又存在爭議的問題，引導學生討論。

三、高效課堂的提問藝術

在討論中，教師應認真聽取學生的意見，使學生的自尊心、自信心得到滿足，從而更好地活躍討論。遇到有的學生提出了與教師不一致的想法，不應打擊否定，應該鼓勵他們談自己的觀點。教師要在討論中引導學生得出正確的觀點，不要限制學生思想。在討論結束時教師應當進行必要的小結，引導學生得出正確的結論，真正有所收穫。

④提問形式要有趣味性。

教師提問形式的趣味性同樣能創造良好的課堂氣氛。好奇好勝是青少年學生的一個顯著的心理特點，他們喜歡新鮮的東西，奇異的刺激物對他們具有很大的吸引力。許多教師都善於從學生的這些心理特點出發，採用多種課堂提問方法去喚起學生的學習興趣，營造濃厚的學習氣氛，讓學生以積極、歡快地情緒去從事學習。

⑤教師要注重對學生課堂學習心態的瞭解。

學生課堂學習心態是多方面、多層次的，教師只有把握學生課堂學習心理，才能因勢利導，對症下藥，取得良好的課堂教學效果。首先教師要瞭解學生課堂心理，喜歡上這門課的人數是多少，不喜歡上這門課的原因是什麼；然後設法調動學生學習興趣，根據學生的特點選擇適當的提問方法，營造良好的課堂氛圍，提高教學效果。如，在課堂上發現學生學習有惰性心理，教師要與他們保持視線的聯繫，以提問的方式來表明自己時時在關心和注意著他們，促使他們集中注意力、認真聽課。透過瞭解和暗示，及時調整提問過程中的失誤，發揚教學長處，提高教學效果。

創造良好的課堂氛圍能提高學生學習興趣，使學生由被動地學到主動去學，提高教學效果。所以教師要想調動學生回答問題的積極性，一定要創造良好的課堂氛圍。這樣才能激發學生學習的興趣，使他們積極、主動地參與到提問的活動當中。

值得一提的是，在努力活躍課堂氣氛的同時，還要注意維持課堂紀律，避免因個別學生違紀而影響了教學效果。教師在上課前應有良好、穩定的情緒，盡快進入教學角色，才能形成輕鬆活躍的氣氛。

2. 提問要注意及時反饋訊息：問隨脈動，有的放矢

課堂教學反饋，是指課堂教學過程中，教與學雙方的各種訊息的相互傳遞和相互作用；它的輸出和回收、增強和減弱、順應和調節都始終貫穿於課堂教學的整個過程；教與學主體雙方訊息傳遞和回收都是有選擇的，有差異的，有能動作用的。

我們這裡所說的課堂教學反饋主要是指課堂提問時，教師對學生回答問題後的評價與反饋及學生對教師所教內容給予反饋。

課堂教學反饋是師生共同參與教與學的必然結果和客觀存在。如果只有教師透過教學活動將訊息輸向活生生的學生，而沒有從學生那裡回收反饋訊息，那麼這是一種不可思議的教學。教師只有在教學過程中及時抓住有利時機，迅速有效地處理來自學生的各種反饋訊息，調節自己原定的教學設計，才能更有針對性地指導學生的學習。

同樣，學生也只有在學習過程中及時抓住有利時機，敏捷地回收來自教師、其他同學指導學習的反饋訊息，才能提高親身經歷的感受度，積累學習經驗。

小學數學教師蔡柱權老師在這方面就非常注重，緊隨學生的思維予以反饋。

有一次，在上課的時候，蔡老師出了這樣一道題讓學生來解答：把兩個稜長5公分的正方體木塊黏合成一個長方體，問這個長方體的表面積是多少？

同學們回答問題的積極性很高，大家紛紛舉起了手。蔡老師隨意點了幾名同學回答。

學生一說：「$(5+5)×5×2+5×5×2+(5+5)×5×2=250$（平方公分）。」

學生二回答說：「$5×5×6×2-5×5×2=250$（平方公分）。」

學生三也給了一種解法：「$(5+5)×5×4+5×5×2=250$（平方公分）。」

三、高效課堂的提問藝術

「嗯，大家的解法都很正確。還有哪位同學有不同解法？」聽了同學們的回答，蔡老師很滿意。

這時，班裡成績比較差的小亮站了起來，害羞地說道：「老師，我還有一種解法。」

「哦，是嗎？說說看，不要害怕，勇敢點。」看著小亮那羞澀的樣子，蔡老師微笑著鼓勵道。

看著老師鼓勵的眼神，小亮有了勇氣，說道：「我的解法是 $5×5×5×2=250$（平方公分）。」

小亮剛回答完，就有一名學生叫了起來：「不對，$5×5×5$ 求的是正方體的體積，再乘 2 求的是體積和，不是求的表面積，他混淆概念了！」

班裡沉寂片刻後，其他學生也都附和了起來：「是啊，這不是求的表面積。」

小亮的想法此時可能也不太成熟，聽到同學們的反對聲，他立刻漲紅了臉，一時也講不出個所以然來。

這時，蔡老師輕輕地對小亮說：「別急，我有一種預感，這種解法也許有你的道理，大膽說說看。」說完他取出兩個正方體模型，說：「同學們，別著急，我們把兩個正方體拼在一起，看看有什麼發現？」

小亮接過兩個正方體模型，將它們拼成一起，數了數突然眼睛一亮，激動地說：「我不是求的體積和，你們看，拼成長方體後，其中一個正方體剩下 5 個面，第一個正方體的表面積就是 $5×5×5$，這個式子不是表示求體積，而另一個正方體和它是一樣的，所以再乘以 2。」

小亮越說越清晰，講好後生怕別人不懂自己的意思，然後又將自己的思路完整地說了一遍，說完後大部分學生終於醒悟過來。大家不禁一齊鼓起掌來。

此時，蔡老師再次問道：「小亮的這個方法非常好，受他的啟發，大家還有其他解法嗎？」

一石激起千層浪，這下子課堂上可熱鬧了，大家興趣盎然，透過拼圖、觀察、比較、討論，馬上又有了幾種解法。

學生四說：「5×5×(5×2)=250（平方公分）。」

學生五說：「(5×5×5)×2=250（平方公分）。」

學生六說：「5×5×(6－1)×2=250（平方公分）。」

……

在課堂教學中，我們教師對學習的評價不但要關注學生學習的結果，更要關注他們學習的過程；既要關注學生學習的水平，更要關注他們在課堂提問活動中所表現出來的情感與態度，抓住學生的思維過程，及時給予反饋，幫助學生認識自我、建立信心。

案例中，當小亮的解法遭到眾人的反對時，蔡老師卻沒有給予否定。因為他明白，對於小亮這樣一個平時學習成績差、不愛回答問題的學生來說，能站起來說出自己的想法就已經不容易了，不管他答對與否，自己都不能生硬地予以否定，何況他此時的答案並沒有錯呢！

其實，蔡老師已完全抓住了小亮的思維，他明白小亮這個解法的前因後果，當小亮無法解釋原因時，他給予了這樣的反饋：首先安慰小亮不要著急，並鼓勵他大膽說出自己的理由。然後拿出兩個正方體模型，並啟發性地讓小亮拼在一起，當看到真實的效果圖後，小亮立刻整理出了自己的思路，並清晰地向大家做瞭解釋。最後，得到了同學們熱烈的掌聲。

所以，課堂上當學生回答問題後，特別是一些差生的回答，老師一定要及時給予鼓勵性的反饋，這樣課堂提問時，才會出現大多數學生主動參與的場面。

此外，對於提問時的反饋，教師的答案要明確清晰，不能過於籠統。如教《孔乙己》一課時，有一教師問：「孔乙己的命運是悲劇性的，可是小說為什麼多次寫孔乙己的笑？」學生甲說：「孔乙己性格迂腐，令人發笑。」學生乙答：「孔乙己很老實，眾人都取笑他。」學生丙答：「作者寫笑是為

三、高效課堂的提問藝術

了反襯孔乙己的悲。」教師簡單地反饋道：「各位同學回答的都很好。」這樣的反饋就過於籠統與混亂，其實學生的回答中只有兩位同學觸及了問題的實質，這種課堂反饋顯然會給學生造成認識上的混亂，所以，教師應明確：答案的虛化和不清晰並不等於多角度的理解。

再者，隨著時代的發展，我們的課堂反饋也要適應教育教學的發展，與時俱進。對此，我們可以借鑑下面這位老師的做法：

上課時，突然一位學生提出：「老師，我有問題！我認為課文中的『一條彩虹』中的『條』不如『一道彩虹』中的『道』用得好。」老師問：「這是你從課外書上知道的嗎？」學生點點頭。老師讚賞地說：「真不錯！你不僅讀書仔細，還有自己的想法，我們都要向你學習。」學生自豪地坐下了。雖然這位老師只有一句話，但卻使這位學生，甚至全班學生都記住了：能提出問題，有獨到見解的學生是了不起的！這就是教學機智和反饋藝術的體現。

作為老師，教好學生的關鍵就是瞭解學生，而瞭解學生的重要途徑之一就是注意學生的課堂反饋，包括學生上課時的表情變化等。一般情況下，老師與學生接觸最多的時間是在課堂，能夠及時反映學生學習情況的也是課堂，而針對學生反映的情況，讓老師及時做出反饋的也在課堂。

對於師生的教與學，尤其是學生的學，學生的課堂反饋以及老師針對他們的課堂反饋，做出的適時的評價是特別重要的。

獲得學生及時、準確的課堂反饋訊息，不斷調整自己的教學行為，使課堂教學始終處於最優化狀態，是教師課堂教學吸引學生注意力，把學生思維緊鎖在課堂上的關鍵。

教學過程中單單有教師的提問與反饋還是不夠的，目前課堂教學過程中提倡師生對話、師生互動，為創造良好的課堂學習氣氛、激發學生的創造性思維、體現素質教育的要求，課堂教學過程中還應該有學生的反饋——提問。

但在許多課堂教學中卻沒有學生的提問，或者有的教師意識到了要有學生的提問，卻不能將「生問師答」「生問生答」的課堂反饋落到實處。那麼，

為什麼有的課堂上學生不願提出問題，即沒有反饋呢？主要有以下兩方面原因：

（1）由學生的青春期心理特點決定的。

中學時期通常也是學生的青春期，這一年齡階段是形成這一問題的首要原因。這一時期被心理學家看做是矛盾、焦躁和壓抑的時期，也是從兒童向成人轉化的過渡期。矛盾心理是由於新接觸的知識往往頻繁打破原有的知識結構，兩種或多種認知差別在同一時期左右了中學生的思維，所以產生矛盾。

矛盾的解決對未成年人來說尚無現成的人生經驗可供借鑑，所以面對問題就會焦躁，這種焦躁的問題積累多了會產生壓抑心理。壓抑心理一旦產生而不解決，學生便表現為輕易不會主動接近別人，更不會向別人提問題，而且認為提出問題會帶來更多問題，當然是更多自己認為解決不了的問題。

事實上這已經是一個不好的心理習慣，作為教師，需要及時給予鼓勵與引導，樹立學生面對交流的自信心，並針對不同學生在課堂之外進行諸如談心、積極參加集體活動等心理與行為輔導。

（2）存在不良課堂對話氛圍。

許多課堂教學過程中沒有很好的對話氛圍，許多案例可以用來證明這個問題。學生提出與教師不同的觀點，就會遭到白眼，甚至遭到同學的譏笑，這就嚴重扼殺了同學發現問題、提出問題的積極性，這樣不利於形成民主的課堂教學氣氛，不利於師生的交流。

所以，教師一定要創造良好的對話氛圍。如果大家都提不出問題時，教師要激發學生的提問，其實學生的思維就像一道閘門一樣，你一旦開啟了它，它便會一湧而下。教師可以採用點撥法，自己先向學生提出一些重點和中心問題來激發學生去發現問題。當然有些優秀的學生是可以提出問題的，可以讓這些學生先提，提出問題的學生對提不出問題的學生也是一種啟發，要讓學生能夠從無疑處生疑，這就需要教師平時有意識地對學生進行這方面素質的培養。

三、高效課堂的提問藝術

教師要特別注重對學生提問和質疑的態度，教師如果為了維護自己課堂說話權威，就不讓學生提出與自己不同的觀點的做法是嚴重錯誤的，此舉嚴重扼殺了學生的創新思維和求異思維，久而久之學生思維便會僵化，課堂氣氛就會壓抑而沉悶，學生的問題或觀點再不成熟，畢竟他思考了，代表了他對某一問題的看法。相反的要讓學生敢於提問題，敢於對某個問題或教師的觀點質疑，這樣可以有效地激活課堂氣氛。有的同學所提出的問題可能會給教師一個意外的驚喜，也許是教師過去未曾發現的，這樣有利於教師在下一輪教學過程中的改進。

如果學生提出的問題，教師一時難以回答，可以讓同學們進行小組討論，選代表發言，教師再對多個同學的發言作總結歸納；對於許多問題，教師也可以為節省課堂時間，直接回答。但不必對學生提出的所有問題一一作答，要選具有代表性的問題，進行課堂討論或自己作答，畢竟一堂課只有四十五分鐘，教師不可能每個問題都作答。

此外，教師在進行課堂提問反饋時，要注意以下問題：

（1）課堂反饋要尊重學生。

反饋要根據具體情況而定。在學生回答問題或提出問題時，輕易不要打斷學生，要在其講述完畢之後再提出要求。這樣就消除了學生怕出錯的心理負擔，從而使其能主動積極思考問題，參與課堂活動。

如果學生的回答偏離主題，難以繼續完成時，要及時提醒或引導性地告訴他們，以免他們難堪，拖延課堂時間；當學生的回答出現失誤，在不妨礙意思、不影響整體時，教師要避免打斷學生思路，以免加重學生心理負擔，使其產生緊張畏難情緒，影響對課堂內容的學習。

（2）課堂反饋要有激勵性。

對於學生回答的問題教師進行評析總結的時候，不應直截了當告訴其答案就完事，應該用恰當的口吻告訴他們回答有理的地方在哪，不足之處何在，在肯定成績的基礎上，委婉指出其不足。

因為學生的心理還是較稚嫩、欠成熟的，心理承受能力還比較弱，所以教師針對他們這一心理結構特徵，在做出總結評價的時候，若方法不當，評價過激，極可能會使學生的自尊心受到傷害，久而久之，就會形成學生怕回答問題，怕講錯的心理特點，時間一長就會很少有人敢回答問題，課堂氣氛就會變得沉悶，養成學生不愛思考問題的惰性。

所以在總結學生回答問題的時候，要以激勵為主，適當指出不足為輔，要經常用：「這位同學回答問題的思路還不錯，這很好，但是某某地方還有一點小小的不足，總體還是不錯的。」這類話來激發學生回答問題的積極性。

（3）課堂反饋要有針對性。

教師在課堂教學中要針對學生的特點與個性做出反饋。對差的學生要多提供回答問題的機會，提問內容要難易適度，特別是對於那些在學習中有畏難心態的學生，哪怕其有一點進步都要及時表揚；對好的學生可以向他們提一些較難的問題，讓他們積極思維，向知識的深度、廣度探索；對於中等學生，要讓他們「跳起來摘桃子」，體驗成功後的喜悅與滿足。

（4）課堂反饋要有啟發性。

當學生在課堂實踐中遇到難題或尚不能對已學知識舉一反三時，要作啟發性的誘導。要由淺入深，由表及裡，巧妙點撥，使學生積極思維，逐步認識到知識的掌握重在能力，進而思考更深刻，學習更鑽研，從而對自己提出高標準的要求，變被動學習為主動學習。

總之，對於課堂上學生的反饋，老師應該睜大自己的「火眼金睛」，去分析，去思考，要根據課堂出現的不同情況做出及時的反饋，形成師生之間和諧的學習氛圍，讓每節課都給學生以成功感、滿足感，從而以飽滿的熱情參加課堂提問活動。

實施及時反饋訊息的具體方法

早在古代，教育家就注意到了課堂反饋的重要性，比如春秋時期的教育家孔子。在《論語》中，孔子就說過：「不憤不啟，不悱不發，舉一隅不以

三、高效課堂的提問藝術

三隅反，則不復也。」這裡所說的「憤」「悱」和「不以三隅反」的情況，其實就是指對學生的「課堂」反饋訊息。

那麼，老師怎樣才能達到良好的課堂反饋呢？

（1）用「成功感」和「善意期待」進行課堂反饋評價。

傳統教學中教師過分關注教案和教材內容，重視知識的傳授，而忽視了學生的思維成果，缺乏熱情和鼓勵。因此，在課堂提問反饋中，要注意尊重學生，保護學生學習的積極性，特別要重視反饋矯正中的情感把握。善意期望和熱情激勵是取得良好反饋效果的保證。

在充滿熱情鼓勵的教學氛圍中學生將樂於反饋表露於情，樂於在獲取知識的過程中體會樂趣。教師的熱情鼓勵將使學生樹立自信，學會探究知識和運用知識的本領，體驗到成功的喜悅。

（2）課堂反饋要面向全體學生。

現在，在課堂教學中，教師普遍存在下意識地喜歡提問優生的情況，以致反饋也只面向優等生。這樣就會直接造成其他學生的學習情感動力缺乏，學習興趣低落。

針對這一問題，我們認為課堂反饋要「強調面向全體，讓每個學生都有機會得到發展」，這就要求教師改變傳統教學提問方法，採用小組討論、自學質疑、生問師答、生問生答、小組問集體討論作答等形式，創造學生人人參與、展示的機會。

（3）把學習的主動權還給學生。

課堂上，教師不是從學生的角度出發設計教學方案，而是以教參上的一大堆的問題和知識點為內容進行灌輸，過於重視學習的結果，忽視學生語言的積累以及豐富的情感積累，最終剝奪了學生自主思考、質疑、討論交流的時間，學生缺乏個性化的思考空間和體驗。

要想改變這種現狀，教師必須把學習的主動權還給學生，讓他們有研讀、思考的空間。斯霞老師曾說：「我們不能因為學生問得幼稚而不予回答，不

能因為自己無知而責怪學生多嘴,要鼓勵學生探索好學的精神。」創造始於問題,如果課堂上學生沒有一個問題,恐怕這本身就是一個很大的問題了。學生那種打破沙鍋問到底的勁頭就是他們最可貴的品質之一,因此,教師要為學生參與質疑問難設契機、「開綠燈」。

(4)課堂反饋要重視學生個體差異,隨機進行調控。

原有教學反饋缺乏靈活機動的個體差異性,標準化的唯一答案使得反饋如同請君入甕。設陷阱誘導學生往裡跳,致使學生只能揣摩、迎合教師的意圖去回答問題,被迫放棄自己的思考、疑問,縮減學習的空間和樂趣。

以學生為本,要求我們教師要用平等的態度去尊重學生已有的知識經歷,運用他們喜歡的表現方式,切合學生的心理特徵,激發他們的學習興趣,使他們「親其師而信其道」。這要求教師根據課堂情況的變化調整教學方案,教案是死的,但教學是活的,一定要靈活把握。

(5)將「傳道、授業、解惑」延伸到「激疑、啟思」上來。

課堂教學中,有些老師教學機智不足,反饋意識不明確。如在教案中沒有教學反饋環節的安排,或是因駕馭課堂教學的能力有限,以及課堂教學結構不好,無法保證反饋環節的落實。

隨著學生獲取知識的渠道增多,他們就會有更多的問題和想法,傳統的「傳道、授業、解惑」應延伸到「激疑、啟思」上來,這意味著教師的知識權威受到挑戰。那麼,我們的教學就要適應發展,與時俱進。

(6)開展同學之間的互相反饋和評價,注重學生的自我反饋和評價。

①課堂反饋和評價應盡量用具有激勵性的言語表達。

教師應使學生瞭解應該從哪些方面反饋自己的學習,應該以什麼樣的標準評價自己的學習。這樣,學生才能更好地把握反饋和評價的內容和方法。

例如,教師對答題出錯的學生說:「再努力想一想,你會有新的發現的!」而對於那些不簡明扼要回答問題的學生,則給予「還有更簡練的說法嗎?」的評語。

三、高效課堂的提問藝術

教師激勵性的言語、詳盡的反饋及公正的評價，不僅使學生掌握反饋和評價的內容和方法，而且增強了學生自我反饋和評價的積極性。

②鼓勵學生自我反饋和評價，多開展同學間的互相反饋和評價。

教師在教學過程中力爭給學生提供一些自我反饋和評價的機會，如經常問學生：「你覺得這種方法是最好的方法嗎？」「推理過程有沒有問題？」「對課堂內容還有不清晰的嗎？」……同時，教師還應鼓勵學生間的互相反饋，互相評價。如「你覺得那位同學的思路正確嗎？」「那位同學哪些方面說得好？」……透過互相反饋和評價，學生既學會了評價別人，更學會了自我反饋和評價。

（7）及時進行自我反思並提醒學生進行自我反饋

教師和學生自我反饋能力的缺乏，反映在教師不能及時調整教學和學生缺乏參與的熱情上。學生因知識、能力、認知上的不足而缺乏自我反饋矯正的能力，因此教師必須放下師道尊嚴的架子，打破習慣於站在自身角度思考問題，容易責備學生的思維定式，及時在課堂上對教學教法進行調整。

（8）利用延遲評價，引發學生之間的評價與討論。

傳統課堂教學強調教師對學生的學習結果進行簡單的「對」「錯」評價，使得老師成為了課堂的絕對權威，學生對老師的判斷不容置疑，從而使學生喪失了對知識的獨立判斷能力。其實由學生引發的討論是最棒的，也是最有價值的，我們不能忽視學生與學生之間評價的作用，學生之間的評價不僅可以提高學生的評判能力，增強教學的活力，而且可以大大改善學習的進程，減輕單純的教師對學生反饋評價的負擔。

所以，在課堂教學中，教師要盡量避免或延遲師生間的直接、生硬的反饋和評價，而應轉化或引發學生之間的討論和評價。

（9）注意課堂反饋的時效性。

從課堂教學過程上看，學生對老師的課堂教學做出的反饋，有一定的時效性，比如學生在某個問題上出現了理解錯誤，他可能只是在一瞬間表現出

不理解,然後就暫時擱置起來,又認真聽課了;或者在某個時間段內,學生總是執著於思考某個問題,轉眼就想到答案了。所以,老師應該針對學生的課堂反應及時採取措施,而最好不要拖延。

(10)提高教學敏感。

在捕捉和接收學生的課堂反饋訊息上,老師必須具有極高的敏感度,要善於觀察,要會觀察,這樣他才能從學生的目光、表情和舉止中,清楚地獲悉他們是否在聽,是否聽明白了。

所以,老師要認真地聽取學生的發言,學會從中弄清楚他們的思維脈絡;要學會從練習、提問中,準確地把握他們對新知識的理解。

(11)教師應提升自己的應變能力。

有時學生的課堂反饋會出乎老師意料的,因此,這需要老師提升自己的應變能力。對於該即刻做出答覆的,如對學生的回答或者疑問,應噹噹即給予肯定、否定回答,或者做出恰當的解釋說明,應該迅速地做出反應;對於該調節、矯正的,如對學生接受知識遇到的困難、理解知識出現的偏差,或補充講解,或改進方法,或調整難度,總之應迅速採取對策。

在教學中,教師要想獲取學生課堂反饋訊息,主要是透過課堂提問。課堂提問能夠讓老師及時得到學生的課堂反饋,並且及時調整課堂教學進程。因為只有當大多數學生參與提問的回答或給出明確的反應,例如,用舉手表示已經理解並願意回答相關問題;或以皺眉搖頭、不舉手表示還不理解,或者不能給予正確回答等,老師才能對大多數學生的學習狀況有個大致瞭解,才能適時決定教學進程。

總之,教師的課堂反饋,對於教學來說,具有非常重大的現實意義。因此,老師要想取得良好的提問以及反問效果,就要注意調控課堂的反饋,緊緊抓住學生的思維過程,適時適度地調整自己的教學進程。

三、高效課堂的提問藝術

3. 解惑要善於應變，因勢利導：隨機應變，機智提問

　　課堂答問的應變能力就是在課堂提問中，當學生的訊息反饋出現了教師在教學設計中未曾料到的突發性訊息時，教師要能透過敏銳的觀察、迅速的判斷及時做出準確的處理，加以引導。

　　教師課堂隨機應變能力是教育機智的集中體現。這種能力大致包括三個方面的內容：一是對課堂突發情況做出積極反應的能力；二是對課堂突發情況作出果斷決策的能力；三是如何處置課堂提問活動中的突發情境的能力。

　　因此，課堂教學應變能力是一種比較高超的教學藝術。教師如何靈活妥當地處理課堂提問時的偶發事件，不僅關係著一堂課教育教學的成敗，而且是衡量一位教師教學機智的一個重要的標尺。

　　所以，在課堂提問發生偶然狀況時，教師應隨時因勢利導、隨機應變，巧妙地把意外情境融進自己的教學中，使之與講授內容快速合理地契合，並借題發揮做「文章」。

　　教師的教學對像是個性不同、心理面貌各異、知識程度不一的活生生的學生。特別是在當今科技文化迅猛發展的時代，他們視野開闊、思維活躍、反應靈敏，遇事喜歡分析，敢於亮出自己的觀點。這就給我們的課堂教學加大了難度，它要求教師不僅要具有豐富的知識儲備，而且還要具備靈活運用知識、機智處理問題的能力。在這方面，江蘇省小學語文特級教師，洪澤縣實驗小學、洪澤外國語實驗學校校長李建成老師處理課堂提問的教育機智就很值得我們借鑑和學習。

　　有一次，李老師上《朱德的扁擔》一課，當他講到朱德在自己的扁擔上刻下「朱德記」三個字，戰士們更加愛戴總司令，都不好意思再奪他的扁擔時，就在這時，一隻胖乎乎的小手高高地舉了起來。李老師抬頭望去，原來是班裡的「小胖」于冬同學要發言。

　　「冬冬，你有什麼問題嗎？」李老師停止講述，微笑著問「小胖」。

「老師，那時人們很窮，讀不起書，怎麼認得『朱德記』三個字呢？」「小胖」提出了一個很有趣的問題。

對於這個問題，李老師課前沒有絲毫準備，因此無法立即作答。於是他稍做停頓，巧妙地把這個問題拋給了班裡的同學，順勢反問道：「是呀，這是怎麼回事？誰能答出這個問題呢？」

全班學生都隨著李老師的反問陷入了深思。同學們互相議論著，經過討論和思考，回答問題的小手一個接一個地舉了起來，「他們讀過函授學校。」一個學生用現代生活中的語句解釋。「方向想對了，但說法不對。」精明的李老師既作了肯定，又作了否定。「辦掃盲學校。」另一個學生的答案與故事發生的年代靠近了些，李老師又繼續啟發學生思考。

「解放區辦農民夜校。」「紅軍叔叔一邊打仗，一邊學文化。」最後，學生終於得出了最滿意的答案。

新課程標準理念下的課堂提問，不再是教師一廂情願的「獨白」，而是學生、教材、教師之間進行一次次真情的「對話」。「對話」意義上的課堂提問，有了許多的不確定性，因為學生會帶著富有自己個性色彩的知識、經驗、思考、靈感和興致參與課堂提問，從而使課堂提問呈現出豐富性、複雜性和多變性，因此教師要想上好每一節課，必須鑽研教材、研究學生，精心設計好教學中的提問環節，並且要預想到學生可能提出的各種疑難問題。

但儘管教師課下準備得十分充分，在課堂上有時學生還是會提出一些老師意想不到的這樣或那樣的問題，這種情況下就需要老師具備一定的應變能力，以排除教學中出現的尷尬局面，尤其是年輕教師教學工作時間短，經驗相對少，更應該多積累自己的教學經驗，在課堂上遇到學生提出的各種問題時，盡可能地做到隨機應變、巧妙解答，使學生滿意信服。

案例中，李建成校長就遇到了這種突發狀況，學生「小胖」問了一個很有趣的問題：「老師，那時人們很窮，讀不起書，怎麼記得『朱德記』三個字呢？」也許大人們都認為這個問題很幼稚，但在兒童的心目中，解放前窮

三、高效課堂的提問藝術

人不能上學，這是肯定的；不上學又怎麼能識字呢？怎麼能認識朱德的扁擔呢？對一般小學生來說，這一連串的疑問是很自然的。

面對這個毫無準備的問題，李老師一時也難以回答，但他卻鎮定自若，神態自然，並沒有慌了手腳，也沒有急於回答「小胖」的問題，而是稍加停頓後巧妙地反問道：「是呀，這是怎麼回事？誰能答出這個問題呢？」好一個「是呀」，既有驚訝，又有肯定、讚賞，還有對全體學生思維的激發。經過一段時間的思考和討論，學生最終找到了滿意的答案，「小胖」的問題也得到了很好的解決。

試想，如果李老師缺乏一定的課堂應變能力，那麼課堂上就會出現非常被動的局面，會十分尷尬，正是由於他有很強的應變能力，課堂中出現的問題處理得很好，既調動了學生學習的積極性，又給教師本人留下了一定的思考餘地，從而圓滿地解決了問題。

但在實際教學中，有些教師在課堂提問活動中往往缺乏應變能力，總是生硬、機械地按教案操作，不管情況是否有變，照舊只按計劃，缺乏應有的靈活性，作了許多無效的問答活動。有一位小學教師在教「天花板」一詞時，問學生：「你頭上是什麼？」學生答：「頭髮。」教師又問：「頭髮上面呢？」學生又答：「帽子。」這時老師有點不耐煩了，厲聲問道：「帽子上面是什麼？」這個自以為答得不錯的學生看到老師動怒了，又驚又怕地伸手一摸帽頂，摸到一個小洞，便答道：「老鼠咬的窟窿。」這下惹得全班同學哄堂大笑。本來對「天花板」這一實物名詞解釋，教師指明大家看一下就行了，無須做太多的啟發。但這位教師卻生硬地用問題「啟發」，結果鬧出笑話來。

在課堂教學提問中，教師要樹立、培養和強化創新觀念，加強課堂應變能力，培養教學機智，努力讓自己能迅速、靈活地審時度勢，因勢利導地處理課堂「突發事件」，恰如其分地引領學生的思維，提高課堂教學效果。

在課堂提問中，教師們必須具有一定的教育機智。何謂教育機智？就是教師在教學實踐中長時間積澱下來的在不斷變化的教育情境中隨機應變的教學技能。教學機智是整個教學的一個有機部分。機智表現為「潤物細無聲」；

機智表現為對無法預見的情境進行出乎意料的塑造；機智表現為臨場的隨機應變。

俄國教育家烏申斯基說：「不論教育者是怎樣地研究教育理論，如果他沒有教育機智，他不可能成為一個優秀的教育實踐者……」在課堂提問中，教學情境瞬息萬變、錯綜複雜，隨時有可能發生意想不到的事件，它需要教師正確而迅速地做出判斷並妥善處理。這就要求教師必須具有教學機智，否則，縱有高超的學識，也難以真正完成教學任務。那麼，在課堂提問時，一般會出現哪些意外情況呢？教師又該如何靈活處理呢？

（1）課堂提問時，教師不小心出現錯誤。

在有些課堂提問中，教師因準備不足或臨場發揮不好，或者由於緊張以致在課堂中講錯或說錯了話。出現這種情況，教師一定要冷靜對待，注意處理方法。智者千慮，必有一失，誰也不能保證在講課時不出一點差錯，關鍵在於出現失誤之後如何處理，能否適時應變，加以補救。

一般來說，這種現象分以下幾種情況：

第一種情況是老師話一說完，就已經意識到自己說錯了。遇到這種情況，老師只需要馬上跟一句：「對不起，老師說錯了。」，然後馬上改過來就行了。

第二種情況是老師說錯了，自己沒有意識到，但學生發現了。遇到這種情況，教師通常表揚學生說：「你們真了不起，老師說錯了你們一下子就聽出來了！那你們幫老師改一改，我應該怎麼說呢？」學生一聽說老師需要自己幫忙，那勁頭就來了。這種將錯就錯的處理方法，就能巧妙地將失誤變成提問機遇，也許此時老師的「裝糊塗」會使自己的學生更聰明。

第三種情況是老師說錯了，當時雖然沒有意識到，但當教學進入到下面某個環節時，老師突然意識到自己講錯了。遇到這種情況，老師首先不要慌，要找一個適當的機會進行補救，可以跟學生這樣說：「剛才老師在講到某個地方時，我是這樣說的……現在你們聽一聽這樣說對嗎？」

（2）課堂上，學生提出了老師設計之外的問題。

三、高效課堂的提問藝術

課堂之所以是充滿生命活力的,因為我們面對的是一個個鮮活的富有個性的生命體。課堂教學的價值就在於每一節課都是不可預設、不可複製的生命歷程。因此,作為教師要勇於面對學生提出的各種設計之外的問題,積極地對待,冷靜地處理,把學生的這些預設之外的問題盡可能地轉化為自己的教學資源。

教師的備課無論如何周密,教案計劃得如何詳盡,畢竟都是事前的計劃。在課堂提問實踐中,難免會碰到種種預想不到的情況,這就需要教師靈活面對各種情況,做出臨時的修正和調整。

(3)課堂提問中,遇到一些思維活躍、特別愛表現的學生時。

在問答與討論的過程中,讓盡可能多的學生參與其中是至關重要的,但學生的差異是客觀存在的。上課時,有時會遇到這樣的學生,他們的思維活躍,反應機敏,老師的問題剛一提出來,他們就把答案喊出來了,幾乎不給別人留下思考的機會。

遇到這樣的學生老師首先要肯定這位同學優秀的個人素質和思維活躍、發言積極的學習態度。教師也可以在私下裡分享他的解題策略,悄悄地告訴他說,「你的解題思路老師非常欣賞」,然後以商討的口吻跟他說:「在課堂上面重要時刻老師一定會請你出來發言,至於平常,我希望你把發言的機會讓給其他的同學,讓全班同學都有機會能夠發表自己的意見。」同時可以和這位學生協商:「下一個問題老師請你當裁判,你知道答案後不要忙著說出來,要先聽一聽別的同學是怎樣回答的,最後老師請你對他們的回答進行評判,你看可以嗎?」

學生一聽說要讓自己當裁判,不但會自己積極思考,而且還能夠認真傾聽別人的發言,可謂一舉兩得。這樣既張揚了這些學生的個性,又給其他同學營造了良好的思考和回答問題的氛圍。

(4)課堂提問時,學生的回答有很多錯誤。

有些教師,特別是新教師,由於對學生不瞭解,因此當他們提出一個問題後,很多學生的回答是不完整的,甚至是錯誤的。如果這個問題是一個難

度較大的問題，而回答問題的恰恰是一個學困生，此時就會出現比較尷尬的局面。

遇到這種情況，教師不必緊張，應該意識到這是一種很正常的現象。課堂上學生學習出現了困難，回答問題發生了錯誤，教師此時的主導作用和教學機智就體現出來了。面對學生的錯誤，教師應該有一種課程資源意識，應該意識到學生課堂中的錯誤、出現的問題，都是非常寶貴的可以利用的教學資源。面對啟而不發的學困生，教師可以把問題再重複一遍，如果此學生還是不能回答，第二條策略是改變問題的問法或分解一個大問題為兩個或多個小問題。如果改變後學生仍不能回答，教師可以找另外的同學幫助他，然後讓這名學困生再重複一遍就可以了。總之，不管教師怎樣處理，一定要讓這名學困生體面地坐下去，一定要保護他脆弱的心靈不受到傷害。

一堂成功的課堂教學應該是精彩的，然而這精彩不光是因為有感情的交流、創造力的迸發、思維的碰撞等，更因為有「錯誤」才使它更精彩。心理學家蓋耶認為：「誰不考慮嘗試錯誤，不允許學生犯錯誤，就將錯過最富有成效的學習時刻。」課堂，是學生可以出錯的地方，學生出錯的課堂才是真實的課堂。學生的錯誤，作為珍貴的教學資源，是可遇不可求的，也是稍縱即逝的，因此教師不僅要善待學生的錯誤，還要敏銳地發現學生錯誤背後的原因，挖掘學生答錯的價值。這樣可以使我們更好地瞭解學生，提高自身的教育教學水平。

（5）教師課前預設的問題，在課堂上沒有出現。

預設表現在課前，指的是教師對課堂教學的規劃、設計、假設、安排，從這個角度說，它是備課的重要組成部分，預設可以體現在教案中，也可以不體現在教案中；預設表現在課堂上，指的是師生教學活動按照教師課前的設計和安排展開，課堂教學活動按計劃有序地進行；預設表現在結果上，指的是學生獲得了預設性的發展，或者說教師完成了預先設計的教學方案。

而遇到預設問題在課堂上沒有出現的情況，第一種處理方法是如果學生沒有提問，教師也就不再涉及了；第二種處理方法是，教師把預設問題作為

知識的拓展介紹給學生；第三種處理方法是，教師創設一種以學生為角色的情境，向學生提出預設問題。

　　總之，課堂提問過程不應該是一個不變的，更不應該成為僵死的模式，而應該是一個隨機應變的模塊，是知識與能力、過程與方法、情感態度與價值觀三者渾然一體的過程，應該是一個充滿創造性、神奇而又多變的過程。面對課堂提問出現的各種意外情況，教師必須具備很強的應變能力，能夠沉著、冷靜、理智地隨機應變、因勢利導。

實施提高應變能力的具體方法

　　將精心設問貫穿在課堂教學的各個環節，讓學生的學習在疑問中開始、探索、論證、小結、發展，則學生的思維習慣將得以養成，求知的熱忱將得以激發，學習興趣將得以培養，思維品質、能力將得以全面發展。它不僅能夠刺激學生心智不斷向前追求、主動探索、自主學習，而且還能全面提高課堂教學效率。

　　但課堂提問活動是一個多變量的動態系統，經常會有「意想不到」的事情發生。此時，應變能力強的教師往往成竹在胸、充滿信心，面對複雜、多變的課堂，能駕輕就熟、遊刃有餘地指揮調度；能牢牢地吸引住學生的注意力，充分地調動他們的學習積極性，出色地完成教育教學任務。而應變能力差的教師在課堂上往往會不同程度地表現出自信心不強、情緒低落、教學環節紊亂、缺乏系統性、不能調動學生參與積極性等缺點。

　　可以說，教師課堂應變能力的高低是課堂教學成功與否的關鍵。那麼如何提高教師課堂應變的能力呢？

　　（1）加強理論學習，提高自身素質。

　　課堂提問駕馭能力是一種實踐操作能力，它的成熟依靠長期的艱苦訓練、探索，同時也離不開科學理論的指導。

　　作為一線教師，我們在提高教育學、心理學和美學等基礎理論水平的同時，更需要學習屬於應用理論範疇的教改理論。教改理論大多是教育專家或

教育工作者對他們長期在教育教學實踐中積累的豐富經驗所進行的理性化、系統化的歸納總結，他們對教育教學藝術的追求達到了很高的境界，他們所述及的組織和駕馭課堂提問的方法具有很大的參考和學習價值。透過理論學習，我們可以補充營養，開闊眼界，少走彎路；可以發現自身的不足，修正自己的課堂提問實踐；可以夯實駕馭功底，增長才幹，為課堂提問的順利進行保駕護航。

（2）潛心備課工作，運籌教學方略。

備課是應對課堂提問的必要前提和重要保證。可以說，不備課就不能上課，備不好課也上不好課。在備課時，我們應該把課堂上可能出現的「意外提問」盡可能設想得多一些，從而做到心中有數，遇事不慌。如果把一堂課的提問比作一次戰役，那麼備課就是戰鬥前的深謀遠慮、周密部署；如果把一堂課比作一篇文章，那麼備課就是作文前的深思熟慮、布局謀篇。

有些教師課堂提問活而有序，變而不亂，揮灑自如，這令人讚嘆的駕馭技藝其實就是來自於精心的備課。備課是一項複雜的系統工程，既要備教材，又要對學生心裡有數，還要備方法。所謂備教材就是分析、鑽研、處理教材，明確教學重點、難點、關鍵，即充分駕馭教材；對學生心裡有數就是分析學生的學情，針對學生及其學習的具體情況去備課；備方法就是備教師的教學方法和引導學生的學習方法。如果忽略了備課這一環，再高明的教師都難以很好地駕馭住課堂。現在我們往往把備課理解成抄教案，這是非常荒謬的，提高課堂提問駕馭能力應從提高備課水平和備課能力入手。

（3）講究提問設計，激活學生思維。

適時有效的課堂提問是非常重要的教學手段，教師只有充分利用這一手段，才能牢牢控制課堂教學的節奏和方向，突出授課的重點、難點和關鍵，從而成為課堂的主導，學生則會根據教師的提問，有選擇地把自己的注意力集中到學習的重點、難點和關鍵上，使自己的思維處於一種積極活躍的狀態。應變能力強的教師善於在課堂教學的不同階段向學生提出不同程度、不同類型的問題。

三、高效課堂的提問藝術

（4）精心推敲提問語言。

提問語言是教師施教、傳輸教學訊息的最基本的媒體形式，可謂教學活動的第一要素。課堂應變能力最直接的體現形式就是提問語言的運用，所以教師無論備課時，還是在課堂上都要精心地選擇、推敲和組織自己的提問語言。

①教師語言要簡潔。

出現偶發事件時，切忌長篇大論，拖泥帶水。要簡潔明了，以片言明百意，言盡而意有餘。

②語言要準確，有的放矢，針對性要強。

當出現窘境時，我們要或因勢利導，或拋磚引玉，或移花接木……最重要的是不要慌亂，要用最為準確的語言，把學生的注意力轉移到另一種事物上，要根據二者之間的聯繫，巧妙地把話題轉移。這要求教師平時在求異思維、發散思維上要多做一些敏捷方面的訓練。

③語言要有愉悅性。

提問時，老師的比喻要新穎、幽默、含蓄，力求妙趣橫生而鞭辟入裡，幽默雅緻而不失高貴矜持的風度。

教師的提問態度和駕馭能力都是在一定的教育實踐中，在知識經驗基礎上逐漸形成的。因此，每個教師平時都要加強專業知識學習，拓寬知識面，不斷提高自己的知識水平，注意積累各方面生活經驗。只有這樣才能得心應手地解決在課堂提問中遇到的各種問題，機智地處理好各類意外情況。

蘇霍姆林斯基說：「教育的技巧並不在於能預見到課堂的所有細節，而在於根據當時的具體情況，巧妙地在學生中不知不覺中做出相應的變動。」在課堂提問教學中，教師要善於運用自己的智慧，靈活機敏地處理一些突發事件，因勢利導地扭轉尷尬局面，以形成自己獨特的教學風格。

▎4. 把課堂提問權力還給學生：反主為客，答疑解惑

在長期的課堂教學實踐中，廣大教師已探索、總結出了一系列的課堂提問原則，如啟發性原則、趣味性原則、鼓勵性原則、創造性原則等，但從中我們不難發現，這其中也存在著一些缺陷、弊端——學生處在一種「待問」的被動的學習狀態，不論教師的「問題」設計得多麼高超，提問的方式如何巧妙，訓練的只是一種機械的「應答性行為」。「問答」在大多數情況下都只是停留在教師提問、學生回答的層次上，而作為教師更多考慮的是怎樣提問更為巧妙，而較少甚至極少自覺思考如何使學生敢問、善問，這就在一定程度上限制了學生發現問題、解決問題的能力。

而把課堂提問權力還給學生就是要全面改變這種情況，將教師提問為主轉變為學生發問為主，使學生敢問、善問，培養他們的提問能力。

語文教師李吉林老師在課堂教學時，就常常把課堂提問權交給學生，以培養學生的提問能力。

在執教《鼎湖山聽泉》一課時，李老師先讓學生自由朗讀課文，然後微笑著說道：「現在，大家都對課文內容有了瞭解，說說你讀了課文後，有什麼感覺，或有什麼心得？不要拘束，把你心中的疑問都說出來。」

同學們立刻來了興趣，很快從不同角度提出了各種問題：

「為什麼說泉水是鼎湖山的靈魂？」

「為什麼說在這泉水的交響之中，彷彿能聽到歲月的流逝，歷史的變遷，生命的誕生、成長、繁衍、死亡，新陳代謝的聲部，由弱到強，漸漸展開，升騰而成為主旋律？」

「結尾我願清泉永在，我願清泉常鳴有什麼作用？」

「作者為什麼把泉水比作自己的孩子？」

「被一支看不見的指揮棒編織到一起，這指揮棒指什麼？」

……

三、高效課堂的提問藝術

同學們踴躍地發表著自己的看法，把閱讀過程產生的疑問統統拋了出來。李老師邊聽邊把同學們提出的各個問題寫了下來，然後用實物投影投出來，說道：「看來同學們都很用心地讀了課文，大家的理解都很深，提出了很多高質量的問題。那麼，在這麼多的問題中，你覺得哪些問題有價值呢？」

聽了李老師的問話，同學們開始仔細研讀各個問題。靜默了幾秒鐘，大家又積極發言，「我覺得是『結尾我願清泉永在，我願清泉常鳴有什麼作用？』這個問題。」「我認為是『被一支看不見的指揮棒編織到一起，這指揮棒指什麼？』這個問題。」而大多數學生都把目光聚焦到「為什麼說在這泉水的交響之中，彷彿能聽到歲月的流逝，歷史的變遷，生命的誕生、成長、繁衍、死亡，新陳代謝的聲部，由弱到強，漸漸展開，升騰而成為主旋律？」這個問題上。

「好，大家都發表了自己的看法，現在同學們自由討論，來解答一下這些問題。」李老師在肯定的同時又提出了新的要求。

於是，同學們開始了熱烈地討論。之後，李老師讓大家自由發表看法，對於說得對的，給予肯定；對於說錯了的，在鼓勵之餘指出不足之處。課堂教學就在學生提出問題、解決問題的過程中逐步推進，最後達到高潮。

「問」的藝術，既是「教」的藝術，更是「學」的藝術，教師的「問」要轉化為學生的「問」。因此，李吉林老師在同學們朗讀課文後，並沒有像有些老師那樣，按自己課前做好的教案由教師進行提問，而是由學生提出質疑，讓他們成為課堂提問的主人。

當學生提出問題後，不管他們的問題提得有沒有價值，李老師都集中寫了下來，這是對學生的充分尊重。學生由於年齡的原因，知識儲備不足，難免會提出一些幼稚的問題，對此，教師不能給予譏諷和嘲笑，否則會讓學生失去提出問題的信心，這樣對培養學生的提問能力非常不利。因此，李老師對全體學生一視同仁，使學生感受到了一個和諧的課堂教學環境，敢於提出問題。

當集中所有問題後，李老師又引導學生從中找出有價值的問題，這樣可以培養學生提出高質量問題的能力。之後，李老師又讓同學們自主、合作地解決所有的問題。

案例從始至終，李老師都是讓學生作為課堂提問的主角，充分調動了學生提出問題的積極性。從這一案例中我們也可以看出，其實在學生的頭腦裡充滿了問題，關鍵是看教師肯不肯將課堂教學的提問權還給學生，敢不敢讓學生自主合作、多元化地解答問題，是否允許學生帶著問題走進課堂。

當然，這樣也給教師提出了更高的要求，因為在很多時候，學生的提問與教師原先設計的問題不一致，教師要善於引導學生根據重點問題深入學習知識，順著學生的思路，在動態變化的過程中，達到甚至超出預想的效果。

現在，大部分教師都很注重培養學生的提問能力，將課堂提問的權力交給學生，但有些教師做得還有欠缺，沒有真正將課堂提問權力還給學生。比如有位語文教師在教《李時珍》一課時，為了讓學生提出問題，也像李吉林老師那樣首先讓學生讀課文，同時囑咐道：「同學們，我們要善於動腦，自己提出問題，這才是會學習的學生。請同學們仔細讀書，把你們不懂的問題提出來。」

接下來，學生開始認真讀書，並按老師的吩咐提出了自己的問題。這時，老師組織學生交流問題，學生紛紛舉起了手。

第一學生站起來：「李時珍是一個什麼樣的人？」

這個問題正是老師想要的問題，因此老師非常高興，誇獎道：「你可真會提問題！能提出問題是思維的開始，能解決問題才是思維火花的真正碰撞！下面就讓我們帶著這個問題來讀書吧！」

於是，這位老師無視班裡其他同學想提問的心情，自顧自地按教學設計開始講課，幾十隻高高舉起的小手只好不情願地放下了！

雖然在後面的教學中這位老師引導學生抓住重點段落和句子，反覆體會感悟李時珍不怕困難、勇於探索和實踐的精神，課堂精彩不斷、高潮迭起，博得了與會老師的一致好評。但我們仔細分析，可以發現這堂課其實並非很

三、高效課堂的提問藝術

圓滿：既然老師有讓學生自己發現問題的意識，想培養學生的提問能力，為什麼不真正把課堂提問權力還給學生？為什麼不讓學生大膽提問，而只是讓一個學生提問後就草草收場？為什麼當一個學生的提問正好符合自己的教學設計意圖時，就忽略其他想提問的學生，難道讓學生提問只是為了為自己的課堂教學服務嗎？難道設計這樣一個環節只是為了給自己的課堂錦上添花嗎？

美國學者布魯巴克認為，「最精湛的教學藝術，遵循的最高準則就是讓學生自己提問題。」提出問題實質上是一個進行識別和解說，從而發現自己的觀點或認知結構中存在的某些不足和不協調的過程，它是誘發探究思維的動力和方向，是推動學生自主學習的動力，是培養創新意識和創新思維的基石。

現代教育心理學研究指出，學生的學習過程不僅是一個接受知識的過程，而且也是一個發現問題、分析問題、解決問題的過程。這個過程是暴露學生產生各種疑問、困難、障礙和矛盾的過程，也是展示學生發展聰明才智、形成獨特個性與創新成果的過程。在這過程中，學生自己解決不了的問題就成了向教師提問的問題。學生提問是學生主動學習的結果，學生提問的過程是學生探究思考的過程，更是學生學習主體性的體現。

課堂是教學活動的主陣地，教師要想培養學生良好的提問能力，一定要把課堂提問權力還給學生，善於創設「寬鬆、和諧、民主」的課堂氣氛，想方設法設置各種情景，巧妙地提出問題，引發學生心理上的認知衝突，使學生處於一種「心求通而未得，口欲言而弗能」的狀態，從而「生疑」、「困惑」，進而勤思好問。

亞里士多德說：「思維自疑問和驚奇開始。」教師的課堂工作重點應放在設計讓學生發現並提出問題的情景上，而不是在設計問題本身上，應著力於培養學生發現問題的能力，促使學生「要問」、「想問」、「敢問」，同時，還要教給他們提問的方法，讓他們「會問」，這樣才能真正培養、提高學生良好的提問能力。

有一種情況很值得讀者們注意：學生在課堂教學中，經常產生質疑和愛提問的情況占的比例很小，而沒有疑問和從不主動提問的卻占大多數。是我們的學生沒有問題嗎？顯然不是。那麼，是什麼原因讓學生不願提出問題呢？

（1）當前考試模式的影響。

從小學開始的考試——中考、會考，乃至高考，為了閱卷的方便，考題都有參考答案，教師按「標準答案」評分。這讓學生從小養成按條條框框答題的習慣，教師按各類考試樣卷命題，做「相對」標準化答案，讓學生反覆做習題、核對答案，從而使學生成為只學習、回答提問的「考試機器」。

（2）傳統教學觀念的影響。

教師的職責是「傳道、授業、解惑」，為了解惑，教師當然不能傳授暫無定論並可以加以討論的東西，必須要給學生傳授確切的而無可置疑的知識，否則就是「以惑傳惑」。於是，教材總是先將一種無可置疑的理論提出來，然後再用事例來論證這一理論的正確性，這使得學生對知識深信不疑、無問題可提。

（3）教學方法的影響。

教學方法是影響學生不願提出問題的最主要的原因，主要障礙有以下幾點。

①素質教育進行多年，但一小部分教師仍然採用我問你答、以教師為中心的課堂提問方法，這使得學生沒有機會提問。

②學生課前預習不夠，上課只被動聽課，無法進行深入思考，自然也無法提出有質量的問題。

③有的學生會思考，愛提問，好「別出心裁」、「標新立異」，但對這些學生，有的學生會譏笑，教師有的也會表現出不耐煩、不感興趣，這也使得學生不想也不敢提問。

④教師對學生錯誤或不全面的回答沒有做出「鼓勵」的評價，導致學生產生膽怯的心理，以後不敢回答，更不用說提問題。

三、高效課堂的提問藝術

這些原因，使得課堂沒有一種和諧的學習氛圍和沒有讓學生主動參與的教學環境，學生自然提問少。而這其中最重要的一點就是受傳統教學觀念的影響，課堂上教師和學生都已習慣了教師問、學生答的教學方式，教師是課堂提問的主人，學生必須被動地答與聽。

要想培養學生的提問能力，教師首先要做的就是把課堂「提問權」還給學生。把「提問權」還給學生，教師應努力尋求和創設一種民主、平等、寬鬆、和諧的師生關係，要敢於放下架子，給學生創造一種敢想、敢說、敢做的開放氛圍，切實以學生的發展為本，充分信任他們，尊重其提問的權利，引導他們善於發現問題、提出問題。

學生提出的許多問題，可能是教師意想不到的，但不管學生提出的問題是多麼的幼稚可笑，甚至離奇，這畢竟是他們頭腦思維活動的結果，教師都要給予尊重，並以此靈活地調整教學方案。老師要知道，一旦學生養成了善於發現問題、提出問題的習慣，也就養成了獨立思考，善於探索的品質，這樣才能最大限度地發揮他們的潛力，激發出發現力和創造力，創新精神才能得以充分發揚。

另外，把課堂「提問權」還給學生，也會對教師提出更高的要求，現行的教學模式、課堂結構都將發生變化。教師在備課時不僅要思考「問什麼」、「怎麼問」、「何時問」，還要更多地思考「誰來問」、「哪些是學生自己發現並提出的問題、哪些是經教師引導學生能提出的問題」。學生由於知識結構、見識閱歷諸方面因素的不同，發現的問題也不盡相同，這就要求教師具有更加廣闊的知識背景和專業知識，在知識的廣度、深度及理論認識上把握分寸，對教材鑽研得更深、更細，並能在課堂上從容、嫻熟地應對學生提出的問題，科學地、藝術地組織教學。

提出問題往往比解決問題更具有意義，在課堂教學過程中，教師應轉變觀念，以教師提問為主轉變為學生發問為主，使學生敢問、善問，即注重學生提問能力的培養。

實施培養學生提問能力的具體方法

　　課堂提問不僅僅是教師的提問，更重要的是學生的提問，特別是在改革教育的今天，培養學生的提問能力，對於開發學生智力，發展學生思維，變學生課堂上的被動接受為主動探求，實現素質教育起著積極的作用。所以，我們教師要把課堂提問的權力還給學生，只有這樣，才能真正實現以「教師為主導，學生為主體」的課堂教學，大力提高學生的提問能力。那麼，教師怎樣做才能真正把課堂提問權力還給學生，達到培養學生提問能力的目的呢？

　　（1）教師需轉變教育觀念，增強自身素養。

　　教育觀念對教學起著指導和統帥的作用，一切先進的教學改革都是從新的教育觀念生發出來的。因此，教師首先要轉變教育觀念，樹立「提問」不僅是教師的事，更是學生自己的事的思想。

　　讓學生能夠提出有探究價值的問題，本身就是科學教育的一個重要目標。就學習過程來說，產生問題才能激發學生的探究慾望，強化學生的學習動機，這對於達成學習目標也是十分重要的。人類認識世界和改造世界的過程，也就是不斷提出問題、分析問題和解決問題的過程。不能發現問題就談不上創新，這對培養學生的創新能力是非常重要的。學生如果具有了這種能力，也說明他已經具備一定的科學素養。

　　其次，教師應不斷擴大自己的知識面，努力提高業務素質，不僅要做到有問即答，還要做到答必然精彩。

　　教師在課堂教學中應樹立問題意識，做到時時引導提問，處處激勵解答。在課堂教學活動中不僅應以問題為開端和主線，而且還應以問題為終結，即教學的最終結果絕不應當是用所傳授的知識完全消滅問題，而應當是在初步解決已有問題的基礎上引發出更多、更廣泛的新問題。這些新問題的出現，不僅能使教學活動延續下去，而且更重要的還在於它能最終把學生引上創造之路，進而成為創造者。

　　（2）營造課堂民主氛圍，鼓勵學生提出問題。

三、高效課堂的提問藝術

①師生間保持平等，解除學生的恐懼心理。

成功的教學依賴一種真誠和信任的師生關係，依賴一種和諧安全的課堂氛圍。教師必須尊重每一位學生做人的尊嚴和價值，如果教師在講臺上高高在上，始終與學生形成長距離感，學生心理就可能會緊張，這又怎麼敢提出問題呢？所以作為教師，當你第一步踏進教室時就要把微笑帶給你的學生，讓每一個學生都感覺到你的關愛。

在課堂教學中，教師要把自己放在與學生平等的地位，把學生看成是一個發展的人。要以共同學習探討的語氣提出問題，與學生交流，要讓學生感到老師就在他們中間，也是他們學習的同伴。只有這樣才能形成教師和學生的零距離接觸、才能解除學生緊張的負重心理、才能形成和諧的課堂。

②尊重每位學生的個性特徵。

教學的核心理念是：為了一切學生，為了學生的一切。由於學生自身生理、心理特點，在課堂上不向老師提問的原因很多，諸如：怕提出的問題影響教學；更多的則是怕提出的問題太幼稚，讓人笑話；還有的是確實不能發現問題，無從談起；對於有些學生來說，即使發現了問題，要表達自己的見解還需要很大的勇氣。

遇到以上情況，教師不能著急，不能埋怨，更不要譏諷，要保護每位學生的自尊心，更應當有針對性地點撥、誘導、鼓勵學生表達自己的見解，長此以往，學生才能善於發現問題，敢於提出問題，從而激發求知慾、發展個性、展示自我，成為課堂提問的主人。

③進行多樣化提問。

除了在課堂上鼓勵學生大膽質疑提問外，教師應引導學生從多個方面觀察生活，鼓勵學生發表自己的想法。對於口頭表達能力較弱的學生，可以要求他們把問題寫成文字的形式然後再提，以此增強他們的自信心，更好地發揮每個學生的主觀能動性。

教師要容忍甚至鼓勵多樣性、標新立異、獨特性和個性的提問出現。只有在這樣的環境中，學生才敢於甚至樂於想像、批判和創新；也只有營造出一個良好的質疑氛圍，才能激發學生「提出問題」的興趣和勇氣。

（3）教育學生善於發現問題。

學習過程是發現問題、提出問題、分析問題和解決問題的過程，問題是學習的動力，是學習的起點，是貫穿學習過程的主線，而發現問題則是學習過程的「先頭兵」。

①鼓勵學生多吸收知識。

有句話說：「知識之島越大，好奇的海岸就越長。」也就是說，知識越多，接觸訊息的面越廣，想提的「問題」自然就越多。

所以在課堂教學中，教師應當鼓勵學生博覽群書，做一個知識的多面手。因為知識間是互相滲透的，是相通的，在瞬息萬變的訊息時代，只有讓知識更好地融合在一起，才能增加對現實生活問題的敏感性，才能發現現實生活中的問題，從而提出有價值的問題。

②提醒學生從生活中發現問題。

問題是由訊息引起的。學生生活在訊息的汪洋大海之中，各種訊息像大海的浪濤拍擊著海岸一樣，衝擊著他們的心靈，只有讓他們細心觀察，他們才會發現無窮無盡的「問題」。

③啟迪學生，勤思考才能進步。

思考是發現問題，尤其是發現有研究價值的問題的又一個前提條件，在閱讀和觀察中發現問題，這是一個動腦想的過程。只有讓思維的機器轉動起來，學生才會發現更多的問題。

④激勵學生，質疑才能對提問能力加強培養。

創新思維的形成往往從懷疑開始，不能發現問題就談不上提問能力的培養，可見這對於培養人的提問能力是非常重要的。作為教師要時刻提醒學生

三、高效課堂的提問藝術

不論是在課堂教學以及課本閱讀，還是在實驗操作過程中，看到一些現象，產生一些疑問、一些困惑，都要及時地向同學、老師提出，以便交流、溝通。

因為困惑的產生，常常是一瞬間，要學會留住困惑，就能提出不少有價值的問題。要留住困惑，不僅要有強烈的好奇心，更要善於用自己的話，把困惑記下來、說出來。這樣，問題就會源源而來，「小疑則小進，大疑則大進」，日積月累，學生就會慢慢培養出良好的提問能力。

（4）創設問題情境，促使學生想問。

課堂上要想激活學生思維，主動思考，積極發問，首先要注重學生學習興趣的激發。學生有了學習的興趣，學習才不會成為一種負擔，而是一種享受，一種愉快的體驗，所以在教學中教師要有意識地設置「問」的情境，使學生形成認知衝突，主動地去發現問題、提出問題、解決問題。比如，教師可以創設講故事、猜謎語、遊戲、比賽等生動有趣的情境，把抽象的課堂知識與生動的實物內容聯繫起來，促使學生想問。

（5）運用多元化評價激勵學生提問。

《新課標》指出：「實施評價，應該注意教師的評價、學生的自我評價、學生間的互相評價。加強學生自我評價和互相評價的結合。」透過評價使學生體味成功感，從而進一步激勵學生主動提問。

①教師評價。

教師對學生的評價深刻地影響著學生，教師激勵性的語言評價，能使學生體會成功的喜悅，從而進一步激發學生提問的熱情。只要學生有問題提出，不管是否有價值，教師都應該及時做出發展性的即時評價。

②學生自評。

教師要鼓勵學生對自己所提問題的數量和質量做出評估，從而正確對待自我。

③同學評價。

學生與學生之間互相評價對方所提的問題，使學生學會欣賞別人，欣賞自己，取長補短，共同提高。

④定時評價。

組織以小組為單位的提問題競賽活動，透過評比問題的數量與質量，確定一週的優勝小組。具體做法是根據每組學生課內外的提問情況，每天做出評估，週五進行綜合統計。

在這樣的一種以「激勵、導向」為目的的評價體系中，學生體會了「成功」的真諦，不知不覺中發揮了主觀能動性，使他們始終處於積極努力的提問狀態中。

教師要有足夠的耐心和毅力。因為培養學生提問的意識和能力並非朝夕之功，而是需要一個比較長的時間和過程。一開始鼓勵學生敢提問，再慢慢要求有一定的質量，既要拓展內容、範圍，又不能漫無邊際；既要做些思維引導，又要讓學生提有效問題。

在平時的課堂教學活動中，教師要善於培養學生「提出問題」的能力，而要想富有成效地培養學生的提問能力，教師就必須把課堂提問權力還給學生，讓學生在寬鬆的教學環境中樂於提問、敢於提問、勤於提問、善於提問，在實踐中逐步提高提問的質量和能力。

▌5. 用啟發提問實現「撐竿跳」：循循善誘，漸入佳境

孔子在《論語》中有這樣一段話：「不憤不啟，不悱不發，舉一隅而不以三隅反，則不復也。」學生心求通而未通時，謂之「憤」；口預言而未能言時，謂之「悱」。孔子強調：不到學生求通而尚未通之時，不啟迪他，不開其意；不到學生口欲言而未能言之時，不開導他，不達其辭。也就是說，在學習中，要先讓學生形成「憤」「悱」的心理狀態，然後才開導、指點他們，這就是「啟發」。

三、高效課堂的提問藝術

時至今日，啟發的內涵又有了新的發展，即以激發調動學生的積極性和主動性為起點，科學地引導他們開動腦筋、積極思維、主動實踐，達到融會貫通地掌握知識、技能，發展智力，培養他們獨立思考的能力和創新意識。

而啟發性原則，則是指老師在教學中，要善於啟發引導學生，使他們在主動自覺的基礎上積極地進行獨立思考，真正理解和運用所學的知識。有的老師錯誤地認為，啟發式就是問答式，問題越多就越強。固然，啟發式離不開問答，關鍵是提出的問題能夠引導、誘導學生，使他們能自覺地開動腦筋，展開對這個問題的思維活動。所以啟發式是建立在學生的主動性基礎上的，如果學生沒有主動參與對問題的思考、尋求解決的辦法，就無所謂啟發性。

因此，老師只有在提問時貫徹啟發性原則，才能正確地解決老師的主導作用與學生的主動性、積極性等關係問題。而要貫徹啟發性原則，老師必須深入地鑽研教材，把握重、難點和關鍵點，做到圍繞中心啟發學生。除此之外，在堅持掌握大綱與教材的基礎上，還要掌握每個學生的具體情況和每個學生學習中存在的實際問題。因人、因材、因勢地提出富有啟發性的問題，充分調動學生的主動性、積極性和自覺性，激發學生去獨立思考，使他們在老師的循循誘導下積極主動地學習。

數學教師李瑞華在教授「圓」這個概念時，為了充分調動起學生學習的主動性和積極性，激發他們獨立思考的潛力，便大量運用了啟發性的提問方法。

上課伊始，李老師沒有直奔主題，而是問了學生這樣一個問題：「同學們，你們都見過自行車吧？」

「哈哈……」學生都笑了起來，他們感覺很奇怪，李老師怎麼會問這種簡單的問題呢？有個調皮的學生還回了一句，「老師，我不但見過自行車，還見過汽車呢？」

聽了這名學生的回答，李老師也笑了，她又問道：「那你們告訴老師，車輪是什麼形狀的？」

「圓形的。」大家齊聲答道。

「為什麼車輪要做成圓形的呢？難道不能做成別的形狀嗎？比如三角形或四邊形的。」李老師進一步問道。

呵呵，這個問題太有意思了！車輪還能做成別的形狀嗎？學生的興趣立刻被調動了起來，大家開始議論紛紛，互相爭辯著，「不能！那樣車子就無法滾動了！」

「如果車輪不是圓形的，而換成三角形或四角形的，那車子不是要一顛一顛地往前走嗎？太不穩了！」

「就是啊，那樣的車輪能走嗎？」

……

「那做成這樣的形狀行嗎？」李老師轉身在黑板上畫了一個橢圓形。

學生靜默了一秒鐘，然後又開始熱烈地發言，「不行，這樣一來，車子前進時會忽高忽低。」

「對啊，車子還是無法走穩！」

「為什麼車輪只有做成圓形的才不會忽高忽低，走得很穩呢？」李老師繼續發問。

是啊，為什麼呢？學生面面相覷，一時沒了答案。對他們來講，這個問題確實有些難。

李老師抓住這個機會，引導他們積極思考，自己去尋找答案，「現在你們能否根據實際的車輪找出其中的奧祕呢？」

李老師的話音剛落，學生就開始用各種工具尋找「奧祕」。只見有的學生拿起教學工具──模型小車輪上下左右地觀察；有的學生用尺子或繩子測量；有的學生則快速地翻找課本，希望從裡面找到答案。

看到學生認真的表情，李老師沒有打斷他們的思路，而是給了學生充分的考慮時間。她仔細觀察著每個學生的動作，突然她的目光停了下來，停在了調皮生雲龍的身上，只見雲龍正在用一根小木棍當尺子測量車輻條的長度。

三、高效課堂的提問藝術

這太讓人驚訝了！這個平時讓老師頭疼的搗蛋鬼竟然想出了這麼好的方法來尋找車輪的祕密，而且這種方法正是本節課所要講述的內容，也是尋找「奧祕」的最佳途徑。於是，李老師情不自禁地走到雲龍身邊，誇獎道：「雲龍，你的方法非常好，你很聰明！」

聽了老師的誇獎，雲龍的臉紅了，但同時又給了他無窮的力量，他不好意思地撓了撓頭，然後又調皮地眨了眨眼，大聲地說道：「老師，經過我的測量，我發現每個車輪輻條的長度是一樣的。」

「哦，那你能說一下為什麼它們是一樣長的嗎？」李老師笑著詢問。

「啊，這……」雲龍聲音立刻低了八度。

「好，沒關係。你能發現輻條的長度一樣很不錯，繼續努力。那麼，有哪位同學知道這個答案呢？」李老師鼓勵了雲龍幾句，轉身望向全班。

「老師，我知道，因為車軸與輪子的距離相等，就能保證車與地面距離始終不變，這樣車子行走時就會很穩當。」數學尖子生李楓回答道。

「對，就像你們所說的那樣，每根輻條的長度是一樣的，也就是說圓形車輪上的點到軸心的距離是相等的，這就是圓的定義。」透過啟發，李老師很自然地引出了圓的定義，即本節課所要講述的內容。

提問要具有啟發性，就是要求老師設計的問題必須有一定的思考價值，能夠充分調動學生的主動性，能集中他們的注意力，引導他們生動活潑地學習，使他們經過自己獨立思考，對知識融會貫通，從而提高分析問題、解決問題的能力。

在這個案例中，剛一上課時，李老師就先問了兩個簡單的問題，「同學們，你們都見過自行車吧？」「你們告訴老師，車輪是什麼形狀的？」

這兩個問題雖然簡單，但卻造成了很大作用：其一，活躍了課堂氣氛，讓學生在輕鬆活潑的氣氛中進行思考；其二，可以引導學生直接向課堂主題──圓的方向思考。

當學生回答出車輪是圓形的之後,李老師拋出了第一個具有思考價值的問題——「為什麼車輪要做成圓形的呢?」學生當然無法回答出其中的原因。因此,李老師又用了一個具有啟發性的問題來引導學生進行思考——「難道不能做成別的形狀嗎?比如三角形或四邊形的。」

這個問題的提出讓學生的思考範圍有了方向,即有了「撐竿跳」的「竿」,順著這個「竿」,他們可以發現圓形車輪與其他形狀的車輪相比有哪些優點。這樣就又引出了另一個核心問題——「為什麼車輪只有做成圓形的才會走得穩」,學生在李老師的啟發當中,開始測量車軸到車輪的距離,並最終找到了答案。

在李老師講述「圓的認識」這一課時,我們可以看到課堂的氣氛始終是輕鬆、愉悅的。學生在李老師啟發性的提問下變被動為主動,積極思考,一步一步地解決了心中的疑問,提高了分析問題和解決問題的能力。

在素質教育迅速發展的今天,有越來越多的老師開始注意到提問的啟發性,但這其中也有一些老師對提問的啟發性理解得不夠透徹,以致在實際操作的過程中出現了失誤。

比如,有一位老師上《草船借箭》一課。上課伊始,他讓學生讀了一遍課文之後就開始發問,「你們誰有什麼問題就提出來?」於是,學生爭先恐後地提問。

學生一問道:「周瑜讓魯肅去取箭,為什麼還飲酒取樂?難道他一點兒都不害怕嗎?」

學生二問:「課文裡說『周瑜疑惑起來,說:到了第三天,看他怎麼辦』。既然周瑜都產生疑惑了,為什麼還說『到了第三天,看他怎麼辦』,他不會直接去看看嗎,還等什麼?」

學生三問:「諸葛亮向魯肅借船時為什麼不直接告訴魯肅是借箭用的?」

……

三、高效課堂的提問藝術

　　學生一連提了幾十個問題，其間由於有些問題太可笑，引得其他同學哄堂大笑，課堂紀律很散漫，老師也啼笑皆非，光是組織課堂紀律就花去了很長的時間，以致到下課時也沒有切入主題，因此，這節課以失敗而告終。

　　課後，這位老師感到很疑惑：提問不是要具有啟發性嗎？我已提出問題，並放手讓學生發現問題，提出問題了，怎麼還會把課上成這樣？不錯，學生發現問題並質疑，是對學習活動更廣泛，更深入的參與，但學生的提問要在老師的指導下進行，老師要有意識地引導學生圍繞教材的重點、難點提出問題，給予啟導、開竅式的點撥，讓學生把學到的、悟到的、想到的說出來，而不是讓學生漫無目的地提出問題。在此期間，一定要突出老師的主導作用，當學生提出與教材內容無關的問題時，老師要巧妙地引導，適當地調節，使學生的思路始終圍繞文本內容，不偏離方向。

　　提問具有啟發性並不等於在課堂上放手讓學生提問，而是老師要根據本堂課的教學目的，在學生充分自學、思考的基礎上，給他們創造恰當的提問空間，並教給他們一定的提問方法，讓他們逐步養成積極思維、善於提問、自主解決問題的學習習慣。

　　總之，提問具有啟發性是為了進一步改造教與學的關係，改革課堂教學結構。在啟發性的提問中，一定要以學生真正成為學習的主體，在老師的引導下進行主動地、積極地、創造性地學習為目的，讓他們不但掌握學習方法，還能很好地完成學習任務。

　　孔子的「不憤不啟，不悱不發」，和孟子的「引而不發」，都說明古代的教育家和思想家都極其重視並倡導「啟發式」提問這一教學方法。那麼，老師在教學中為什麼要採用啟發式提問呢？

　　（1）啟發式提問是課堂上師生思想交流的重要手段。

　　課堂教學是一個系統，它由老師、學生、教材等要素構成，這些要素之間是相互聯繫、相互依賴的，即老師的「教」和學生的「學」都不是孤立的活動，他們必須隨時進行交流，才能有效地實行控制。

儘管課堂上師生間訊息交流的形式是多種多樣的，但提問卻是最主要、最直接的方式。從老師的角度說，透過提問可以瞭解學生的理解程度，獲取反饋訊息，從而使教學更有的放矢，並借此衡量自己教學的成敗得失，調整自己的教學活動；從學生的角度說，可以使學生從老師的提問中檢查自己的學習狀況。因此，啟發性提問是師生雙方相互溝通，克服盲目性，協調教學活動的重要手段。

（2）啟發性的提問能激發學生的求知慾、發掘學生的思維潛能。

學生在學習的過程中，原有的知識經驗和新接受的訊息不相適應，在心理上發生矛盾時，就會產生一種力求統一矛盾，使心理狀態趨向平衡的要求，這種矛盾解決後，他們的心理上就得到了滿足。

因此，老師在課堂上提問時，應有意識、有目的地設置問題情境，從而引起學生的認知衝突，激起他們的探究願望。當學生有瞭解決問題的傾向時，就能努力實現原有知識經驗和新訊息的新組合，同時，老師的這種啟發性提問也為學生自己發現問題、質疑問難提供了範例。

（3）採用啟發式提問可以幫助學生較快地掌握知識。

學生的學習活動不能完全等同於人類的一般認知活動，這就要求學生迅速有效地掌握人類的認知成果，而不能漫無目的去摸索。老師的提問就是要讓學生沿著合理、簡捷的途徑，透過自己的智力活動去掌握人類的認知成果。

所以，具有啟發性的提問不僅能夠積極發揮老師的主導作用，及時調節教學進程，活躍課堂氣氛，增進師生感情，促進課堂教學順暢，而且能夠充分體現學生的主體地位，啟發學生的思維，激發學生的興趣，使他們形成自學能力，促進素質的全面發展。

啟發式提問一般分以下幾種：

（1）裝糊塗的啟發式提問。

三、高效課堂的提問藝術

裝糊塗，實際上就是欲揚先抑，在關鍵問題上，老師在裝糊塗中寓有啟示，目的在於吸引學生的注意力，使他們聚精會神地去思考、解決老師提出的問題。

例如，在講《我的叔叔于勒》這篇文章時，對誰是主人翁這個問題，就可採用這種方法。某老師假裝糊塗地問道：「這篇文章的主人翁是誰啊？」此問題一提出，學生會不假思索地回答，「是于勒。」老師就順著學生的思路問下去：「這麼說，塑造菲利普夫婦，就是為刻畫于勒這個人物服務的吧？他們是次要人物。」

此時，學生中出現了兩種不同的意見。老師仍裝糊塗，又問：「寫于勒是為了揭露當時社會的世態炎涼，又刻畫了菲利普夫婦，揭露了人與人之間的金錢關係，這兩種人都用一樣多的筆墨去寫，表現了兩個主題，所以，他們都是主人翁，對吧？」提到主題，學生自然而然地會想到文章的主題是揭露資本主義金錢的罪惡，所以，菲利普夫婦是主人翁，而于勒只是個線索人物。這整個分析過程，老師只是旁敲側擊起引導的作用，對文章的理解則是透過學生自己的分析來完成的。

（2）連續啟發式提問。

我們所說的連續啟發式提問，不是指對整篇文章啟發的一環扣一環，而是對一個問題的連續性提問，它是使學生的思維拓寬和加深的一個有效途徑。

例如，講《狼》這篇課文時，老師可以這樣提出問題：「『其一犬坐於前』中的『犬』字的用法是什麼？」有的學生會譯成「像狗一樣坐著」，是名詞用作動詞，此時老師可以接著追問下去，「那『坐』是什麼意思呢？」這樣效果就會更好。

（3）選擇啟發式提問。

選擇啟發式提問有一個很大的優點，那就是比較簡潔、明快，容易切中學生的思維要點，把握要領。它適用於分析結束時，用「是這樣還是那樣」的選擇方式來啟發。

例如，講《藤野先生》一文的敘事線索時，老師可如此提問：「本文是以地點轉移為線索呢？還是以思想感情的變化為線索？」這樣勢必引起學生的爭論。老師可趁勢讓學生說說本文的主要內容，想想從中可否找到文章的線索，學生透過思考，最終明確了：全文有兩條線索，即作者的愛國主義思想感情和地點的轉移，兩者是一暗一明、一內一外的關係，並不矛盾。

啟發式提問的表現形式是多種多樣的，比如，情境式啟發提問、推理式啟發提問等方法，但無論是哪種方式，原則只有一個：就是在發揮老師主導作用的前提下，充分調動學生的積極性、主動性和創造性，是以學生掌握知識、培養能力和思想教育為目的的。老師可根據學生的年齡特點、認知水平，把握教材內在聯繫，採取靈活的啟發提問傳遞訊息的方式，來激發學生對學習的興趣，培養他們學習的主動性以及創新精神。

實施啟發性提問的具體方法

「啟發」就是激勵引導的過程，目的在於促使學生積極思考和主動探求，自覺地獲取知識。因此，啟發式提問在很大程度上就是老師充分調動學生學習的興趣、動機，培養學生良好學習習慣的過程。它能造就學生具有堅實的知識結構、濃厚的學習興趣、良好的學習習慣，以及具有獨立思考問題、提出問題和解決問題的能力。

那麼，老師如何做，課堂提問才能具有啟發性呢？

（1）根據學生的實際水平，提出難易適度的問題，在學生的「最近發展區」裡充分啟發他們的思維。

認知心理學的代表人物之一奧蘇貝伯在他著的《教育心理學》扉頁上寫道：「如果我不得不把全部教育心理學還原為一條原理的話，我將會說，影響學習的最重要因素是學生已經知道了什麼，根據學生原有的知識狀況進行教學。」因此，提問也必鬚根據學生原有的基礎進行。

心理學家維果茨基的「最近發展區」理論對於教學當中的啟發式提問有著重要的指導意義。如果老師把問題提在學生的「現實發展區」，學生不必

多花力氣就能回答，這對他們的發展毫無益處，有的學生甚至因為太容易而不屑一顧。

而如果老師提的問題太難，學生經過努力仍百思不得其解，這樣就會挫傷他們學習的積極性。因此，啟發性的問題應提得比學生的現實發展水平略高一些。這樣一來，學生的知識和能力就都得到了發展。當然，要摸清學生的「現實發展水平」並不是容易的事，老師要深入地瞭解學生的基礎，同時可以先提出一些探測性問題，並根據反饋調整後續問題。

（2）緊扣教學重點、難點，不旁生枝節，以盡快實現教學目的。

啟發式提問總是為了一定的目的，因此應集中、簡潔、直插要害，而不宜旁敲側擊，不得要領地多耗費時間。在教學中，啟發式的提問應該緊緊圍繞教學目的，或有助於學生理解所授內容，或有助於學生掌握基礎知識。

課堂提問在課堂教學中起著舉足輕重的作用，老師應把握好教材，用啟發式的提問引起學生的思考，叩開他們情感的大門，點燃他們智慧的火花！

（3）啟發式提問要有目的性，做到主次分明。

老師在授課中應有明確的目的性，什麼知識是學生應瞭解的，什麼是應理解、掌握的，這一切必須讓學生明確，讓他們在學習過程中有明確的目的性。老師要採取不同的方式引導學生發現問題、分析問題、解決問題，這樣學生才能積極、主動地進行思維，才能把知識理解得更深刻，掌握得更牢固，達到「舉一反三」的學習效果。

當然，教學過程中的問題很多，不可能對每一個問題都加以啟發，只要找出教學中學生最易發生疑惑的問題及教學要求的重點、難點加以引導、啟發，其他「枝節」就可以迎刃而解，學生也就會順藤摸瓜、觸類旁通了。

（4）啟發式提問要調動學生的積極性和主動性。

啟發式提問是實現良好課堂教學效果的方法之一，因此，老師要善於保護和調動學生的積極性、主動性，處理好主導與主體之間的關係。

在課堂上，老師在提問時，很可能學生一時答不上來，這時老師不要急躁，而要抓住時機給予啟發、引導，並給學生再次表現的機會。對那些答錯的同學，也應在充分肯定其進步的同時，善意地幫助他們重新把問題答好，使學生因自己終於答出問題而體驗到成功的喜悅，從而激發他們的積極性和主動性。如果一些學生提出老師始料不及的問題，這時老師不應壓制、堵塞他們的思路。只要學生提出的問題或思路是正確的、積極的，甚至是錯誤的，老師都應予以恰當的方式支持和鼓勵，這將對學生的終生學習產生莫大的作用。老師切不可指責、諷刺，這將遏止、挫傷學生的學習積極性，傷害他們的自尊心。

學貴生疑，教貴激疑，有疑才有進，無疑就談不上理解的加深了。老師要想取得好的教學成果，就要常提具有啟發性的問題，只有這樣才能調動學生的積極性，使學生增長知識，提高解決問題的能力。

6. 提問以能激發學生興趣為根本：興趣激活，學意盎然

學生學習的內在動力是學習興趣，老師的提問如果能激發學生的學習動機和興趣，學生就會有學習的原動力，這是教學的關鍵。為此，老師必須從教材和學生的心理特點出發，引人入勝地、步步深入地提出富有趣味性、啟發性的問題，用科學的、藝術的、生動的語言，吸引學生積極思考的興趣。

小學社會學科帶頭人鄭立華老師，在講解《我國的環境》一課時，就利用三次提問激發了學生學習的興趣。

上課後，鄭老師先放了一段錄像，這段錄像主要介紹了自然環境，包括土地、動物、植物及山川河流等。

學生非常認真地看完了錄像後，鄭老師提出了第一個問題，「同學們，看完錄像你們是不是有很多感受？那麼，你認為環境都包括什麼？它和人類的關係又是怎麼樣的？」

三、高效課堂的提問藝術

由於剛才學生透過看錄像對環境有了直觀形象的瞭解,所以只沉思了瞬間,大家便爭先恐後地舉起了手:

「環境包括植物、動物和土地。」

「還有山川、河流、湖泊……」

「人類離不開環境,環境為人類提供了衣、食、住、行、用。」

聽了學生的回答,鄭老師並沒有急著加以肯定,而是讓他們打開書本,翻到《我國的環境》這一課,仔細閱讀其中「讀一讀」的部分,讓他們自己尋找正確的答案。

學生快速地翻開課本查找答案,當他們看到自己的回答正確時,都露出了會心的微笑。此時,鄭老師抓住時機,再次設疑,提出了問題,「既然環境與人類的關係這樣密切,而人類又是怎樣對待環境的呢?大家可以以小組為單位,互相討論一下,利用書和資料瞭解我們人類在進行工農業生產和生活時對環境所造成的破壞。」

於是,學生自發組成小組,討論資料中的內容。當他們閱讀了大量的資料後露出了氣憤而又吃驚的表情——氣憤的是環境為人類提供了生存所必需的資源,而人類卻因為貪婪,只顧及自己的利益,無休止地從環境中索取,不顧自然環境的「死活」;吃驚的是原來在我們周圍,環境早已變得「千瘡百孔」。

有了大量的訊息資料做基礎,學生的興趣頓時被激發起來了,他們的爭論聲此起彼伏,紛紛發表著自己的意見和看法:

「人類亂砍濫伐,破壞了森林。」

「人類大肆捕殺動物,造成了自然界的生態不平衡。」

「人類為從事工業生產,排放廢水、廢氣、廢渣,汙染了河流和空氣。」

……

教室裡頓時沸騰起來。鄭老師並沒有就此放手，而是又第三次提出問題，「面對環境遭到的破壞，我們現在應該怎麼辦？」

「一石激起千層浪」，學生的興趣再一次被調動起來，他們相互討論、出主意、想辦法，一個個高招層出不窮：

「我要向別人宣傳環境保護的小知識。」

「我要發明一種裝置，能夠將空氣中的有害物質都分解掉。」

「我要爭做一名環保志願者，為保護環境做貢獻。」

……

聽著他們的想法與願望，鄭老師發自內心地笑了，「同學們，老師希望你們的願望能實現，老師也更希望在你們雙手的創造下，我們的環境會越來越美。」

在師生們美好的祝願中，這節課結束了，但學生的興趣似乎意猶未盡，他們仍在熱烈地討論著關於環境的話題。相信在以後的日子裡，他們一定會密切關注環境變化。

當鄭老師引導學生解題時，我們可以看到一張張因解決了難題而愉快的笑臉，一雙雙因探求新知而閃閃發光的眼睛，而這一切都說明：老師在教學時，要巧妙地設計課堂提問，激發學生的學習興趣，這樣才能達到良好的課堂效果。

蘇霍姆林斯基說過：「在人的心靈深處，都有一種根深蒂固的需要，而在兒童的精神世界中，這種需要特別強烈。」因此，老師要根據學生的各種需要創設問題情景，發展學生的思維，引導他們不斷地跟隨老師的提問去探幽析微。

在《我國的環境》這節課中，鄭老師所創設的問題情景，就好像一顆石子投入平靜的湖面，激起了學生思維的漣漪，喚起了學生探究的願望，培養了學生的思維能力，達到了教與學的和諧統一。在這個案例中，鄭老師是透過對學生的三次提問來體現這一點的：

三、高效課堂的提問藝術

首先，鄭老師用比較簡單的問題導入，培養學生獨立性思維的發展。

上課後，鄭老師先讓學生看了一段錄像，創設了問題情境。當學生看錄像後，鄭老師根據情境讓學生結合自己的實際生活說一說環境所包括的內容。

這個解疑的過程，其實質是培養學生獨立思維能力的過程。學生因為有直觀的錄像作基礎，而問題又簡單明瞭，貼近自己的生活，所以很容易使他們做出回答。這次提問，培養了學生回答問題的勇氣，樹立了學生的自信心，讓他們充分相信自己的能力，相信自己有辦法解決問題。

其次，鄭老師在學生已有知識的基礎上又設計第二次質疑，引發學生思考。

當學生對環境有了一定的瞭解後，鄭老師不失時機地再次提出問題：人類是如何對待環境的？這一問題激發了學生探求新知的慾望，促進了他們思維的主動發展。

鄭老師為了能讓學生更好地解決問題，不僅讓他們看書，還為他們提供了大量的資料，使他們拓寬瞭解決問題的途徑，豐富了知識。在教學中，她還引導學生提出自己的見解，使他們的思維突破常規經驗的禁錮，產生新的答案，培養了學生求異思維的能力。

在本環節中，我們看到了學生在參與課堂教學時的積極主動性，感受到了學生在獲取、閱讀、分析訊息資料後的義憤填膺，使師生在教學中達成了共識。

再者，鄭老師在師生情感共鳴中第三次提出問題，培養了學生的創造性思維能力。

學生的創造性思維能力的發展依賴於想像力的提高，黑格爾在他的《美學》中指出，「最傑出的藝術本領就是想像。」想像是人腦在已有知覺材料的基礎上經過加工改造產生新形象的心理過程，想像力是創造性思維習慣的基礎。學生的想像力非常豐富，但只有老師創造條件、正確誘導，善於發現想像點，鼓勵學生馳騁在想像的廣闊天空，讓他們展開想像的翅膀，才能發展學生的創造性思維能力。

鄭老師的前兩次設疑，讓學生體會到了因獲取知識而感到的愉快。於是，她趁機第三次提出問題：面對環境遭到的破壞，人類應該怎麼辦。這再一次點燃學生創新思維的火花，而且在老師挖掘學生的想像之源的同時，這節課也達到了高潮。

學生們摩拳擦掌、苦思冥想，先是「此時無聲勝有聲」，然後便是「一浪高過一浪」，學生的學習興趣盎然。直到課程結束，他們的思維還仍然活躍在教學活動中。

總之，在《我國的環境》一課的教學中，鄭老師有的放矢地設計問題，千方百計地考慮如何打開學生思維的閘門，激起學生求知的浪花。

在這堂課中，鄭老師自始至終都是學生主動學習的誘導者、鼓勵者和促進者，真正把學生看成是「發展中的人」，而不是知識的容器，讓他們透過老師所設計的問題，學會學習，學會創造；而學生在參與教學的過程中，充分體驗了參與的樂趣、思維的樂趣和成功的樂趣。

心理學認為，設疑最能夠引起學生的探究反問，最容易誘發學生的求學意識，同時也能使學生養成良好的思維品質。因此，在課堂教學中，老師要善於設計課堂提問，引起學生的注意，從而激發學生的學習興趣。

例如，有一位老師上「分數的基本性質」一課，在一開始引入新課時他就創設了故事情境：有一天，孫悟空正準備吃一個餅，被豬八戒看見了。豬八戒說：「猴哥，我也要吃。」孫悟空說：「我們把它平均分成2份，每人1份怎麼樣？」豬八戒說：「不行，一份太少了，我吃不飽！」孫悟空說：「那咱們就把它平均分成8份，每人4份吧。」豬八戒搖搖腦袋說：「不行。」孫悟空故意嘆了一口氣：「那就平均分成12份，每人6份總行了吧？」「那還差不多。」豬八戒背起耙子樂呵呵地笑了，孫悟空也笑了。

學生一個個聽得津津有味，都沉浸在故事情節中。這時，老師適時地拋出了問題，「豬八戒為什麼笑了？孫悟空為什麼也笑了呢？」

這時，學生爭著發表自己的意見：

學生一說：「豬八戒吃得多了，所以笑了。」

三、高效課堂的提問藝術

學生二迫不及待地說：「豬八戒其實沒有多吃，而是和先前一樣多。」

……

由此可見，在一上課時，先給學生講一段故事，他們會非常樂意聽，而且會立即被吸引，也肯定會興趣濃厚地思考。

所以，老師在提問時，一定要具有新穎性，這樣才能激起學生探究問題的興趣，而在問題和趣味的碰撞下，才會發出燦爛的火花。

有人曾說：「興趣是最好的老師。」學習興趣是學習動機中最活躍的因素，尤其對學生來說，沒有興趣的學習是一種苦役。很難想像當他們對學習毫無興趣時，能主動地參與到學習中去。因此，在課堂提問時，老師一定要善於提出能激發學生興趣的問題，引導他們主動參與到學習當中。

那麼，什麼樣的提問才能激發學生的學習興趣呢？

（1）發散性的提問。

每個學生的生活環境、生活經驗不同，而且各方面的能力水平也不相同，所以他們對各方面知識的理解、掌握以及思維過程都存在很大的差異。因此，在教學活動中，老師要瞭解學生已經掌握了多少，然後針對他們的實際情況，有的放矢，重點指導，使他們在各自的水平上得到提高和發展。

老師發散性的提問不但能充分發揮學生的主動性和創造性，還可以引導學生多角度、多層次、多途徑地進行思考，從而激發他們對學習的興趣。

（2）趣味性的提問。

由於年齡的特點，學生對一切事物充滿好奇，老師可利用這個特點，在教學活動中給學生提出一些有趣的問題。這樣一來，學生就能積極主動地參與到學習中去，從中獲得經驗和樂趣，掌握更多的知識。

（3）層次性的提問。

心理學家維果茨基認為：「只有走在發展前面的教學才是良好的教學，否則只能充當發展的尾巴。」為此，在教學活動中提出的問題要有層次性，

要從學生已有的生活經驗入手，利用層次性的提問逐步加深、豐富知識、建構概念，使整個過程結構嚴謹，又體現發展性原則。

（4）探索性的提問。

學生是學習的主體，老師的「教」不等於學生「學」，但學生的「學」是可以被影響的。因此，在教學活動中，老師盡量不要把知識直接向學生講解，而是啟發學生依靠已有的知識和經驗去發現和探索，並獲得要學的知識。

（5）引導性的提問。

俗話說「質疑問難」，就是指在教學中老師要讓學生針對學習內容產生質疑，提出疑難問題，然後引導他們去探索、解答。它能變學生的被動接受為主動探求。起初，學生的質疑能力不強，往往提些較膚淺籠統的問題，如「這個詞語是什麼意思」「這篇課文為什麼主要敘述事情的起因」等。老師可從課題入手，從關鍵詞句入手，啟發學生質疑問難，激發他們的學習興趣。

而老師要想透過自己的課堂提問激發學生的學習興趣，則需要注意以下幾點：

（1）要善於引導學生質疑問難，及時瞭解學生最關心、最感興趣的問題，再結合教材的教學重難點設計課堂提問，以激發學生的學習興趣。

（2）老師的課堂提問應有助於學生想像和創造能力的發展，只有留給學生充足的想像和創造空間，學生才有施展自己才華的機會，才會樂於表達，積極參與。

（3）課堂提問應當不斷滿足學生新的需求。

課堂是動態生成的課堂，老師應針對不同的教學情景，及時調整教學設計，及時捕捉並不斷激發學生產生新的求知慾望，學生才能不斷保持思維的興奮點，積極地參與學習活動。

（4）課堂提問必須新穎，具有趣味性。

並不是所有的課堂提問都是學生感興趣的，那些學生不感興趣，而又不能不問的問題，老師就要給予必要的包裝，增強提問語言的新穎性和趣味性。

三、高效課堂的提問藝術

總而言之，老師若能巧妙地運用提問，問得好而精，就會激發學生對學習的興趣，讓他們積極地釋疑，學會主動去發現、探索和掌握知識。

實施激發性提問的具體方法

著名詩人歌德說過：「要想得到聰明的回答，就要提出聰明的問題。」如果老師在課堂上提出的問題富有吸引力，能引起學生的興趣，讓他們體驗到解決一個個問題後的愉悅感，就能激發學生的學習興趣，這對培養他們的創造性思維是十分有益的。那麼，老師如何才能設計出激發學生興趣的課堂提問呢？

（1）圍繞題目來設計提問。

這個方法主要適用於文科類的課程，如語文。題目是學生理解課文內容的窗口和門徑，圍繞題目設計幾個富有吸引力的問題，可以激發學生對課文主要內容和中心思想探索的慾望。

（2）針對教學的重點設計提問。

所謂教學重點，就是學生必須掌握的基本知識和基本技能。老師的任務就是把這些知識傳授給學生，使學生不僅學會它、掌握它，還能理解它和靈活地運用它。老師要善於根據教學要求，抓住問題的本質，針對教材的重點提出問題。

老師針對重點設計課堂提問時，要把握這樣的原則：學生已會的知識不問，稍加啟發就會的知識要少問。常言道：「好鋼要用在刀刃上」，老師在教學的本質問題上要精心設計，準確提問。

在課堂教學中，老師要針對教材的重點設計提問，這不僅避免了雜亂無章的提問，而且節省了時間，使學生能夠在課堂上充分進行反饋練習，提高課堂教學效率。

（3）針對教學的難點設計提問。

要讓學生真正理解和自覺掌握所學的知識，並形成能力，關鍵是要讓學生掌握他們認為難以理解的知識。這就需要老師在設計課堂提問時，抓住教學的難點，為學生鋪路搭橋，逐步突破這些難點，使學生學好這部分知識。

老師在教學中還應強化學生對難點的掌握，精心設計問題，達到突破難點的目的。老師在針對教學的難點設計提問的同時，還要針對學生的薄弱環節設計問題。學生的薄弱環節往往是教學的難點，老師在周密瞭解學生的情況時，首先要知道他們的薄弱環節在哪裡，從而設計提問，予以解決，這樣就為突破難點創造了條件。

（４）針對模糊點設計問題。

所謂模糊點，就是學生似懂非懂、似明非明的地方。在課堂教學中，老師可根據訊息反饋，準確地捕捉學生認識上的模糊點來設計提問，這樣可以有效地引導學生正確地理解課文的詞句和內容。

（５）針對新舊知識的聯繫點設計提問。

有些科目知識之間的聯繫是比較緊密的，前面的知識是後面知識的基礎，後面知識是前面知識的延續、深化和發展。這就要求老師在講授新知識時，要透過課堂提問，巧妙地把新知識納入到學生已有的知識網路中，為學生架起由舊知通向新知的橋梁，使學生順利地到達知識的彼岸。

（６）聯繫實際來設計問題。

老師設計問題時要聯繫社會現實、學生的生活和思想實際。這樣做，一方面能把課堂內容講得生動、有活力；另一方面，容易引起學生的聯想，活躍他們的思維。

總之，在課堂教學中，問題如何提出，對教學影響極大。什麼時候提出什麼問題，需要老師精心設計，特別是在教學過程中還要鼓勵學生質疑問難，使他們始終處於主動地位。因此，老師在鑽研教材時，一定要設計出能激發學生興趣的問題，讓學生在問題與趣味的碰撞中全身心地投入到學習中。

四、高效課堂的提問方式

四、高效課堂的提問方式

▌1. 用懸念刺激學生的求知慾：故設懸念式提問

著名評書藝術家單田芳在進行評書表演時，每當故事情節發展到緊張激烈的關鍵時刻，就會突然用一句「欲知後事如何，且聽下回分解」，來吊足聽眾的胃口，讓他們心裡癢癢的，欲罷不能，「逼」著聽眾非繼續聽下去不可。而這種方法在古典章回小說裡已經開始普遍使用了，也就說明了在很早以前先人們就已經開始使用故設懸念的技巧來吸引他們的讀者了。

隨著科技發展日新月異，現在的學生學習接觸的事物也越來越多，越來越偏向個性的發展，且主觀意識很強，加之學習壓力大，因此，老師則更需要在課堂教學中利用故設懸念的技巧來吸引學生，讓他們在不知不覺中集中注意力，從而激發起強烈的求知慾望。

語文教師萬永翔就是用故設懸念提問法來詮釋他的語文課《愚溪詩序》的。

萬老師上課後首先向學生提問道：「同學們，老師有個問題想請問大家。不過，大家一定要說實話喲！」

學生笑了起來，說道：「什麼問題？」

萬老師一臉認真的表情，繼續問道：「大家是喜歡別人說你聰明呢，還是喜歡別人說你愚蠢？」

學生一臉興奮的表情，異口同聲地說：「聰明！」

萬老師環視了全班一眼，說：「看樣子啊，好智之心人皆有之，惡愚之心人皆亦有之。」

學生聽後都會心地笑了。

萬老師繼續說：「說自己愚蠢，在別人看來那是愚不可及的。可是，在中國古代文學史上，就有這麼一位『愚不可及』的人。他不僅自己稱『愚』，

169

四、高效課堂的提問方式

而且連他所鍾愛的山水也被他以『愚』冠之。初中階段，同學們學過他的《捕蛇者說》。他就是被稱為唐宋什麼『家』（學生齊聲回答道：『散文八大家』）之一的、與誰齊名（學生又齊聲回答道：『韓愈。』）的唐代文學家柳宗元。那麼，他為什麼要以『愚』自稱，並且稱他所鍾愛的山水為『愚』呢？今天，就讓我們來共同欣賞、解讀他的散文《愚溪詩序》，以解開我們心中的疑團。現在呀，我來朗讀一遍，請大家噹噹老師，看我讀得好不好，有沒有錯誤，怎麼樣？」

學生高呼：「好！」

萬老師笑了，點點頭，「不過，聽的時候，請大家注意這樣幾個問題：一是字音是否正確；二是句中節奏是否準確；三是作者以愚自稱之處是否讀出了悲憤之情；四是次段愚溪七愚景是否讀出了層次感。」

說完後，萬老師開始了範讀。其中故意設計了三處機關：一句節奏出錯；一個字音讀錯；一個字讀成了多音字的錯音。

「好，同學們，我現在讀完了，請大家評判一下。」萬老師放下課本說道。

教室裡頓時響起了學生雷鳴般的掌聲。

「謝謝大家的肯定！不過，我還是想聽聽大家批評性的意見。」

學生Ａ說道：「我覺得您『塞』和『樂』這兩個字的音讀錯了。」

萬老師高興地說道：「好！好！能發現問題，還有哪位同學發現我在朗讀中有其他的問題嗎？」

此時，學生Ｂ很自信地站了起來說：「您在朗讀時確實讀出了作者特定的思想感情，抑揚頓挫，很有感染力。愚溪七景您也讀出了層次感。但是我認為第一段的『今予家是溪』的節奏您讀錯了。」

萬老師繼續鼓勵道：「你能給老師糾正過來並說明理由嗎？」

學生Ｂ說道：「『今予家是溪』應讀成『今予／家是溪』，而您卻讀成了『今予家／是溪』。因為這句話的意思是『現在我在這條溪流邊安家』，若按您的讀法，那意思就變成了『現在我的家就是這條溪流』了。」

萬老師聽了很高興，「精彩！老師被你說服了。這裡就應該讀成『今予／家是溪』，老師怎麼就沒有想到呢？看來呀，真是『活到老，學不了』噢。」

學生大笑起來。

透過萬老師故設懸念的提問方式，學生不但聽得津津有味，而且還主動地思考，積極地投入到課堂中來。

古人雲：「學起於思，源於疑。」巧妙的疑問，扣人心弦的懸念設置，能激發學生強烈的求知慾望，促使學生積極思維，主動參與課堂。

如果教學手段單調，教學過程呆板，教學內容就很難吸引學生的注意力。因此，我們必須充分利用各種教學手段，靈活運用提問的藝術，讓課堂充滿生機、吸引力；讓教學變得不再是一片枯燥無味的「平靜死海」，而是生機盎然、妙趣橫生的「生態海洋」。

亞里士多德說過：「思維，自疑問和驚奇開始。」問題是思維的嚮導，只有把問題設計得巧妙，學生才會積極思考。因此，教師們應該在問題的設計上多花點心思。

萬老師恰如其分地利用好了這一點，引用了故設懸念的提問方法，刺激了學生的求知慾，充分調動起了全體學生的熱情，上了一堂妙趣橫生的語文課。

首先，萬老師在課程開始時導入這一環節，就用提問設置了一種懸念，引發了學生的好奇心，讓他們猜想：會是一個什麼樣的問題。這樣一來，就牢牢地抓住了學生的注意力，激發起了他們探索和思考的慾望。

之後，他又拋磚引玉地引出了下面的又一處懸念：「在中國古代文學史上，就有這麼一位『愚不可及』的人。他不僅自己稱『愚』，而且連他所鍾愛的山水也被他以『愚』冠之。」

這在學生的心中又留下了一個疑問：「會是誰呢？為什麼不僅稱自己『愚』還稱自己鍾愛的山水也為『愚』呢？」

四、高效課堂的提問方式

這個問題巧妙地以數個「愚」字又一次成功地激發起了學生學習的興趣和找出問題、解決問題的慾望。

而在此後解決問題的過程中，萬老師又用提問巧妙地帶領學生複習了以前所學的相關文學知識。

此外，我們都知道，積累是學習的一大重要因素，沒有豐富的知識積累，解決問題時就會碰到阻力，從而打擊學生的積極性。但是積累有時不能光靠死記硬背，關鍵是融入學生的思考和探究。在此，萬老師用提問創設了一種「學生當老師」的課堂情境，確認了學生的主體地位，提高了學生的熱情，也增強了他們的自信。

萬老師透過巧妙地運用技巧提問，引導學生依文探究，不但培養了學生解決問題的能力，同時又培養了學生持之有故的辨證思維能力。

教育家贊科夫在其著作《和教師的談話》中，說了這樣一句名言：「對所學知識內容的興趣，可能成為學習動機。」

蘇霍姆林斯基也曾這樣說過：「所有的智力方面的工作，都要依賴於興趣。」

在課堂教學中，作為知識的引導者，教師們要不斷地啟發和激發學生的學習興趣，而啟發、激發學生的學習興趣要根據他們好奇、好勝、喜歡探究新異事物的特點，巧妙運用設置懸念的方法來引起他們的高度注意。

設置懸念就是教師們在實施教學時有意識地設置一些懸念，從「懸」中引發學生的期待心理，以達到最大程度地吸引學生注意力的效果。

懸念設置巧妙得當，學生的心理活動指向就會自然而然地集中於你所講的知識對象上，從而很快進入學習狀態。因此，懸念設置就不單單侷限在課堂提問中，在其他的教學技巧中也有同樣廣泛的使用價值。

所以，懸念的設置在課堂裡具有十分重要的意義：

（1）懸念設置，具有絕對優勢的吸引力。

學習效率的好壞直接取決於學習情緒是否高漲、注意力是否集中。當學生的思維停留在疲憊狀態時，就很難快速地集中注意力，進入主題。在此時適當地設置一些懸念，便成為可以快速集中學生注意力最有效、最直接的因素，從而大大提高聽課質量。

（2）懸念設置，具有承上啟下的過渡作用。

每節課的內容都是由許多的相關知識點有序地構成的一個整體，當第一個知識點即將結束時，便可以將下一個知識點的中心重點以提出懸念的方式呈現在學生面前，不僅可以再度集中學生的注意力，也使學生由一個教學環節順暢地過渡到另一個環節，造成了一個層層遞進的作用。

（3）懸念設置，具有強調重點、突出難點的作用。

研究表明：人體經過 10 至 20 分鐘的注意起伏，便會導致注意力不隨意地離開客體。因此，教師們適時地轉換一下學生的思路，有助於學生注意力的穩定。教師們把懸念設置在重點、難點處，既可以引起學生的重視，加強學生的印象，又可以消除由於被動思維而帶來的疲勞、倦怠。

（4）懸念設置，有激勵學生在課後繼續思考的作用。

教育家誇美紐斯說過：「教師的根本任務就是培養學生的求知慾。」而懸念可以說是學生求知慾的動力源之一。

因此，教師們在一堂課快結束時，不妨製造一下懸念，提出一些新的問題，以吸引學生的注意力，發揮學生的想像力，使學生大腦皮層中的優勢興奮中心迅速形成，激起解決問題的興趣與需要，並且在課後的時間裡仍能繼續思考，激勵他們主動去解析問題，逐步培養他們自主學習的能力，達到一舉兩得的效果。

總之，懸念設置在教學中是一種不可或缺的技巧，它不僅可以提高學生的興趣、緩解疲勞、集中注意力，久而久之，透過對每節課重點「懸念」的積累，還可以提高學生分析、解決問題的能力，增強學習的積極性。

四、高效課堂的提問方式

實施故設懸念法的具體方法

學生正確的學習動機一般來說是很難自發產生的，需要教師們有計劃、有目的地予以激發和培養，使學生感到學習能得到精神上的滿足和對學習本身有著追求和渴望。但是如何刺激學生才能達到事半功倍的效果呢？這就需要教師們運用故設懸念提問技巧時做到適時、適當、隨機應變，做到恰到好處。

（1）故設懸念，刺激學生的求知慾。

①導入誘趣。

在課堂教學中要培養學生的興趣，首先應抓住導入環節。如果我們在此環節設置懸念，能迅速地吸引學生的注意力，誘發他們的學習興趣，提高整堂課的效果。俗話說得好，「良好的開端是成功的一半」，如果能在課程正式開始前，故設懸念地提問導入，就能充分調動學生的熱情，無疑也就為有效地提高下面環節的學習質量加入了一個重磅砝碼。

②設疑激趣。

在課程裡設置疑問不但能開啟學生的心智，激發學習動機，增強學生的求知動力，更能激發學生的學習興趣，活躍課堂氣氛，營造出融洽的學習氛圍，使學生積極、主動地學習。

（2）鼓勵、肯定、刺激學生的求知慾。

著名詩人勞倫斯曾經說過：「在每個人的脖子上都有個無形的胸卡，上面寫著『讓我感到我的重要』。」其意思是說我們每個人都要求得到承認。我們有情感，希望被喜歡、被愛、被尊敬。因此，當你引用故設懸念法提問時，當你的學生沒有及時找到答案時，請千萬不要吝惜你的話語，及時給予學生讚揚和鼓勵，在幫助學生獲得自信的同時，也達到了刺激學生求知慾的目的。

在提問的過程中，及時給予學生肯定，讓學生感受到自己的成功，從而提高積極性，做到主動尋找學習機會，在自身進步中體驗成功的喜悅，確立自我參照標準，從自身變化中認識自己的能力，增強自信。

在解答懸念的過程中樹立成功榜樣，這裡的榜樣並不是指班裡的尖子生，而是一個成功的例子，透過讓學生觀察與自己能力相近者獲得成功的學習行為來激發自己的自信心，增強自我信念，提高求知慾。

（3）創設情境，激發學生的求知慾。

在解答懸念的過程中，教師們應引導學生把解答過程與發現問題、提出問題、分析問題和解決問題有機地聯繫起來。創造各種條件和空間有準備地培養學生的問題意識，激發學生強烈的學習願望，積極主動地投入學習。

知識只有親身經歷解決「懸念」這個過程，才能更深刻地記憶、理解、運用。誇美紐斯曾說過：「不瞭解用途的知識，對學生來說無異於來源於其他世界的怪物。學生會毫不關心它的存在，更不會產生掌握它的要求。」這就要求教師們在提問時，也應該讓學生在掌握知識的同時，瞭解所學知識的重要性和實用性。

總而言之，教師們應巧用故設懸念提問法，引領學生一步步走向知識的殿堂。

2. 拋磚引玉，啟發思維：拋磚引玉式提問

拋磚引玉，出自《傳燈錄》。相傳唐代詩人常建，聽說趙嘏要去遊覽蘇州的靈岩寺，為了請趙嘏做詩，常建先在廟壁上題寫了兩句，趙嘏見到後，立刻提筆續寫了兩句，而且比前兩句寫得好。後來人們就用「拋磚引玉」這個成語來比喻用粗淺的、不成熟的意見引出別人高明的、成熟的意見。

而拋磚引玉提問法則是：老師在傳授知識時，不要直接向學生講解各種道理或傳授各種具體知識，而是與學生透過談話或向他們提問題，透過巧妙的語言，引導、啟發學生一步步接近正確的結論，從而達到更好的教學效果。

中學教師鄒國春，曾上過這樣一堂經典的語文課：

學習完《陌上桑》這一課進行小結時，鄒老師引用了《教師用書》中的一段話，並結合課本「閱讀提示」歸納出主題，「這首詩敘述了採桑少婦嚴

四、高效課堂的提問方式

詞拒絕太守調戲的故事……使君驚豔於羅敷的美麗而提出了無禮的要求,有荒淫之心,是好色之徒,從而揭露了封建統治者腐朽的醜惡靈魂。」

鄒老師的話剛說完,一位平時很調皮的學生在下面嘟囔了一句,「少年是淫棍?」

此話一出,全班愕然,隨即哄堂大笑,並有不少學生向他投去讚賞的目光。

面對突如其來的「疑問句」,鄒老師稍稍遲疑了一下,便面帶微笑地請他繼續說下去。

於是,那名學生繼續說道:「我認為使君並沒有您說的那麼壞,否則,少年就該是淫棍了。」

一石激起千層浪,學生也都開始議論紛紛,一時間課堂氣氛異常活躍。此時,鄒老師立刻把握機會,乘勢提出兩個問題,拋出「兩塊磚頭」——「為什麼說使君不是我所歸納的這種形象?」「少年是淫棍嗎?」

這時,學生有的思考,有的翻書,有的小聲議論。過了幾分鐘,學生開始蠢蠢欲動了,想要拿出「玉石」來把鄒老師的這兩塊「磚頭」給比下去。

學生甲首先說道:「使君是讓小吏去詢問羅敷,比較有分寸,並沒有用他的威勢強迫羅敷。」

學生乙又急著馬上補充道:「書中寫道『使君謝羅敷』,一個『謝』字看出他很有禮貌,而不是無禮、輕薄的。」

學生丙接著說道:「我認為,羅敷在敘述其丈夫時用的是調侃的語氣,聰明的使君不會聽不出。聽後他也沒有把羅敷怎樣,可見他還是一位正人君子。況且太守沒有倚勢強迫,羅敷也沒有拚死抗爭,所以使君也許並無惡意。」

此時,教室裡一片嘈雜,學生爭先恐後地舉手,他們的探究又深入了一步。

學生丁第一個發表了反對觀念,「愛美之心,人皆有之。行者、少年、耕者、鋤者能欣賞羅敷的美貌,而使君就是『好色之徒,有荒淫之心』?」

學生戊說道:「照你這麼理解,那『關關雎鳩,在河之洲』,是不是也要屬於黃色書籍了呢?」

此時,學生甲興奮地對鄒老師說道:「所以我說,如果使君的形象是按您歸納的那樣,少年就應該是淫棍了,可我覺得不全是。」

學生丁又摸出一本有關古文翻譯的書說道:「『來歸相怨怒,但坐觀羅敷』,還有一種解釋是因為看了美麗的羅敷,回家就嫌棄自己的妻子了,可見他們的德性還不如使君。」

學生繼續發表著他們各自的「獨特見解」。

鄒老師則站在講臺上,欣慰地看著學生——這種勇於深入探究的課堂氛圍,正是鄒老師希望見到的。

直到下課鈴響了,學生還意猶未盡地討論著本課的內容。

所謂拋磚引玉提問法,就是在課堂教學過程中,老師啟而不發,只指明方向卻不「帶路」,只講解決問題的方法而不講問題的結果,只把線索、思路拋出去,然後啟發學生自己思考,引出事物的本質特徵。

在這個案例中,當鄒老師總結完課文的大意,快結束講解的時候,一位平時很調皮的學生卻在下面小聲地嘟囔了一句「少年是淫棍」,欲發表自己的想法。而此時鄒老師並沒有嚴厲地制止他,而是面帶微笑地鼓勵他繼續說下去,於是該學生勇敢地說出了自己的不同想法,引發了其他學生的興趣。

鄒老師及時地把握時機,拋出了兩塊「磚頭」來激發學生的思維,鼓勵他們進行更深入地探討。

接下來,學生放開膽子盡情地表達了自己的看法,使問題得到了更深入的發掘,學生丁還找出另一本古文翻譯的書,闡述了上面表達的另一種解釋——「來歸相怨怒,但坐觀羅敷」,可理解為「因為看了美麗的羅敷,回家就嫌棄自己的妻子了,可見他們的德性還不如使君」。這也說明了學生已

四、高效課堂的提問方式

經完全被調動起來了,不僅想到了現有的知識,還可以跳出課本,尋求更廣泛的知識。

由此可見,拋磚引玉提問法不但使學生主動地表達了自己的想法,提出了不同的觀點,凡事都問一個「為什麼」,更在不斷探討的過程中,開闊了自己的視野和思維,並學會了運用反向思維去進一步探究問題更深入的一面。

有句俗語是這樣說的:「師父領進門,修行在個人」。但隨著社會的發展,思維的進步,我們不禁也要提出這樣的疑問句了:師父怎樣的「領進門」才能夠讓學生「修行在個人」呢?

首先,心理學界在思維訓練、邏輯推理、頓悟、假設檢驗等研究領域內關於人類思維心理機制的一系列新探索和研究證明:人類在日常生活中並不使用形式邏輯,而是運用某種心理邏輯進行思維;頓悟是問題表徵的轉變,在此過程中,概念驅動的頓悟比知覺驅動的頓悟具有更高的遷移性;人類在形成假設、設計實驗、實驗檢驗三個階段上都運用了啟發式思維策略。因此,結合學科用啟發提問方式對學生進行思維訓練,是開發智慧的一條有效途徑。

心理學家達維多夫也曾說到過:「要完成現代學校教育的根本任務,歸根結底要透過教學目標、教學內容和教學方式的設計而改變思維類型。」即重點應在於如何啟發學生的思維上。

「師父領進門」不是最主要的,更主要的是「師父」要有責任帶領「徒弟」找到解決問題的方法,使他們找到線索、思路,從而促使學生自己思考,引出事物的本質。

在課堂教學中,啟發學生的思維,培養學生的思維能力是一項極其重要的任務。教師們應努力創造條件,透過在各處巧妙地運用如拋磚引玉等啟發式的提問方法來調動學生的主動性和積極性,激發學生的思維,提高他們的思維能力,而並不是生吞活剝書本上的知識,唯書不唯實,要真正做到理解內容,一切應從實際出發,仔細、透徹地思考。

實施拋磚引玉提問法的具體方法

要想更有效地實施拋磚引玉法，在提問前，老師要創設和諧的課堂氣氛。

首先，教師們說話應自然、親切，盡可能注意語言的準確性和趣味性。要平等地對待每一個學生，適時地給予學生鼓勵，評價時多以表揚為主，批評時也要盡量委婉一些。教師所拋出的「磚頭」最好能適合多數學生的水平，能夠引起學生的共鳴。

其次，教師們的態度要親切，千萬不可居高臨下。實踐證明，在輕鬆、和諧的課堂氣氛中，教師們的提問、啟發能夠吸引學生積極參與，能夠造成事半功倍的效果。教師們應力求在啟發式教學中樹立理性的、以人為本的、民主的、主體性的教育精神。

在提問前，要巧妙設置疑問情境，激發學生的興趣，激活學生的思維。

（1）以「誘導」為主。

葉聖陶老先生指出：「教師為之教，不在於全盤授予，而在於相機誘導。」只要找到教學內容的興趣點，將它提出並放大，以間接的方式或「笨拙」的方式授予學生，「誘導」其產生好奇心，從而使其自主地進行思考，達到啟發學生思維的作用。

（2）「補白」。

「空白」有時是作者有意留下的，為的就是召喚讀者想像未定的意蘊空間。「補白」能引發讀者的想像，激活學生的思維，從而建立起一座思想的橋梁，使學生對所學內容的意義達到個性化的理解。

（3）「辯論」激發。

辯論可以更主動地調動學生的思維，讓其神經長時間地處於一種興奮狀態，不斷引發思維的碰撞。在辯論中，學生同時還可以更真切地體會到合作與共享的價值與快樂。

（4）「分解」啟發。

四、高效課堂的提問方式

教師們在教學中應善於發掘其中的可創造性因素，憑藉其中的某一重點、某一關鍵處作為分解的主題，引導學生廣開思路，方面、多視角去看待問題，分析其意思，自由發表觀點，從而不斷地啟發學生的思維。

（5）以「中心」延伸。

有時一個簡單的知識點透過學生的想像可以引發出無數個相關知識，教師們要善於利用時機，設計一些可延伸的問題，給學生一個更加廣闊的思維空間，讓他們自由地思考，從而啟發學生的思維。

（6）以「質疑」激活。

一切事物都是具有相對性的，老師要主動培養學生的創造性，凡事都要提出一個「為什麼」。老師要引導學生擺脫思維定式的影響，從多角度挖掘問題，激活學生的思維，達到啟發學生思維的目的。

知識像無邊無際的廣闊大海一樣，美麗、神祕、充滿智慧的魔力。每個人都想去探索、去思考，從中獲得更大的知識與力量，而拋磚引玉提問法則是鼓起的風帆，它能引領學生向著知識的海洋乘風破浪、勇往直前。

3. 檢查提問要讓更多的學生參與進來：檢查式提問

「聽懂了嗎」「記住了嗎」「會了嗎」……相信肯定有些老師都曾經這樣問過自己的學生，學生大多數也是毫不猶豫地就回答說「記住了。」可是，我們不禁要問了，他們真的都記住了嗎？

傳統的教育方式使課堂氣氛變得枯燥、嚴肅、壓抑，學生的學習大多數都處於被動接受的狀態，當課程快要結束時早已經迫不及待地要衝出教室「解放」自己了，哪裡還會去思考自己在這一堂課裡到底掌握了多少知識？

這樣，不只教師們無法準確地瞭解學生掌握知識的情況，更甚者，恐怕就連學生自己也不清楚到底學會了沒有。這就為下堂課的開展帶來了很大的阻力：教師們無法根據學生的掌握程度而準確設定下堂課前的複習重點和課程的難易程度，而學生由於無法熟練地掌握學過的內容，下節課學習知識時就可能不易理解，而漸漸失去對學習的興趣。

這樣日復一日，月復一月，就會形成惡性循環。

教師正確地瞭解學生的學習掌握情況就變成了一件刻不容緩的事情了，怎樣檢查才可以既能達到準確的效果，又不引起學生的牴觸心理呢？

很簡單，課堂提問時，一定要讓更多的學生參與到你的檢查活動中來！

小學語文教師龐光輝，是這樣檢查學生掌握知識的程度的：

龐老師首先問道：「我們班有去過北京的同學嗎？」

有少數的學生舉起了手，龐老師看了看大家，繼續說道：「請放下手吧，沒有去過北京的同學也應該去一去北京。為什麼一定要去北京呢？小明（一個沒有舉手的同學），請你來說一說。」

小明說道：「聽力輝（去過北京的同學）說，北京很漂亮，非常繁華，我也想親自去看看……」

龐老師笑了笑繼續說道：「北京是中國的首都，是政治文化的中心，是一個非常美麗的城市，昨天我讓大家收集北京的相關資料，現在我要來檢查一下。」說完，龐老師開始巡迴檢查學生查到的資料，表揚並展示了比較好的作業。

龐老師繼續問道：「同學們都非常用心，收集了這麼多資料。那麼，老師現在要檢查一下你們的蒐集效果了。」

「現在，請把課本和資料都合起來，希望大家都積極地參與進來，看誰回答得最好，我們就來封他個『今日之星』好不好？」

「好。」學生異口同聲地說道，大家已經都迫不及待地要參與回答了。

於是，龐老師問道：「你們知道北京都有哪些名勝古蹟嗎？」

學生都開始興奮了起來，爭先恐後地說道：「圓明園、頤和園、故宮、天壇、天安門……」

龐老師趕緊又問道：「那麼，最有名的名勝古蹟是什麼？」

學生異口同聲地回答：「萬里長城——」

四、高效課堂的提問方式

龐老師微笑著點了點頭，繼續問：「除了北京的名勝古蹟，你們還知道有關北京的其他什麼嗎？同學們都要積極地參與進來，大膽地說。」

於是，一名學生果斷地站起來說：「北京的市花是菊花。」

學生又爭先恐後地說了起來，不時地還會互相討論，生怕把自己落下似的。

龐老師欣慰地笑了，「太棒了，大家都非常用心，下課後，大家都可以把查到的資料相互傳著看一看，只有參與的人多了，大家擁有的知識才能更多。現在，我們先不要急著打開課本，先讓我們都來回憶一下昨天所學的關於北京的高樓大廈，課文裡描寫的只是北京現代化建設的一小部分，所以昨天老師讓大家查了很多關於北京的資料。而且，昨天好像還出現了一些多音字的問題，我記得是什麼來著……」

龐老師一邊「沉思」，一邊看著同學們。

「老師，好像是『柏油馬路』的『柏』字。」一名同學小聲地提醒道。

龐老師一拍額頭，「恍然大悟」地說道：「啊，對的，你真聰明。」龐老師幽默的語氣引得學生哄堂大笑。龐老師也笑了，說道：「那麼，大家還記得應該讀什麼嗎？」

同學們異口同聲地回答道：「柏——油——馬——路——」教室裡充滿了歡聲笑語，同學們的學習熱情全都被調動起來了。

龐老師欣慰極了，繼續問道：「還有嗎？你們能不能找到更多的好詞？大家不要害羞，都要積極地參與進來。看看今天誰能當我的『小老師』。」

聽了龐老師的話，大家都爭著要當「小老師」。於是，一名學生便興奮地喊道：「老師川流不息。」

龐老師糾正道：「是『川流不息』，可不是『老師川流不息』，要真的變成是『老師川流不息』的話，那我們豈不是就要到大馬路上去上課了嗎？」

龐老師幽默的話語又引來了學生一陣歡樂的笑聲，課堂氣氛非常活躍。龐老師又接著問道：「在什麼時候可以說『川流不息』呢？」

同學們都爭著舉手回答問題，有的說「表示人多的時候可以用」，有的說「表示車多的時候可以用」……

參與的人多了，答案便沒完沒了，最後龐老師不得不又趕緊問道：「還有什麼好詞？」

於是學生又爭先恐後地回答「綠樹成蔭」「名勝古蹟」「風景優美」……

等學生說罷，龐老師說道：「同學們真的是太棒了，找到這麼多好詞。好是好，可是它們都是什麼意思呢？」

一名同學回答道：「『綠樹成蔭』就是樹綠，非常茂盛。」

龐老師一邊在黑板上書寫『綠樹成蔭』，一邊說道：「這個『蔭』字，如果用一個詞來告訴我，應該是什麼『蔭』？」

學生回答：「『樹蔭』的『蔭』。」

「那麼，『名勝古蹟』又是什麼意思呢？」龐老師問。

又一名同學回答道：「是古老的東西。」

龐老師讚賞地點了點頭：「說得非常對，古代的人創造出來的留給後人的非常古老的、具有價值的東西。那麼，『風景優美』是什麼意思呢？」

同學們早已經都舉起手，迫不及待地向老師匯報上節課所學會的內容了……

由於龐老師使用了輕鬆的檢查方法，讓更多的學生參與了進來，踴躍地發言，檢查過程取得了非常好的效果，同時也為下節課的展開打下了一個良好的基礎。

德國著名作家約翰·沃爾夫岡·歌德曾經說過這樣一句名言：「任何人都不笨，但如果你不利用你的大腦，你會發覺你很笨。」

龐光輝是一位非常聰明的教師，他充分利用了互動的形式，讓更多的學生都參與了討論，在愉快的課堂氛圍裡，讓同學們在不知不覺中就把上節課

四、高效課堂的提問方式

所學的內容複習了一遍，加深了學生的記憶，同時又達到了檢查學生學習掌握情況的目的，也更準確地檢查了學生理解、記憶的程度。

首先，龐老師以上節課的主題「北京」為話題進行導入，引發了學生的興趣，讓學生積極地參與進了討論裡，而不是一上課就生硬地說：「今天我們檢查一下昨天學的內容，看哪個同學記住了。」這種開場白不僅會讓學生產生戒備，而且有可能還會誘發其逆反心理，以至於影響到整節課的聽課效果。而以輕鬆愉快的方式進行導入，就會避免這種狀況，營造出一個輕鬆和諧的課堂氣氛。

之後，他又以同學們的親身經歷為吸引點，而且還特意請了一名未去過北京的同學來回答，這樣就將參與的範圍擴展到了全班，使得不管到沒到過北京的同學都可以參與進來，更好地擴大了參與的範圍。

透過這樣的提問，不管是看過的還是聽過的同學，都會讓人產生一種親切感和想要表達的願望——希望與大家一起分享。為了說出更多的知識，學生就會絞盡腦汁地去想，去回憶，去調動記憶裡所有的知識來找到自己所需要的訊息，此時，學生所表現出來的訊息量就是他們當時對以前所學內容的掌握程度。

在之後的詞語解釋檢查過程裡，龐老師一直放低姿態，以一個參與者，而不是檢查者的身份參與討論，這在無形當中就減弱了學生的戒備心理，增加了他們的自信心，使他們可以更淋漓盡致地表達自己的理解，獲得滿足與自信，從而相信自己一定可以很輕鬆地學好下一課，也更加願意參與進來了。

蘇霍姆林斯基曾這樣告誡我們：「人的內心裡有一種很根深蒂固的需要——總感到自己是發現者、研究者、探尋者。但如果不向這種需求提供養料，即不積極接觸事實和現象，缺乏認識的樂趣，這種需求就會逐漸消失，求知興趣也與之一道熄滅。」

這句話正表明了人們內心想要參與的強烈渴望，而教育的全部訣竅也就在於激發人的這種上進心，這種想要參與的渴望上。要是學生自己不求上進，不願參與，任何教育技巧都不易在他的身上展現出好的效果。

學生透過參與，能在不斷地發現問題、分析問題、解決問題的過程中提高自身能力，體現自己的價值。學生的參與也可以更有效地活躍課堂氣氛，因為好的課堂氣氛是互動的、民主的，只有學生積極、主動地參與教學，才能形成多邊的教學交流，產生更好的學習效果。

課堂教學的目的之一就是要激發學生對學習的強烈參與慾望。作為教學主體的學生，只有積極主動地參與教學過程，全身心地投入到教學活動中，才能獲得扎實的知識，發展多種能力，提高綜合素質。

因此，即使我們在檢查學生的學習掌握情況這件事上也要秉承這一宗旨，讓更多的學生都參與進來，使他們獲得更多的發展。長期的教學實踐也都表明，學生的參與能讓教師獲得更為重要的教學訊息。

實施檢查提問法的具體方法

以前在傳統的教育形式的侷限下，老師想要檢查學生的學習掌握情況，往往是單獨叫出學生來，向他提問，或以默背、默寫等形式讓學生來進行回答。

而此時被叫到名字的學生，精神就會極度緊張，害怕自己答錯了被老師批評，或被同學們嘲笑；那些沒有被叫到名字的學生則正好與前者截然相反，一方面慶幸自己的「幸運」，一方面又一副事不關己的心態，精神極度放鬆，有時根本都沒有在聽老師的問題，就更別說是隨著老師的思路回憶、思考了。

讓更多的學生參與進來就從根本上解決了傳統教育中檢查學生的學習掌握情況的弊端，從檢查一個學生的學習掌握情況變成了檢查所有參與進來的學生的學習掌握情況，在節省了時間的同時又讓學生更深刻地重新記憶了一遍所檢查的內容，快速而有效地提高了學習效率。

如何讓更多的學生都參與進來呢？

（1）集體討論法。

這樣不僅可以節省時間，減少其他學生的思維等待時間，有效地提高課堂質量，而且還可以活躍課堂氣氛，透過提問、回答、集體討論、經驗交流、

四、高效課堂的提問方式

競爭搶答等多種形式，充分調動起了學生的熱情，激勵他們自主地思考、學習、討論。

老師在提問時首先要利用學生感興趣的話題或生動幽默的語言，激發學生的參與熱情，用愛心、關心、尊重為學生創設一個樂學的氛圍。再者，還要適當地給予學生表揚，來增強他們的信心，提高主動參與意識。

引導學生集體討論、探究和歸納，創設集體學習的情境，也可以提高學生參與的效果與深度。在課堂提問中，教師們要發揮自己的主導作用，讓學生開闊思路，調動學生主動參與的積極性，引導他們自己對比個人討論和集體討論的利與弊。總之，集體討論更能激發學生的積極思考，並透過一系列分析找出結論或最佳解答途徑。

（2）班級辯論會法。

班級辯論會法，顧名思義，就是在班級裡以討論會的形式開展活動，讓學生在積極辯論的情況下掌握知識。教師們可根據課程的自身內容而提出討論的主題，然後分小組進行討論，或者是集體討論。

心理學研究表明，當人在爭論時，他的注意力是高度集中的，大腦的反應速度也要比平時快很多。因此，以這種提問方式檢查學生的學習掌握情況可以更準確地瞭解他們的理解程度和靈活運用程度。合理地利用學生的這一心理特徵，檢查結果將會得到更好、更全面的效果。

掌握了方法，也要有目的，因此在進行活動時，教師們的提問都要帶有明確的目的性。無論教師們使用何種提問技巧，首先都應圍繞這樣一個中心：培養學生主動參與的意識，讓其掌握主動參與的方法，養成主動參與的習慣。

（3）提問的方式與內容都要以抓住學生的興趣為重點。

心理學研究表明，對事物興趣的水平高低直接影響參與的效果。一般來說，如果學生對提問的內容感興趣，他就會深入地、興致勃勃地思考、回憶，積極主動地想要回答這個問題，並且會廣泛地涉獵與之有關的知識，遇到困難時就會表現出頑強的鑽研精神，否則，他可能會隨流，只是敷衍了事，遇到困難時往往會喪失信心，不想或者懶得去想了。

（4）和諧融洽的師生關係孕育著巨大的教育親和力。

實踐證明，有的學生當他們熱愛某一位教師時，就往往會連帶著也熱愛這位教師所教授的課程。教育名著《學記》中指出的「親其師而信其道」說的就是這個道理。

同時，教師們還要積極提高自身修養與人格魅力，以創造和諧融洽的師生關係，真正做到關心學生，服務於學生，使自己的提問方式更具有感染力和吸引力，使教學效果達到更完美的層次。

當學生有了主動參與回答、討論的意識，還要讓他們掌握主動參與的方法，使參與的意識轉化為學生的實際行動。

在提問之前要提前引導學生收集相關資料，這樣，當教師們提出問題時，學生就會有一種親切感和熟悉感，覺得問題很簡單，就會快速地組織記憶想答案，才會充滿自信地主動回答問題，積極並快樂地參與進來。就像前蘇聯教育家贊可夫的名言一樣，「當我們給學生提供機會，讓他們和同學、老師交流自己的知識時，就會使他們歡欣鼓舞，使課堂變得生動活潑，造成一種集體工作的氣氛。」

教育家烏申斯基曾這樣評價老師：「教師是過去和未來之間的一個活的環節，他的事業，從表面來看雖然平凡，卻是歷史上最偉大的事業之一。」擁有一顆無私、公正的愛心，靈活地運用課堂提問技巧，讓更多的學生參與進來，從而準確地掌握學生的學習掌握情況，將不再是一段刻板的時刻，而是一個幸福而快樂的過程。

4. 用提問架起新舊知識間的橋梁：架設橋梁式提問

孔子曾這樣說過：「溫故而知新，可以為師矣。」講的便是「新」與「舊」的關係，孔子認為，只有教育學生全面地瞭解所學的基礎知識和學術進展情況，才能在此基礎上有所發現，有所創新。可見，知識間本來就存在著不可分割的關係。

四、高效課堂的提問方式

在實際的學習生活中，有些學生往往會犯同一個失誤——「顧此失彼」，就像在玉米田裡掰玉米的小熊一樣，拿到前面的就忘了後面的。結果到最後，並不是沒有掰到過玉米，而是他總是只看到前面的玉米，所以失去了後面的玉米。雖然他掰下了很多玉米，卻因為不滿足，不會積累，不去思考經歷過的事，結果只得到了一個自己不太滿意的玉米，後悔莫及。

因此，作為教師，我們有責任，也有義務去幫助我們的學生改掉這一必須改掉的壞毛病，有意用提問的方式幫助學生架起知識的橋梁，形成合理的知識結構，幫助學生擺脫那些錯誤的學習習慣，從而達到最佳的學習效果。

在課堂上，怎樣使學生在學習新知識的同時又可以更好地發揮舊知識的作用呢？於是，橋梁式提問變成了老師最好的夥伴，在新知識中適當地提出疑問，引發學生聯想起舊知識，當學生引用舊知識理解新知識時，就會在它們當中搭起一座無形的橋梁，從而使教學達到最佳的效果。

橋梁式提問法在教學中起著非常重要的作用，它是學生深入理解知識的階梯，是知識間相通的橋梁，是觸發思維的引信，更是覺悟的催化劑。教師在教學中合理地運用橋梁式提問，可以使學生在探究知識的過程中不斷地完善自己的知識結構，提高學習效果。

小學教師余東安在講解《圓的面積》一課時，就大量地運用了橋梁式提問法，引導學生架起新舊知識間的橋梁，透過利用新舊知識的互通達到更深地理解知識構架的目的。

余老師首先說道：「在前面的課程裡，我們認識了圓，並學習了圓的周長。今天我們來學習圓的面積。看到這個題目後，你們覺得這節課我們會解決什麼樣的問題呢？」

一名學生回答：「這節課我們要學習圓的面積是怎樣求出來的。」

另一名學生回答：「要學習圓的面積公式。」

「你們回答得非常好！我們要解決的問題就是圓的面積公式是什麼？它是怎樣求出來的？現在請大家先來回憶一下，我們以前學過哪些基本圖形的面積計算方法？」

學生開始回想之前學習過的知識，然後胸有成竹地說道：「我們已經學過長方形、正方形、平行四邊形、三角形、梯形的面積計算公式。」

余老師把以前學過的圖形和圓分別貼在了黑板上，然後問道：「我們以前學過的這五種圖形和今天學習的圓形有什麼顯著的區別嗎？」

學生回答：「上面五個圖形都是由線段圍成的，下面的圓形是由曲線圍成的。」

余老師又說：「因為圓是由曲線圍成的，所以計算圓的面積時就比較困難。對於圓，我們能不能直接用面積單位去量呢？」

學生回答道：「不能。因為它是圓的，用面積單位直接量是有困難的。」

「那究竟用什麼方法呢？請大家先考慮一下。可以結合以前學過的知識，從中找到答案。」

學生開始認真思考起來，並不斷地將新舊知識進行對比、討論，然後說道：「老師，我們可以用圖形轉化的方法求圓的面積。」

余老師說：「這個方法很好。那麼，把圓形轉化成什麼圖形呢？」

學生回答：「長方形。」

「為什麼？」

學生說道：「以前我們學習的很多圖形都是透過轉化成長方形來推斷出面積計算公式的。」

余老師表示贊同，然後說道：「那我們先用一個簡單的辦法猜想一下圓面積的公式。先把圓分成 4 等份，用半徑做邊長畫一個正方形。這個正方形的面積可以用 r^2 表示，在這個圓上可以畫同樣的 4 個正方形，它們的面積可以用 $4r^2$ 表示。現在你們觀察一下這個圓的面積等不等於 $4r^2$？」

學生異口同聲地回答：「不等於。」

余老師又問：「為什麼？」

四、高效課堂的提問方式

學生答道：「因為這個圓的面積還要加上外面的 4 小塊才能等於 4r2。」

「這個圓的面積比 4r2 小，會不會等於 3r2 呢？」

學生回答：「看上去又比 3r2 大一些。」

於是，余老師請學生把預先準備好的一個圓平均分成 16 個扇形，然後拼成一個近似的長方形，學生可以一邊進行操作，一邊參考以前的知識。

拼完之後，余老師問：「同學們觀察一下，拼成的是什麼圖形？」

「近似於長方形的圖形。」

「為什麼說是近似於長方形？」

學生回答：「因為長方形的四條邊都是直線。我們拼的圖形的邊不是直線，都是由許多弧形組成的。」

「如果我們把它再細緻地分呢？可以分成多少份？」

學生異口同聲地說道：「無數份。」

「對。這也就是說圓可以分成無限的等份。大家可以想一下，分得越細緻，邊長就越接近直線，組成的圖形就越接近長方形。把圓轉化成長方形後，這個長方形的面積要怎樣計算？然後根據長方形的面積計算公式轉換出圓的面積計算公式。哪位同學和老師一起來計算一下？」

學生紛紛舉起了手，於是，余老師便和學生一邊討論，一邊逐步寫出了推導的過程：長方形的面積＝長 × 寬，所以，圓的面積＝圓周長的一半 × 半徑＝ πr×r ＝ πr2 寫完後，余老師說道：「現在我們得出的結論是圓的面積是以半徑為邊長的正方形的多少倍呢？」

學生齊聲說道：「約等於 3.14 倍。」

余老師透過使用橋梁式提問方法，使學生完美地將新舊知識有機地結合在一起，架起了新舊知識的橋梁，也大大地提高了教學效果。

4. 用提問架起新舊知識間的橋梁：架設橋梁式提問

葉聖陶先生曾經說過這樣一句名言：「教師之為教，不在全盤授予，而在相機誘導。」這句話深刻地說明了學生需要自己去尋找問題的答案，而橋梁式提問法正好有效地幫助老師達成了這一教學目的。

每當學習新的內容時，學生經常會遇到這樣或那樣的問題，也總有學生熟悉卻又不太理解的內容。這時，老師如果直接把答案教給學生，雖然學生也記住了，可以正確地講出知識的答案，但不一定所有的學生都能真正地理解它並能夠自如地運用它。

因此，余老師在學習新課時，就沒有直接講述內容，而是透過利用橋梁式提問法，為學生頭腦中的新舊知識架起了一座互通的橋梁，使學生掌握了學習的主動權。

在上面的案例中，因為學生之前有如何求正方形、長方形、三角形等基本圖形面積的知識為基礎，所以對於圓的面積的概念並不陌生，只是沒有找到精確的求證方法。

於是，余老師藉機問道：「現在請大家先來回憶一下，我們以前學過哪些基本圖形的面積計算方法？」

聽到這樣的問題時，學生就會快速地在自己的大腦中尋找相關的知識，並會對新舊知識進行分析、整理、對比，然後找到自己需要的知識。在回答的過程中，學生就已經將舊知識與新知識有機地結合在了一起。

在學習後面知識的過程中，余老師同樣是以此為原則，進行引導，不僅提高了學生的學習效果，同時也幫助學生在頭腦中形成了合理的知識結構。

社會發展日新月異，對未來人才的整體素質、知識的綜合性都提出了更高的要求，不僅未來的人才要有足夠的專業知識，更要能合理地運用和管理自己的知識。因此，如何引導學生形成合理的知識結構便成為了教師們的一個重要責任。

在這裡，我們所說的知識結構並不是指人類外在知識體系的結構，而是這個外在知識體系在我們頭腦中的內在狀況，也就是客觀知識輸入求知者的記憶系統，經過儲存、理解、對比、加工、分類，在頭腦中形成的由智力聯

四、高效課堂的提問方式

繫起來的多要素、多系列、多層次的綜合體。也就是各種知識在人類大腦中的組織形式。

知識結構的關鍵是結構，而知識本身僅僅是要組成這種結構的材料。就像希臘著名的哲學家亞里士多德所提出的「質料形式說」認為的那樣：事物的本質和靈魂，不在於事物的質料，而在於事物的形式。

在正常情況下，人的學習和智力的提高，總是隨著知識的不斷積累而同步發展的，它們之間是一種協同關係。

可是，在學習中卻往往會出現成績處於同一階段的學生，對新知識的理解速度產生較大差異的現象，這便是因為有些學生沒有形成自己合理的知識結構而造成的。

科學合理的知識結構不僅有助於學生對新知識的學習、記憶，更有助於他們將大腦中所有的知識進行對比、分類、規劃。

合理的知識結構還可以讓他們在遇到問題時，及時地從大腦中調動出所需的知識，來幫助自己更好地解答問題，形成更好的記憶。

因此，老師在對學生進行提問時，一定不要忘記這個重要目的。

實施架設橋梁法的具體方法

根據心理學知識及長期的實踐可知，結構化了的知識最容易被人們所接受，同時也能被長期記憶，而不至於輕易發生扭曲、淡忘現象。

為使學生合理地形成知識機構，用問題架起知識間的橋梁，在學習新知識時，引用與新知識相關的舊知識，使學生在學習新知識時有一種熟悉感，能極大地加強對新知識的理解。

（1）可以增加知識量。

知識的積累是形成合理的知識結構的基礎條件。有些人常常把一個人掌握知識的多少作為衡量水平高低的標準，這並不是絕對正確的，單純的知識數量並不足以表明一個人真正的知識水平，知識不僅要記憶，更需要理解，

只有理解才能構建合理的知識結構。透過老師精心設計的提問，舊知識便造成了輔助加深理解新知識的作用。

（2）可以加強知識更新。

用提問可以激活學生所有的知識記憶，從而讓問題架起新舊知識的橋梁，讓學生在每次接觸新知識的同時又及時地複習了舊知識，減小了舊知識被遺忘、擱置的可能性。

此外，老師在用提問架起新舊知識的橋梁時，還要特別要注意以下幾點：

（1）用問題架起新舊知識的橋梁，應要求教師們熟悉所有的課程，並帶領學生做好課前相關知識的整理、複習，以便於正確地引導學生運用舊知識理解新知識，同時也避免了老師在引導學生聯想舊知識時，學生回想不出任何相關內容而產生尷尬與困惑。

（2）在講解重點、難點時，教師們可以適時地提出問題，引導學生回想相關的舊知識，從而加深學生對重點、難點的記憶，而且在相互理解時還可以產生對比，找出二者之間的相同點與不同點，這樣既鍛鍊了發散思維，又增加了知識點，有助於學生形成合理的知識結構。

（3）在學生學習新知識時，適時運用問題引出舊知識進行轉化，有助於學生對「陌生經驗」的理解，加快學習速度，提高學習質量。

（4）巧設提問情景，同時提問要緊扣主題，隨時注意學生的反應，根據情況及時調整，這樣才能取得最好的效果。

（5）重點放在引導學生學會用舊事物進行推理，進一步揭示事物的本質屬性、複雜的聯繫和多樣性的統一。因為在推理的過程中，學生掌握的舊知識是推理的根據、理由和出發點，而新知識則是推理的結果、論斷和歸宿。

能夠架起新舊知識的提問，不僅可以提高學生學習的自主性，使一切知識都有條不紊地在大腦裡保存，更可以使學生懂得如何管理自己的知識，使知識在提高數量的同時也提高了質量，而這樣的提問在連接新舊知識的同時，也使學生再一次感受到了舊知識的重要性，增強了對學習的興趣和自信。

四、高效課堂的提問方式

形成合理的知識結構，可以使學生更自信地面對學習中的困難，在知識的海洋裡任意遨遊，教師則是他們忠實的護航者。這樣的提問不僅架起了知識間的橋梁，更架起了師生間那座心靈的大橋。

5. 引發學生提出問題是關鍵：引導式提問

所謂「引導式」提問，是指老師根據教材內容和學生的實際水平提出問題，啟發引導學生去解決問題。這樣的提問主要是為了讓學生達到理解、掌握知識，發展各種能力和提高思想覺悟的目的。

引導式提問一般由系列性問題組成。這些問題或從教材的基本脈絡（主線）方面著手設計，或從教材的重點、難點著手設計；問題宜簡不宜難、宜粗不宜細，一般可以從書本上直接找到答案。提問應運用於每一個教學環節，貫穿於整個教學過程的始終。

學生有了一定知識基礎，就會有探索新知的慾望，老師透過「引導式」提問可以引導學生「溫故而知新」，聯繫已學過的知識，積極探索並提出問題，到知識的海洋中遨遊，從而加深對新知識的理解。

小學語文老師楊金林在教學中就非常善於運用「引導式」提問法。下面我們就來看看楊金林老師是如何運用這一方法的。

有一次，楊老師給學生講《中彩那天》一課。這篇課文講的是一個外國小故事，寫了一名修理廠的技工在無意中抽中了大獎，但是抽中了大獎的樂透卻是他幫同事代買的，經過激烈的思想鬥爭，最終他把大獎送還了同事。本文作者主要讚揚了主人翁誠實、守信的品質。

在日常生活中，由於一些媒體的報導，所以學生對買樂透中大獎的事已經不覺得新鮮了，為了讓學生自己發現問題，從而找到課文所要表達的主題，楊老師決定利用學生的好奇心，從聊天入手，用情感、情緒等多方面的因素引導學生問出高質量的問題來。

所以，一開課，他就問學生：「同學們，你們買過樂透嗎？有沒有人中過獎？中了獎的心情是什麼樣的？」

同學們頓時來了興趣,開始你一言我一語地議論:

「老師,我買過,可惜……哈哈,沒中獎。」一個學生調皮地回答。

「我也買過,而且還中獎了!只是少了點,只有十塊錢,不過我當時還是很高興。」另一個學生回答道。

當學生興高采烈地談完中獎的激動心情後,楊老師突然間話鋒一轉,「大家中了獎都是興高采烈的,可有人中了大獎卻憂心忡忡的,你們聽了有什麼想法?」

「不可能吧?」「怎麼回事?」學生互相交流著疑問,目光中閃動著好奇。

看著學生好奇的目光,楊老師知道自己的目的已達到,為了進一步吊起他們的胃口,楊老師故意裝作高深莫測的樣子說:「是啊,怎麼會這樣呢?要想知道實情,就請同學們打開書,翻到《中彩那天》,默讀課文的四到七自然段。讀完後,你的心中一定會有解不開的疑團,只要你大膽地說出來,那你就是今天最棒的學生。」

楊老師的話剛講完,學生就情緒飽滿地讀起課文來。沒過幾分鐘,就有幾隻手高高地舉了起來。楊老師叫起其中的一名學生。

這名學生說:「為什麼中了大獎,『父親』還不高興呢?」

「老師,我知道答案。」楊老師還沒來得及說話,就有一名學生急著要回答。

「好,你來回答。」楊老師點頭示意。

這名學生站起來說道:「我知道『父親』不高興的原因是遇到了一個道德難題。可我還有一個問題是:『父親』遇到的道德難題究竟是什麼?」

這個問題提得太準確到位了!真是無心插柳柳成蔭,他說的正是楊老師最想得到的問題。要不是在課堂上,楊老師真想走過去擁抱這名學生一下,因此他情不自禁地誇道:「哇,你真是太不簡單了,不但解決了同學提出的問題,還提出了一個最有價值的問題,一個最值得我們思考的問題。」

四、高效課堂的提問方式

　　於是，楊老師轉過身把這名學生的問題寫在黑板上，接著說，「下面我們就圍繞這個問題展開學習，我相信你們還能像剛才這位同學一樣發現更有價值的問題。」學生受到激勵，一個個都躍躍欲試，讀書也讀得空前的認真和仔細。

　　為了進一步引發學生的問題，楊老師指著黑板上的「道德難題」四個字說：「『父親』遇到的道德難題就在課文的第八段中，請仔細讀讀，看是否還有疑問產生。誰找到了問題，也就是找到了答案。」

　　聽了楊老師的話，學生備受啟發，而發現疑點，提出問題，就會解決本課的難點成為吸引學生的最大誘惑力。於是，學生「一頭扎入」課文中，開始仔細閱讀內容，尋找問題。

　　此時，課堂內喃喃自語聲、交頭接耳聲不斷地湧現。只見有的學生埋頭苦思，有的學生匆匆讀書，有的學生則豁然開朗，粲然一笑，大家都被問題所感染。那場景真是精彩極了！

　　閱讀完第八段，學生開始發問，他們的問題異彩紛呈，緊扣要點，大大超出了楊老師的設想。比如，有的學生圍繞課文中「淡淡k字」連續發問：k字有人擦過，是誰擦的？他為什麼要擦k字？有的則是對父親前後不同的情緒產生了興趣：父親得到名車不高興，怎麼把車拱手相送後反倒高興起來？有的則站在文中「我」的角度思考：我們家窮，庫伯家有錢，難道不能把車留下嗎？

　　聽著學生的提問，楊老師不由得在心中讚嘆——他們提的問題還真不錯！而且楊老師不但在心中讚嘆，口頭上也在不住地表揚。為了讓學生的思想「站」得再高一些，楊老師拿起書有感情地範讀了課文中第一自然段中「母親」說的那句話，和課文的最後一段，然後把目光又投向了學生。

　　真是心有靈犀，學生馬上讀懂了楊老師的意思，手又迅即舉了起來，「老師，我想知道為什麼『父親』打電話的時候是『我們』家最富有的時刻？為什麼誠實、講信用是人生最大的財富？」

「這名同學提的問題正是我們本文所要講述的主題和中心,即『父親』所遇到的道德難題就是誠實和守信的問題⋯⋯」楊老師這時開始正式進入主題,給學生講述有關誠實和守信在人生中的價值。

此刻,課堂內靜悄悄的,學生都認真地聽著,大家已經完全融入到了課堂氣氛以及角色當中。

思考源自疑問,有疑才有思,才有進步,由此可見疑問對於學習的重要性。只有心有所疑,才會提出問題,而學生在解決一個個問題的同時,也就理解了所學的知識。所以,在教學中,老師需要引導學生提出問題,不讓學生充當聽眾角色。

作為一名優秀老師,楊老師當然深知其中的道理,採用了引導式提問法來引導學生提出並解決問題。這樣一步步地解疑釋惑,使學生在自問自答中解決了所有的疑問,從而達到了良好的教學效果。

但要想讓學生提出問題,老師必須要善於引導。所以,楊老師在開課之初就首先從學生熟悉的生活聊起,提出一系列的問題:「同學們,你們買過樂透嗎?有沒有人中過獎?中了獎的心情是什麼樣的?」

現在的樂透點很多,有幾個人沒買過樂透呢?即使自己沒買過,家人、親戚、朋友總有買過的。因此,楊老師的這個問題一提出,就引起了同學們的興趣,大家開始議論紛紛,興高采烈地講述自己的所聞所見。至於中了獎的心情是怎麼樣的,這還用問嗎?當然是高興和激動啊!

此時,楊老師卻話鋒一轉,給出了一個讓大家意外的答案,同時還引出了另一個問題:「大家中了獎都是興高采烈的,可有人中了大獎卻憂心忡忡的,你們聽了有什麼想法?」

不會吧,誰這麼傻,中了獎還不高興?這個問題的提出,引起了學生強烈的好奇心,而這也正是楊老師所要的效果,只要學生有了好奇心,問題自然就會在他們的腦海中產生。接下來,楊老師要做的就是步步為營,帶領學生進入課文,先把問題從他們的大腦中一個接一個的「牽」出來,層層揭開

四、高效課堂的提問方式

提問的神祕面紗，最後讓學生問得欲罷不能，教學程序就會按楊老師的預想如期展開。

而事實上，楊老師的問題已經引出了學生的問題，「不可能吧」「怎麼回事」「這人是誰啊」學生互相交流著疑問。但楊老師卻並沒有直接給出答案，而是故意高深莫測地引導說：「是啊，怎麼會這樣呢？要想知道實情，就請同學們打開書，翻到《中彩那天》，默讀課文的四到七自然段。讀完後，你的心中一定會有解不開的疑團，只要你大膽地說出來，那你就是今天最棒的學生。」

這更吊足了學生的胃口，原來答案就在書中啊！於是大家開始興致高昂地閱讀課文。而在閱讀文章的過程當中，一個個問題又不斷地冒出，楊老師及時地加以引導，學生在自問自答中理解了整篇文章所要表達的主題，並且在楊老師的講解下，將知識昇華了，即人生最大的財富不是金錢，而是誠實和守信。

在教學中我們深知「學貴有疑」的重要性，因為解決一個問題也許僅是一個教學上的或實驗上的技能而已，而提出新問題、新的可能性，從新角度去看舊問題卻需要有創造性的想像力，而且標誌著教學的真正進步。

發現問題正表明學生對這一事物產生了濃厚的興趣，已經認真地思考過，因此學生的問題都極具價值。一是透過問題本身，老師可以瞭解學生的認知發展水平；另一方面，學生探索問題和敢於提出問題的精神是最有價值的，而不在於問題和探索的答案本身是否科學。老師應尊重學生對問題的探索性答案，這要比灌輸給他們一大堆科學道理強得多。

自實行素質教育以來，在課堂上，每個老師都在努力追求學生自問、自悟、自得的學習境界。但事實上，有些老師對學生的提問也是滿懷懼意的。為什麼這麼說呢？我們先來看一看一位老師的教學實錄：

有一位老師在教《西門豹》一課時，為了實施新課標中的要求，特意注意到了讓學生進行提問，讓他們把自己不理解的地方提出來，大家一起進行

討論。應該說，學生對《西門豹》這篇課文還是比較感興趣的。在讓他們提問時，大家的情緒都非常高漲，幾乎全班的同學都高高地舉起了小手。

看到這種情形，這位老師的內心特別高興，他感覺班裡的同學都積極地投入到學習中來了，都認真地思考過了。於是，他高興地叫起了一位同學。這位同學站起來問了這麼一個問題：「老師，課文上說『有女孩的人家都逃到外地去了』，那他們到哪裡去找河伯的『媳婦』？」這位老師對這位同學的問題比較滿意，因此耐心引導學生理解「『有錢的人家花點錢就過去了』，實在沒人時，有錢也過不去，因為他們要這麼一個女孩作為他們的工具，使他們能騙到更多的錢」。

應該說，這是一個好問題，可接下來學生所問的問題就有些不妥了，「老師，那葦席為什麼先是浮著的，到了河中心才和女孩一起沉下去？」

這個頭兒一開，同學們五花八門的問題就接踵而來──「老師，那女孩為什麼不反抗？她只要逃走就好了」「老師，沒錢的人家為什麼不反抗，而眼睜睜地看著女孩被他們拉走」「那巫婆為什麼不反抗或磕頭求饒」「為什麼西門豹不把那些官紳都殺了，他們也參與了欺騙老百姓的行為，也是壞蛋！」等等。

聽著這些毫無意義的問題，這位老師不由得皺起眉頭，他告訴學生提問題要注意意義性，要結合課文的內容。學生聽後若有所思，點點了頭，似乎是理解了，但接下來，學生的提問仍然是一些毫無意義的問題。

此時，這位老師很想結束學生的提問，可看著學生那期待的眼神，看著他們舉得高高的小手，又覺得於心不忍，於是只好忍著心中的無奈，讓學生繼續說出自己的問題。接下來整節課的時間都是在這些毫無意義的問題中耗下去的。

課後，這位老師進行了反思，不知道這樣做到底好不好，對學生提出的那些問題是否應該讓他們繼續說，如果停止他們的提問，是否會打擊他們的學習積極性？這位老師的心中很是困惑：不是說學生的問題都極具價值嗎，

四、高效課堂的提問方式

那麼那些與課堂教學無關，與教學內容沒有聯繫的問題是否有價值？在學生提問時，該如何引導他們針對課文去進行積極的思考、提問？

實際上，可能有很多老師都遇到過類似的困惑，老師在課堂上煞費苦心地激勵半天，但學生的思想卻依舊混沌一片不知問從何來，把老師尷尬地晾在那裡；也有時學生「呼啦啦」地舉手提問，老師不由得激動起來，既然大家的思維這麼活躍，那就都說說吧。結果呢，學生問得不著邊際、零零碎碎。不解決吧，有傷學生的積極性；解決吧，課堂教學在他們的提問下已變得支離破碎；還有些學生的問題問得離開了課本，走出了課堂，怎麼拉也拉不回來。於是老師不由得感嘆：學生太缺乏問題意識了。

事實真是如此嗎？我們可以想想，孩子們在兩三歲時，總有一個又一個天真可愛又不失探究性、科學性的問題，怎麼他們長大了反倒不會提問題了？

其實小孩子愛問問題，是由於那問題對於他們來說是未知的，因未知而使他們感到有趣、好奇，是好奇心不斷驅使他們發問，是有內驅力的。而學生大部分是迫於老師必須提問的壓力而勉強提出問題的，大家想一想，被動的問題怎麼會有質量可言呢？

就拿上面的事例來說吧，在這節課中，學生能提出問題並「高高舉起他們的小手」，這說明他們的思維是在課堂中，並在積極思考的。對此，老師的做法自然應該是表揚，但表揚之後，會有更多的學生參與到當中來，如此一來，課堂上的時間自然受到了限制。

老師應該注意到，在學生提的這些問題中，有一些是他們自己完全可以回答的。所以，老師可以利用他們積極性正高的時候，把問題拋回給他們，讓小組成員解決自己組員提出的問題！對於那些不能解答的問題，再進行全班交流。全班交流仍有困難時，老師再酌情解答。

當然，這樣可能也浪費了一些課堂上的時間，但總比在課堂上的舉手——講話——思考（爭論）——解決的程序要有效率得多。況且，他們也會在小組的交流合作中取長補短。

老師在教學時，既要鼓勵學生大膽地質疑，提出自己不同的見解，同時老師本身也要有問題意識，要善於引導學生提出問題、解決問題。就像于永正老師說得那樣：「你們提出的問題，我把它們全部還給你們，由你們自己解決。」

探究學習和自主學習的最終目的，是讓學生在自主的摸索中解決問題、獲得知識、掌握學習的方法，並獲得理智慧力的發展和深層次的情感體驗。但老師也應在其中發揮積極的引導作用。

「一千個讀者，就有一千個哈姆雷特。」學生的理解是多元多角度的，也是豐富多彩的。在學生提出問題、解決問題的過程中，老師需要充分發揮穿針引線、鋪路架橋搭梯子的作用。如果學生在解決問題的過程中擱淺了，遇到阻力卻無法突破，久而久之，必將影響他們提問的積極性。有位老師對此做了比較形象的比喻：這就如跳蚤被關在加了蓋的瓶子裡，跳久了跳不出去，到最後即使蓋開了它也不會再跳了。因為它開始懷疑自己到底還是不是一隻跳蚤了。

所以，老師要多運用「引導式」提問法，用問題引導學生積極思考，再讓學生產生問題、提出問題，最後解決問題。

實施問題引導的具體方法

學生都具有好奇、好問、好表現自己的特點，只要老師給他們提供機會，他們就能夠勇敢地從各種現象中提出問題，發表自己的看法。然而，在實際的課堂教學中，卻經常能見到這樣的情形：面對老師精心創設的教學問題，學生似乎不為所動，即使提出問題，也是寥寥幾個人，且大多侷限在一個很小的空間內，雷同而無新意，離老師的期望相去甚遠。有時，學生也能提出幾個問題，然而，數量雖多，卻是言者自說自話，聽者不為所動，所提出的問題並未成為全班學生的共同資源。久而久之，學生從敢問逐漸變成了不願問，最終問不出，發現問題的意識和提出問題的能力慢慢減弱。所以，如何引導學生提出問題，是每一個老師在課程實施過程中需要面臨的首要問題。

那麼，老師應採用怎樣的方法引導學生提出問題呢？

四、高效課堂的提問方式

（1）從回答問題中引導學生提出問題。

學生回答問題是檢查學生是否掌握知識的一個有效途徑，因而問題設計的好壞是能否激發學生有效思維、發展學生智力的一個前提。老師引導式的提問要能引起學生的思考興趣，激發學生的進取心，透過問題的解決去突破教材的重難點，且問題的設計要有梯度，使學生透過層層剖析，在掌握知識的同時又能有所發展。這樣一來，學生在回答問題的過程中，對問題的提問方式也有所瞭解，他們會按照老師的提問方式提出問題，這對學生主動學習以及學習方法的培養都有正面引導的作用。

例如，有一位老師在教「長方體和正方體的認識」時，是這樣設計問題的：

①長方體有多少個面？每個面是什麼形狀？相對的面的大小有什麼特點？

②長方體有多少條稜？相對的稜長度有什麼特點？

③長方體有多少個頂點？相交於一個頂點有多少條稜？

用這樣的引導提問，學生在掌握了長方體的有關特徵之後，會對正方體的提問內容形成初步的框架，也瞭解了提問的一些方式。這時老師又問：「讓你自己學習正方體，你可以透過哪幾方面來學習？能提出哪些問題？」這樣就可以讓學生提出類似的問題，來學習正方體部分的內容，從而掌握有關的知識。

（2）引導提問要及時。

學生在學習過程中，經常會遇到困惑，為了避免學生對問題置之不理或發生時過境遷的情形，培養學生隨時標註的習慣十分必要。老師在一節課中適時地安排學生提問的時間，只要學生提出的問題有了用武之地，他們就會樂此不疲，探究知識的主動性就會被調動起來。

例如，一位老師在教授《植物媽媽有辦法》一課時，寫下課題後問學生：「你們想知道什麼？有什麼問題？」於是，學生紛紛舉手。有的問：「植物

媽媽是誰？」；有的問「為什麼把植物叫做植物媽媽？」；有的問「植物媽媽做什麼事很有辦法？」；還有的問「植物媽媽有什麼辦法？」

在學生問的同時，這位老師隨即把問題中的關鍵詞寫在黑板上，接著對學生們說：「現在，請你們在讀準字音的基礎上，邊讀邊找出這些問題的答案。」學生一邊認真讀，一邊回答了問題。然後這位老師又說：「請你們一邊讀一邊用自己喜歡的形式劃出不懂的地方，再提出問題。」

這時學生又提出了各種問題，如「蒲公英媽媽為孩子們準備了什麼樣的降落傘？蒼耳是什麼樣的植物？為什麼豌豆媽媽的孩子會蹦跳著離開媽媽？」等等。對於學生再次提出的問題，他們自己能解答的就讓他們自己解答，他們不能解答的，再由老師引導他們解答。

學生在開始提問題時比較感性，而隨著老師的逐步引導，他們的提問會向理性過渡，這是循序漸進的過程，不能操之過急。

（3）引導學生從日常生活中提出問題。

課堂來源於生活。我們的身邊處處有問題，關鍵在於老師能否引導學生發現問題、提出問題。只要積極引導學生觀察身邊的事與物，就能讓學生提出許多問題。

其實，只要老師給學生營造出問的環境，給學生鋪設問的橋梁，學生還是會問出各種有質量、有意義的問題的。就像課標中要求的一樣：老師要引領學生走向文本，搭橋鋪路，使之與文本撞擊出思維的火花。希望所有的老師都能夠像名師們那樣，多運用引導式提問法，讓學生學會提問。

6. 創設情境是解答問題的梯子：創設情境式提問

創設情境式提問是指老師透過語言的聲調、感情色彩或設置形象的場景、活動，激起學生的情緒、情感以及豐富的想像，把學生帶入文本情境中的一種提問方式。它是提高老師課堂教學質量與效率的重要手段。

創設情境式提問正如美國心理學家和教育家布盧姆所說，學生在接受提問、思考答問的過程中交替地攀登兩個梯子，「一個梯子代表認知行為和認

四、高效課堂的提問方式

知目標,另一個梯子代表情感和情感目標」,「透過交替地攀登這兩個梯子,就可能達到某些複雜的目的」。而創設情境式提問就可作為學生攀登的「梯子」,可以使他們的答問過程不只是單一的思維過程,而是伴有豐富的情感體驗的認知過程,是一個情知統一的思維品質的提高過程。

胡瑞定是小學數學教師。由於所教學科的抽象性,胡瑞定老師常創設一些比較形象的情境和場景,再透過詢問問題,啟發和點撥學生發現問題、解決問題。如他在教《圓的認識》一課時,就是借助活動來創設問題情境的:

「同學們,你們騎過自行車嗎?」胡老師微笑著問道。

這是什麼問題?誰沒騎過自行車啊?大家都疑惑地望著胡老師。看著大家驚奇的目光,胡老師仍是微微一笑,然後拿出演示課件向大家演示,只見畫面上一個人騎著一輛橢圓形車輪的自行車晃晃悠悠地往前走,「請看有人騎著自行車過來了!」

學生都放聲大笑。

胡老師故作驚訝地問道:「你們在笑什麼?」

「老師,他的自行車車輪是橢圓形的!」學生指著車輪笑著說。

「那車輪應該做成什麼形狀?」胡老師故意問。

「圓形的。」大家異口同聲地回答。

「是的,自行車的車輪應該是圓形的。現在請你們在練習紙上畫一個任意大小的圓,你們認為該怎麼畫?」

學生一說:「硬幣是一個圓形,可以用硬幣畫一個圓。」

學生二說:「透明膠是一個圓形,也可以畫一個圓。」

學生三說:「硬幣、透明膠都只能畫一個固定圓,如果用圓規來畫就可以畫出大大小小不同的圓。」

學生四說:「我看見木匠師傅用黑線來畫圓,我想利用一根線也能畫一個圓。」

胡老師對同學們的回答非常滿意，於是一邊誇獎一邊又提出問題，「同學們真能幹，想出了這麼多畫圓的方法，請你們選擇其中一種或兩種方法在紙上畫出一個圓，並邊畫邊想，你選用的方法有什麼特點？」

受到鼓勵的學生低頭開始畫圓。等大家都畫完後，胡老師請學生在投影儀上展示自己作品，以交流畫圓的體會。

學生一說：「我選用硬幣畫圓，只要沿硬幣一週畫一圈，一個圓就畫好了，我覺得這個方法很方便。」

學生二說：「我選用透明膠畫圓也是這樣，但有一個缺點，就是不能畫較大或較小的圓。」

學生三說：「我選用線來畫圓，先將線的一端固定在一點不動，另一端點上固定一支鉛筆，把筆旋轉一週，一個圓就畫好了。這種方法畫起來比較麻煩，但可以畫很小的圓，也可以畫很大的圓。」

學生四說：「我的方法是用圓規畫圓，用圓規畫圓也很方便，可以在紙上畫出大大小小許多圓。但不能畫很大的圓。」

學生四的方法正是本節課所要講述的內容之一，因此胡老師問學生四：「你能向大家介紹一下，你是怎樣用圓規畫圓的嗎？」

學生四回答：「先把圓規的一隻腳固定在一點上，用手捏住圓規的頭，將圓規略微傾斜一點，旋轉一週，一個圓就畫好了。」

「嗯，你很聰明！」胡老師不由得誇獎道，同時拿出一些正方形的、裡面畫有圓的紙片，發給大家，然後說道：「既然大家已經知道很多畫圓的方法，現在請你們畫一個和紙片上一樣大小的圓，畫的時候要想一想：你準備怎樣畫圓？用什麼工具畫圓？大家可以進行小組討論。」

學生立刻又投入到畫圓中，並一邊畫一邊和同學討論。最後全班分成了三個小組，每個小組派一個代表到臺上，在實物投影儀上邊演示邊解說。

小組一的代表說：「我們組認為用圓規來畫比較方便，圓有一個中心點，估計一下中心點的位置，用圓規的一隻腳指在中心點上，另一隻腳指在圓周

四、高效課堂的提問方式

　　上，慢慢調試到旋轉一週和圓完全重合，然後固定兩腳間的距離，在旁邊可以畫出一個大小相同的圓。」

　　小組二的代表說：「我們組經過討論，先把這個圓剪下來，對折再對折，打開後兩條摺痕的交點就是圓的中心點，我們發現圓的中心點到圓上距離都是相等的，所以用圓規量出圓的中心到圓上的距離，就可以畫出一個大小相同的圓。」

　　小組三的代表說：「我們發現這個圓在正方形裡，正方形的邊長是這個圓上下、左右的長度，我們就用尺量出正方形的邊長是6公分，那圓規兩腳之間的距離是3公分，就可以畫出與紙上大小相同的圓。」

　　聽完學生的講解，胡老師點頭道：「同學們用不同的方法畫出大小相同的圓，請想一想，這幾種不同的方法有什麼共同點？」

　　學生一說：「找到圓的中心點，再用圓規來畫圓。」

　　學生二說：「確定圓規兩腳之間的距離，然後旋轉一週就畫成一個圓。」

　　聽著學生的發言，胡老師邊寫邊解說道：「圓的中心點叫做圓心，用字母『O』表示，圓規兩腳間的距離叫做半徑，用字母『r』表示，剛才所畫的摺痕就是這個圓的直徑，用字母『d』表示。那麼，請同學們在固定位置畫出一個半徑為2公分和直徑為8公分的圓，並標出圓的圓心、半徑和直徑。」

　　學生低頭畫出兩個圓後，胡老師啟發地問道：「請你們在所畫的幾個圓中，分別再添上幾條半徑和直徑。然後比較一下，你們發現了什麼？」

　　學生一說：「半徑有無數條，而且都是相同的。」

　　學生二說：「不一定，一個圓的半徑是2公分，另一個圓的半徑是8公分，它們的半徑不相同。」

　　學生三說：「我認為應該補充完整，『同一圓內半徑相等，且有無數條』。」

　　學生四說：「我還發現圓的大小是由半徑決定的。」

學生五說:「我發現兩條半徑在一起就是一條直徑,所以直徑的長度是半徑的兩倍,半徑的長度是直徑的一半。」

學生六說:「不一定,只有這兩條半徑在同一條直線上才是。」

學生七說:「圓的大小相同,但是位置可以不同。」

學生八說:「我發現圓心的位置變了,圓的位置也就變了。」

……

胡老師:「同學們在學習中發現了很多圓的知識,你們還想知道圓的其他知識嗎?請大家打開課本看看書上是怎麼說的。」

接著,學生就翻開課本,跟隨著胡老師一起進入了知識的殿堂。

數學是一門非常抽象、難懂的課程,所以學習數學的知識、思想和方法,不應當只透過老師的傳授獲得,而是讓學生在特定的情境中借助老師的啟發性問題,經過點撥以及透過自身有意義的學習活動而主動獲得。

正是基於這一理念,胡瑞定老師在課堂教學中,經常以學生為本,以學生的學習為中心,努力創設一些有意義的教學活動情境,借助學生自身的學習活動來調動學生的主動性、積極性和創造性,使學生最大限度地參與到探究新知的活動中,透過學生自己動手、動口、動腦等實踐活動,使外部的學習活動逐步內化為學生內部的智力活動,透過全方位的學習活動,促進學生知識與智慧的協同發展。這樣不但培養了學生的動手實踐能力,而且更重要的是發展了學生的創新意識。

在上《圓的認識》一課時,很多老師的習慣做法是:先借助課件讓學生觀察一些圓形的物體,然後老師演示甩小球,小球運動形成點的軌跡是一個圓,以此來揭示「圓是在平面上到一定點的距離等於定長的點的軌跡」。接下來,便是學習用圓規畫圓、認識圓的各部分名稱、學習圓的特徵、鞏固練習等步驟。

而今,我們在新課程的理念下反思這樣的教學過程,可以感受到這樣的教學雖然注重了知識的形成過程,但課堂教學仍然是以老師的「教」為中心,

四、高效課堂的提問方式

老師講得多，演示得多，而學生則看得多、聽得多、模仿得多，他們被老師「牽」著鼻子一步一步往前走。這樣的學習活動使學生缺乏對數學的感悟和體驗，缺乏探究性，思維含量不高，不利於培養他們的創新精神。

而在胡瑞定老師的教學中，我們可以看到，他特意創設了學生感興趣的問題情境，即「同學們，你們騎過自行車嗎？請看有人騎自行車過來了」，並用課件演示一個人騎著自橢圓形車輪的自行車。這立刻引發了學生學習圓的有關知識的慾望，然後借助三次畫圓的活動情境，創設了三個不同的問題情境，引導學生自主探究，發現圓的有關知識。

在這三次學習活動中，胡老師引導學生採用了不同的方法畫圓，這充分挖掘了學生的聰明才智。學生透過親身的活動體驗感悟到了圓的許多知識：如怎樣才能畫出一個圓；不同畫圓的方法在生活中的實際應用；半徑的長短與圓的大小關係；圓的位置與圓心的位置關係等等。

這些知識都不是胡老師強加灌輸給他們的，而是在胡老師創設的畫圓情境中，學生自己帶著問題（畫出合乎要求的圓）的明確目標，在頭腦中再現生活中觀察到的現象，經過自身的實踐活動（調試畫圓），嘗試分析，逐步調整，在反覆的思考、群體討論與交流中共同探究得到的。這樣的學習過程才是充分展示學生發現和「再創造」的過程，才有助於提升學生的探究能力及解決問題的能力。

除此之外，學生的三次畫圓也是在三個不同的學習水平上進行的。第一次畫圓是胡老師讓學生根據已有的知識水平及生活經驗，任意選用一種方法畫圓。由於每個學生原有的認知起點不同，思維方式不同，所以採用的方法也不相同。此時胡老師的教學目標定位在讓學生感知圓，透過畫圓在頭腦中初步建立圓的表象，明白圓是由一條封閉曲線圍成的圖形，同時讓學生透過自己評價作品（圓）及同學間互評感悟到畫圓方法的多樣性，體會到每種方法都有它的優勢，但也有它的侷限性。比如，利用物體（硬幣、透明膠）畫圓比較快、方便，但不能隨意調整圓的大小；利用圓規畫圓，則可以靈活調整圓的大小，且畫出的圓比較規範，但不能畫得很大；利用線畫圓雖然麻煩，

但可以畫任意大小的圓，在實際生活中的應用也很廣泛。這一切都為學生今後靈活運用方法解決問題做了必要的準備。

第二次畫圓，胡老師巧妙地設計了一個活動情境——「你能畫一個和它一樣大小的圓嗎？」這可以使學生進一步感悟到用圓規畫圓的優勢，明確了學習用圓規畫圓的必要性和實用性，同時又引導學生在思索中畫圓，促使學生在畫圓的過程中探究圓的特徵，而不是充當了一個簡單的「操作工」。

在這個畫圓的活動中，學生動手畫圓，動腦探索，自己去主動發現知識，而胡老師只是作為學生探索知識的「帶路人」「點撥者」和「欣賞者」，為他們提供機會，創設情境，讓學生在活動中像科學家一樣研究、創造，從而真正享受到成功的喜悅，促使學生更主動地探索圓的知識。同時在這個過程中自然而然地滲透了學數學的思想方法，可供學生享用一生。

而第三次畫圓不但達到了進一步讓學生熟練地畫圓的目的，同時也為下一階段的研究學習提供了更多的探索發現的材料。這有利於學生透過不同大小的圓的比較，找到更多本質屬性的變化規律，進一步深化理解圓的有關知識。

胡老師在數學課堂中創設問題情境，不僅使原來枯燥的、抽象的數學知識變得生動形象，饒有情趣，而且在有限的時間內培養了學生的主體意識和創新精神，從而進一步激發了學生的求知慾。而更重要的是，問題情境的創設激發了學生強烈的問題意識和探究動機，引發學生開展了積極的思考和深入的探究，真正幫助學生從被動地接受知識轉變為主動地探究、建構知識，從而達到培養、提高學生自主學習能力的目的。

新課標明確提出：「老師在教學過程中應與學生積極互動、共同發展，要處理好傳授知識與培養能力的關係，注重培養學生的獨立性和自主性，引導學生質疑、調查、探究，在實踐中學習，促進學生在老師指導下主動地、富有個性地學習。」而要想達到這一目標，創設問題情境無疑是很有效的方法，同時它也是提高老師教學效率的良策。

四、高效課堂的提問方式

創設問題情境教學是激發學生的學習興趣、培養學生善於思維、促使他們掌握學習方法的有益嘗試。它是根據教學內容創設新穎、可行、開放的情境進行教學，讓學生在情境中思考、探索、合作，養成主動學習的習慣，以達到師生之間的互動。所以說，創設問題情境具有很重要的教學意義。

（1）創設問題情境有利於學生提出問題。

問題是思維的動力，決定著思維的方向。設計符合學生認知水平的具有啟發性的問題，可以把學生引入到一種與問題有關的情境。透過問題情境的創設，可以使學生明確探究的目標，產生強烈的探究慾望，激發他們產生對新知

識學習的積極性。在教學時，對於問題情境中所隱含的「問題」，老師應引導學生在實踐活動中自己去發現、去探究，而不是簡單地直接給出問題。

（2）創設問題情境可以引發學生的求知慾。

老師可以從教學中選取一些與教學相關的實例或模擬場景創設問題情境，這樣會使學生產生一種熟悉感、親切感，讓他們產生迫切解決問題的慾望，從而使他們很快地投入到學習當中去。

（3）創設問題情境可以引發學生的學習興趣。

為了激活學生探求新知的積極心態，使他們認知活動中的智力因素與非智力因素處於最佳狀態，老師每節課最好都要做好創境激趣的工作。

比如，老師在講授新知識前，可演示有關直觀材料，引導學生觀察實物和模型等，引發學生的學習興趣。或透過設置一些令學生好奇、暫時迷惑不解的懸念，引起學生的注意，激發他們探求新知的慾望和興奮狀態，從而使他們主動地參與學習。

例如，在教「能被2和5整除的數的特徵」前，老師可以向學生提出，「只要你報出一個數，我就能知道這個數能不能被2或5整除。」出於強烈的好奇心，學生會搶著報較大的數，力求難住老師。當老師都準確迅速地判斷出來後，學生的好奇心又轉化成了求知慾，紛紛問老師：「為什麼您能判斷得

又快又準呢?」由於很想知道其中的奧妙,他們就會主動地學習「能被 2 和 5 整除的數的特徵」。由於對學習產生了濃厚的興趣,有的學生還會提出「能被 3、7、9 等整除的數是不是也有特徵呢」等類似的問題,這樣學生潛在的創新意識就被激發起來了。

總之,在教學活動中,老師要精心創設各種問題情境。只有這樣,才能充分激發學生的求知慾,發揮他們的創造才能,從而培養他們的創新精神。

實施問題情境打造的具體方法

創設問題情境就是在教材內容和學生求知心理之間製造一種「不協調」,把學生引入一種與問題有關的情境過程中去。這個過程也就是不協調——探究——深思——發現——解決問題的過程。當學生接觸新的知識時,已有的知識經驗、思維方法一時不能同化接納,從而產生一種力求解決問題而又不能的心理狀態,在心理上造成一種懸念。那麼,老師應如何創設問題情境呢?

(1) 用懸念創設問題情境。

「懸念」是指課堂教學中,老師針對學生的求知慾強、好奇心切等特點,創設具有科學性、新穎性,足以引起學生探索活動的各種疑問,激發學生的學習興趣。

例如,在教能化成有限小數的分數特徵時,老師可直接告訴學生:分數能否化成有限小數,這裡面是有祕密的,老師已掌握這個祕密,不信你們可以出一些分數來考考老師,老師能很快地判斷出每個分數是否能化成有限小數。同時請學生用計算器進行驗證,使學生明白分數能否化成有限小數的確是有祕密的。這樣就產生了「有什麼祕密,祕密在什麼地方」的問題懸念,從而創設出問題情境,使學生產生瞭解決問題的迫切感。

(2) 根據生活來創設問題情境。

知識源於生活,並最終服務於生活。所以在教學中,老師要創設與學生的生活環境、知識背景密切相關的,又是學生感興趣的學習情境,以便讓學生在熟悉的情境中和已有的知識中學習新的知識。

四、高效課堂的提問方式

（3）借助活動創設問題情境。

開展活動是創設問題情境，激發學生主動參與學習的一種良好形式。由於學生具有好奇、好動、好勝的心理，教學時可組織學生開展活動，創設問題情境。這樣可以使一些抽象、難於理解的知識在生動活潑的課堂活動中為學生所接受，達到寓教於樂的目的。事例中，胡瑞定老師就是透過開展活動來創設問題情境的。

（4）用故事創設問題情境。

學生都喜歡聽故事，不管是大學生還是小學生，只要老師把故事與教學內容結合起來，就會引起學生學習的興趣。

（5）利用現代教學手段創設問題情境。

這種方法比較適用於低年級的學生，比如，小學生是以形象思維為主要形式的，對形象化情境中的問題有興趣，會用心觀察，認真思考。所以運用現代教學手段創設問題情境，可以有效地調動他們的學習熱情。

但老師在創設問題情境時，需注意以下問題：

（1）問題情境要具有新穎性。

新課程的實施需要在課堂教學中注入活水，讓學生在活水中暢遊，這就要求老師在創設問題情境進行教學時應具備一定的新穎性。它並不是平常意義上的「老師提問題——學生回答」的模式，而是「創設情境——師生互動」的新型模式，應根據教學內容從學生的實際出發，創造獨特新穎的問題情境。

所以，老師應該轉變觀念，要明白學生的頭腦不是一個要被填滿的容器，而是一把要點燃的火把。而要想點燃這個火把，就要求問題情境的設置不僅要新，而且能引發學生的思維，讓學生在問題情境中感悟、探索、昇華。

（2）問題情境要具有雙向性。

創設問題情境進行教學，一方面是反映學生的認知、思想情感的疑問、困惑和要求；另一方面是體現社會、學校、老師對學生的要求和期望，是學

生主體性和老師主導性的融合點,是一種雙向交流,體現了教學活動領域的民主性。

這種雙向交流與傳統的單向傳遞有本質的差別,前者是學生的引路人,後者是真理的化身。創設問題情境教學就是要讓學生真正地「活」起來,鼓勵他們發表自己的「高見」。當然老師也可以發表見解,但絕不能強求學生接受,師生之間應該允許存在觀點、思維方法的分歧,相互駁斥甚至爭辯均屬正常情況。

(3)問題情境要具有適應性。

一般而言,教材總是相對穩定的,而時代和學生則是動態的,不同的時代和學生群體所關注的問題是不同的。我們知道,現在的學生,他們思維的廣度和深度都比較高,思維的對象大為擴展,並具有比較自覺和強烈的批判性色彩。

其實,這對我們的教學來說未必不是一件好事,但如果老師的引導不當,將會適得其反。所以,在創設問題情境進行教學時,老師要從「把握時代的脈搏、學生的思想、認知、信仰等實際及教學內容」去創設問題情境,迎合學生渴望表現自己的心理。

(4)問題情境要具有靈活性。

教無定法,教學方法要靈活機動。創設問題情境教學也是如此,問題情境的創設不僅僅是老師提出來的,也可要求學生在預習的過程中把自己的困惑提出來。問題情境設計出來後,可以靈活地採用各種生動活潑的形式,比如,「小組討論競賽」「當回小老師」「演講」「辯論賽」等等,真正做到「官教兵,兵教官,兵教兵」,克服舊的教學模式中單調、呆板的弊端,讓學生在各種形式的活動中真正「活」起來,「動」起來。

(5)問題情境要具有有效性。

有效性是教學的生命。問題情境的有效性是指透過創設一定的教育活動,使學生達到預期的最佳效果。所以,老師在創設問題情境時首先就要考慮到創設的問題情境是否具有有效性。

四、高效課堂的提問方式

(6) 問題情境要富有趣味性。

問題情境的創設要針對學生的年齡特點和認知規律，以他們的興趣為出發點，將問題融於他們喜聞樂見的情境中，以此激起他們探求新知的積極性，促使他們全身心地投入到對新知的學習中。

(7) 問題情境要具有障礙性。

情境中的問題要有一定的思考價值，不易過於寬泛，使學生無所適從；也不易過於簡單，失去思考價值。要臨界於學生的「最近發展區」，使學生能夠透過自身努力或與小組合作解決為佳。

(8) 問題情境要具有開放性。

開放性的問題情境可以為學生提供更為廣闊的想像空間和自由發揮的機會，能滿足不同層次的學生的不同需求，更好地促使每一位學生在原有基礎上得到不同程度的發展，有效地培養學生的探究和創新意識。所創設的情境應符合客觀現實，不能為教學的需要而「假造」情境。

總之，只要老師能像胡瑞定老師那樣精心地創設問題情境，使教學內容產生巨大的誘惑力，就一定能激發學生參與學習的熱情，從而提高課堂教學效果。

7. 提問要具開放性：開放式提問

開放式提問，指思路較為廣闊，答案不是唯一的、封閉的提問方法。它是一種全新的提問方式，能夠完全避免傳統提問方式的種種弊端。它是以學生為主體，強調學生已有的知識經驗和技能水平，引導學生自己觀察和認識世界，從而建立起全新的師生互動關係的提問方式。

開放性提問是與封閉性提問相對應的。「是不是」「對不對」「有沒有」之類的問題就是封閉性的問題，回答這類問題很簡單，只要說「是」或「不是」、「對」或「不對」就可以了，這種提問只停留在簡單的認知狀態，它對學生的思維挖掘得很淺；而「談談你的看法」「說說相同與不同之處」這

類問題就是開放性的問題，這類問題需要運用比較、演繹、歸納等思維形式，能激發學生思維的廣度和深度。

因此，在課堂教學中，老師應針對課本中的重點、難點和習題，多精心設計些開放式的提問，這對幫助學生深入理解、牢固掌握知識和培養發展思維，都有一定的效果。

語文是一門充滿思想、充滿人文精神、充滿智慧的學科，語文教學重視「雙基」，但知識不等於智慧。知識關注的是現成的答案，而智慧關注的是未知的世界。如果語文教學只是讓學生記憶知識，而忽視了讓學生運用知識去探究未知的世界，忽視了對學生質疑問難的探究精神的培養，會抹殺學生個性化的理解和獨特的內心體驗，學生重複的只是別人的思想，久而久之就容易養成思維的惰性，變得不善思索，個性差異縮小，那就偏離教育的大方向了。

也正因為如此，在小學語文教師薛法根老師的語文課堂上，我們可以感受到思維的深度。他提的問題沒有唯一的答案，學生可以根據自己的理解從各個角度回答，從而讓學生從內心深處感受到學習的樂趣。下面，讓我們來欣賞一下薛老師的教學片段。

片段一：

在教授《橋》這一課時，開課伊始，薛老師首先引導學生看了一段洪水波濤洶湧的視頻，然後問學生：「你們剛才看到了什麼？」

「水。」

「不對，是洪水。」

「氣勢洶湧的洪水，非常兇猛。」

學生紛紛舉手發言。

「對，大家說得非常好，是洶湧的洪水，今天我們就學一篇與洪水有關的文章《橋》。」薛老師對同學們的回答給予了肯定，並轉身在黑板上板書文章題目《橋》。

四、高效課堂的提問方式

薛老師引導學生朗讀課文，當學生讀到「老漢清瘦的臉上淌著雨水，他不說話，盯著亂哄哄的人們，他像一座山」這一句時，他問道：「讀完這句，你們感到了什麼？從哪裡感受到的？」

這個問題一提出，學生開始認真地思考起來，當無法思考出答案時，他們又仔細去讀課文，並深入地思考自己的感受。

薛老師沒有打斷同學們的思考，而是給予他們充分的思考時間。過了幾分鐘，學生積極地發言，訴說自己的感受，課堂氣氛很熱烈。

片段二：

在上《媽媽的帳單》這一課時，薛老師引導學生讀了課文後，提了兩個開放性的問題：「你知道了什麼？你有什麼疑問？」

學生一說：「小彼德與媽媽都寫了一份帳單。」

學生二說：「他們帳單的內容寫得不一樣。」

學生三疑惑地問道：「孩子與媽媽之間也要寫帳單嗎？」

學生四也不解地問：「媽媽為什麼在最後寫零芬尼呢？」

「看來同學們發現了不少問題，你們想不想知道這些問題的答案？」聽了學生的發言，薛老師問道。

「想。」學生齊聲回答。

「好，咱們現在來比較一下兩份帳單，看有什麼不同點。為什麼媽媽的總價錢是零芬尼？」

學生積極展開思維，仔細比較著小彼德與媽媽的帳單，然後踴躍地回答道：

「他們都為對方做了事。」

「都寫有多少錢。」

「都有總價錢。」

有個學生甚至說：「是因為小彼德沒有生過病，媽媽沒有照顧他才寫零芬尼的。」對於以上這些偏離主題的回答，薛老師並沒有急於否定，而是耐心地給予引導，讓學生從內心深處真正理解媽媽寫零芬尼的用意——媽媽為孩子的付出不求回報。

從以上案例中，我們可以看出薛老師非常注重提問的開放性。在上《橋》這一課時，薛老師引導學生看完洪水波濤洶湧的視頻後，問「你們看到了什麼」，而不是問「你們有沒有看到波濤洶湧的洪水」，前一個問題就是開放性問題，後一個問題就是封閉性問題。這種開放性的問題會讓學生充分展開思維，進行積極的想像。

在引導學生讀完「老漢清瘦的臉上淌著雨水，他不說話，盯著亂哄哄的人們，他像一座山」這一句話後，薛老師又提問：「你感受到什麼？從哪裡感受到的？」這種追根問底的問題一提出，學生的思維就打開了，他們就會去讀，並深入地思考自己的感受了，而不至於停留在表面的想當然的程度上。

而在《媽媽的帳單》一課中，薛老師的提問同樣非常具有開放性。他在引導學生讀了課文後，提了兩個問題——「你知道了什麼」「你有什麼疑問」，這種開放性的問題尊重了不同學生的個體認知，激發了學生的思維。

在後面的環節中，薛老師又引導學生讀兩份帳單，讓學生比較兩份帳單的異同點。由於三年級學生的思維還基本處於具體形象的思維階段，只有少數學生開始由具體形象思維向抽象思維過渡。這一年齡段的學生需要借助具體形象的詞彙才能思維，而比較兩份帳單的異同點，必須運用比較思維，比較思維更多的要借助概念詞彙，這對三年級的學生來說有很大的難度。所以，薛老師提出這一問題後，學生更多地停留在了「都為對方做了事」「都寫有多少錢」「都有總價錢」這種很具體的比較上。但是，教學的目的不是應付學生的現狀，而是應根據「最近發展區」的原理去激發學生的思維。

應該說，這有一定的難度，因為那不是學生的現狀。所以，在課堂中，薛老師一直很有耐心，甚至對一個學生所說的「小彼德沒有生過病，所以媽媽才寫零芬尼的」這一觀點也沒有予以否定，而是針對這一情況，耐心地引導他們，讓他們懂得零芬尼是媽媽不求回報的體現。

四、高效課堂的提問方式

在薛老師的這兩節課中，他用開放的問題拓展了學生思維的廣度和深度，用開放的問題滿足了課堂中學生個性化的需求，用開放的問題展示了語文教學的開放性。

思維能力強的學生會從不同的角度理解、思考，得到多個答案；思維能力相對稍弱的學生透過直觀的觀察至少也能想出一個。這樣做，充分地釋放了每一位學生的潛能和才華，確保了人人獲得成功，人人都有成功的體驗，學生的主體地位就完全地突現出來。

思維的廣闊性是作為一名現代人必須具備的思維品質。它是指一個人在思維過程中能全面地看問題，即對同一問題或現象能多角度思考、多因素分析、多方法解決。訓練學生思維的廣闊性，拓寬學生的思維空間，是每一個教師義不容辭的責任。而開放式提問，其重點恰好是在於引導學生的思維過程，使他們掌握一定的思維方法和技能，從而為他們的創新思維與拓寬思維空間打下了良好的基礎。

（1）開放性的提問內容，可以開拓學生的視野。

每個學科之間都是相互聯繫的，因此教師們在設計開放性問題時，思路和視野要廣闊，涉及的知識面要廣泛，不僅僅侷限於教材，還可以涉及日常的生產生活、時政熱點、最新科技動態領域，滲透語文、數學、物理、化學、生物、歷史等多學科知識，將所有有關的內容加以提煉，設計成適合學生年齡特點和認知規律的趣味問題，讓學生親身體會到知識的廣泛性。

（2）開放性的提問條件，可以激活學生的思維。

①有利於培養學生的發散思維。

如果提出的問題條件單一，學生在解題時就會形成思維定式，從而限制思維的發展。開放性問題的條件一般有多個，條件也可不斷變化，對同一知識點可從不同角度、不同方式設計成問題，不侷限學生的思維使他們可以從正面、反面、側面多途徑思考，縱橫聯想所學知識，非常利於發散思維能力的培養。

②有利於培養學生的綜合思維。

綜合能力的形成以綜合思維為核心，並以思維的綜合、全面、深刻、敏捷等為特徵。這是因為綜合思維的知識基礎更廣闊，聯繫渠道更暢通，思維方式更靈活多樣，而開放式提問正體現了這一點，能很好地培養學生的綜合思維能力。

（3）解答途徑和方法開放，可培養學生的探究能力。

開放性的提問大多是一題多解，學生的思維是開放的、發散的，從而有利於開闊學生的視野，讓學生掌握多種思維方法，訓練學生用不同的途徑和方法解決問題的能力。

開放性提問的一個重要特點是探究性，它側重於解決問題的思路和策略（即探求知識的過程），而不是簡單的答案。教材中沒有現成的答案可循，教師們也不提供權威性的答案作為參考，這能引導學生自己去觀察、思考、驗證，從而發現規律，解決問題。

（4）提問方式開放，能改變「教」「學」方式。學生有了疑問才能去思考，才能有所發現、有所創新，沒有問題的學生永遠不會有創造。

由於知識背景、興趣愛好、價值取向、思考角度的差異，師生對問題的關注點不同，就是對同一問題的關注點也可能會迥然不同，這可能會造成課堂提問不能激發學生探求知識的慾望，違背了教學應接近學生「最近發展區」的原則。

因此，我們應改變單一的「我來問，你來答」的提問方式，提問形式要盡量多樣化：可以師問生答，也可以生問師答；可以同桌互相提問；可以小組內提問，也可小組間提問；也可以男女同學互提，或開展提問接力競賽，比比哪個人（或哪個組）提的問題多、水平高。教師們應創造條件盡可能地把提問的權利交給學生。

由於提問方式的開放，學生就可以獲得學習的主動權。他們不再被動地聽取知識，而是積極主動地發現問題、提出問題、分析問題、解決問題；學生不再是被動接受知識的「容器」，而是積極主動的知識探求者，在「我要學」「我愛學」的氛圍中自主學習、合作學習，愉快地接受知識；課堂上，隨著

四、高效課堂的提問方式

各種各樣問題接二連三地出現，師生之間的平等對話就會成為自然而然的事情，教師們再也難以使用「灌輸式」的教學方法，這讓學生的自主學習成為了可能，真正貫徹了「以學生為本」的教學理念。

（5）問題答案開放，可以提高學生的創新和合作能力。

①有利於提高創新能力。

標準化答案會導致學生無條件地服從教師和書本，禁錮學生的思維，扼殺學生的創新精神。開放性問題的答案不唯一或不固定，允許學生對問題有多種解釋或結論，學生可從不同角度、不同途徑思考得出不同乃至於相反的結論和觀點。良好的師生關係、民主寬鬆的教學氛圍又能使學生產生心理安全感，從而敢於質疑，大膽發表自己的見解和主張，向「既成結論」和「權威觀點」挑戰，這無疑會刺激學生萌發富有新意的聯想，從而促進他們創新能力的提高。

②有利於提高合作能力。

由於沒有現成的答案，學生解答開放式問題單靠自己的力量往往無法解決，必須透過同學之間、小組之間、師生之間的交流與合作才能完成。這對學生的合作能力提出了更高的要求：既要善於積極表達自己觀點，敢於說出不同看法，又要善於傾聽他人意見，相互啟迪，取長補短，並能綜合吸收各種觀點，共同尋求解決問題的思路，同時還能夠容許不同意見的存在。

此外，開放性問題打破了課堂上優等生「一統天下」的局面，每個學生都能根據自己的興趣、愛好提出問題，按照自己的知識經驗、認知水平和思維方式提出見解，使不同學習水平和不同層次的學生都能有所收穫，這樣既弘揚了個性，又滿足了學生的參與需要、成功需要、合作需要和自尊需要。

實施開放式提問的具體方法

在課堂教學中，教師們的提問有著舉足輕重的作用。那麼，教師們應該如何把握開放式提問的時機呢？

（1）在引入階段提問。

這類提問一般在引入新課這一環節中提出，其目的是使學生對所學的內容產生興趣。因此，在教學過程中，教師們要依據學生的年齡特徵和認知水平，把一般性的提問加以改良，變成更有趣、更富有挑戰性的開放性提問，並以此來激發學生的興趣。

（2）在新授階段提問。

這類提問通常在新授知識這一環節提出，其目的是讓學生系統地掌握知識，學到思維方法，培養學生的能力。因此，在新授階段提開放性的問題時，教師們既要注意所授知識的重點和難點，又要注意學生的認知規律。要使學生能真正地參與到教學的全過程，積極主動地獲取知識。

（3）在結束階段提問。

這類提問通常在課堂教學接近尾聲時進行，它既是對課堂教學的回顧反思，又是對課堂重點內容的強化。因此，提問時要突出重點，要從培養學生的創新精神和實踐能力的角度來考慮。

陶行知先生告訴我們：「處處有創造之地，天天是創造之時，人人是創造之人。」因此，作為一名教師應抓住教學中的每一塊創造之地，在開放的提問中培養創造之才。

教師們在實施開放式提問時還應注意以下要點：

（1）開放性問題的答案要具有開放性。

所謂「開放」，就是問題要「大」而「深」。「大」是指範圍廣，問題可能包含多種答案，允許學生做出多種可能的解釋和回答；「深」是指有一定難度，盡量少提一些非此即彼的封閉式的問題，逐步引導學生的直觀形象思維向抽象邏輯思維過渡，到思維的「王國」中去遨遊探索，使他們受到有力的思維訓練，培養他們創造性的思維能力。

因此，教師們應適當地設計一些多思維指向、途徑、結果的問題，諸如「如果……那麼……」「你認為接下來會發生什麼」「你認為應當怎樣做」「你喜歡誰？為什麼」「誰的方法好？假如是你會怎麼辦」「關於這個問題

四、高效課堂的提問方式

你還有其他看法嗎」「你最喜歡這本書的哪一頁」「你還有什麼不懂的地方」等開放性問題。

（2）各類開放性問題靈活搭配。

①判斷性問題與分析性問題結合。

比如，將「這個人是誰」「你怎麼知道她是老師」這兩個問題結合，透過追究促使學生講述自己判斷的依據，從而對畫面進行分析與綜合。

②推想性問題與分析性問題結合。

比如，將「他在想什麼」「怎麼知道他是這樣想的」這兩個問題結合，透過追究促使學生的講述由外到裡再由裡到外地展開，這樣做有利於引導學生擴展自己的推想或修正自己的推想。

③創造性問題與分析性問題結合。

比如，將「像什麼」「怎麼看出來的」這兩個問題結合，透過追究促使學生講述想像依據，這有利於引導學生展開合理的想像，透過講述理由，還可以達到互相啟發的目的，促使想像的發散。

（3）開放式提問要有遞進性。

提問應當有合理的程序，即在設計時要由易到難、由淺入深、層層遞進、步步拓展，從啟發、激勵學生的思維出發，運用開放的形式，引導學生逐層深入分析，促進對教學內容的理解與體驗，把學生的思維一步一個臺階地引向求知的新高度，引導學生在定式範圍內連續思維。

（4）要重視關鍵性問題。

課堂教學中的提問必須抓住關鍵，即抓住關鍵時間和關鍵內容。要認真分析教材和學生，針對教學的重點、難點，精心設計幾個關鍵性的提問，把活動的「筋骨」抽出來，將有助於學生主動建構對知識的理解和掌握。

（5）用輔助問題來拓展學生的思維。

當學生對老師提出的問題一時反應熱烈，思維不能發散時，就需要教師們提出輔助問題，來擴展學生的思維，讓他們有豁然開朗的感覺。

（6）開放性提問應鼓勵雙向提問。

雙向提問就是指允許學生向教師們或同學們提出疑問。南宋教育家朱熹說過：「讀書無疑者，須教疑。」著名科學家李正道也指出：「什麼是學問？就是要學怎樣問。」所以，我們應改變以往由教師們單向提問的方法，鼓勵和引發學生質疑，讓學生自己去發現、提出並解決問題。

如教師們可以常這樣問學生：「你們還有什麼沒有弄明白的地方嗎？」學生有時會拋出一大堆問題，學習的積極性高漲，而教師們也從另一個角度瞭解了學生的掌握情況，知道學生哪些地方沒有弄明白，哪些地方需要幫助，從而有針對性地幫學生解決問題。

（7）創設開放性提問的情境。

心理學家認為：人如果總是處於一種興奮、愉快的狀態，其思維就會超常發揮，接受外界信號的速度也會非常的迅速。因此，在教學活動一開始，教師們就應該有意識地改變周圍已熟悉的環境，創設新穎的、使學生感興趣的情境，激發學生的好奇心。同時教師應力求瞭解學生的原有知識經驗、能力狀況及興趣，從而創設能引起學生情感共鳴的教育情境，使他們的心理處於興奮、愉快的狀態，並設置開放的、巧妙的提問，引發他們強烈回答問題的心理慾望，激起思維的興奮性，從而達到「始聚人心」的效果。

（8）延伸開放性提問，挖掘學生的潛能。

不管是上什麼課，都應該是讓學生帶著問題來，帶著更多的問題離去。學生在課堂上會嘗試著發現問題，探索解決問題的方法，從而提高解決問題的能力，進而激發對周圍世界更加關注的興趣。

總之，老師在課堂教學中提開放性問題，為學生的創新提供了廣闊的思維空間，能更好地滿足每個學生的學習心理需要，使學生的創新意識、思維能力得到培養，從而優化課堂教學效果。每一位教師都應該更深入、更持續

四、高效課堂的提問方式

地探索開放式提問，不斷加強對不同教學情境中自身提問行為的監控和反思，優化提問行為，更有效地把握主體性教育，促進學生主動發展。

8. 讓「問題」處在擴展中：擴展式提問

擴展式提問法，就是指學生在學習、思考時透過提問，將一個知識點擴大、發展到另一個知識點，讓問題帶動問題，使知識由點擴展成面，不斷地豐富、完善的一個過程。帶有擴展性的提問，可以彌補學生課堂學習的不足，對於促進學生獲得更多的知識和技能，以及更好地成長具有十分重要的意義。

而擴展性的提問在擴展教學中則至關重要，它往往可以激發學生的學習興趣，可以扭轉課堂中學習不積極的局面。

透過在課堂裡有效地使用「擴展」提問法，可以使學生置身於問題的情景之中，讓問題成為感知和思維的對象，可使學生在明了問題的基礎上產生新問題，並能在解決問題中得到求知與發展，使學生自己在不斷地發現問題並解決問題的過程中得到快樂與滿足，從而提高學生學習的積極性、主動性。

語文教師于兆龍老師是一位個性外向而且幽默的老師，他在課堂教學當中就特別注重知識的擴展性。

由於最近網路搞笑版視頻《一個饅頭引發的血案》在校園裡流傳很廣，引起了不少學生的興趣，也成了很多學生討論的對象。

於是，于老師便將這一問題有效地利用在了自己的教學當中，讓學生產生興趣，用問題引發學生討論的慾望，並將這一問題不斷擴大、發展。

所以在上課後，于老師首先問道：「同學們，你們平時都愛吃饅頭嗎？」

學生聽了以後，覺得老師提的這個問題非常有意思，忍不住都嘻嘻地笑了起來，回答道：「愛——吃。」

于老師看著同學們的表情，也笑了起來。他又繼續問道：「說到饅頭，你們想到了什麼？」

這時一名男生小聲說道：「一個饅頭引發的血案。」

聽了他的回答，全班同學都大笑起來，使的這名男生很不好意思地低下了頭。

這時，于老師看著大家，卻肯定地說道：「你回答得很好，這是一個很不一般的答案，挺有新意的嘛。你能具體地說一說你為什麼會想到這個答案嗎？」

這名男生聽了于老師的話後，露出了驚喜的表情，於是膽子大了起來，也不再拘謹了。便接著說道：「老師，你沒看過著名導演陳凱歌拍的電影《無極》嗎？網上現在出了一個惡搞版叫做《一個饅頭引發的血案》，而且還引起了很大的爭論呢。」

于老師眨了眨眼睛，很有興趣地繼續問道：「是嗎？我聽說好像是還牽扯到了一個什麼官司是吧？」

聽了於老師的問題，學生都來了興趣，像奪食的小魚似的爭先恐後地說道：「對，因為《無極》劇組拍攝時不小心破壞了當地的自然環境……」

有的學生說：「對呀，對呀，我也在網上看到了報導。聽說以後再有人拍電影還要交押金呢。」

又有學生搶著插嘴說道：「不交押金對環境就沒有保障了，而交押金就可以防止有人肆無忌憚地破壞環境。」

于老師看到學生都積極表達自己的意見，欣喜地笑了，說道：「噢，你們這些意見聽起來都非常不錯，那麼大家覺得有什麼好的解決方法嗎？」

這時，有一名男生說道：「我覺得呀，就使勁兒地罰錢，看他們還敢不敢？這個方法最有效也最直接，省時又省力。」

學生也都開始發表不同的意見了，有的說道：「不對，我覺得應該從根本抓起，要多做環保意識的培養工作，就算劇組不破壞環境還有更多破壞環境的事兒呢，比如工業廢物、海洋汙染、土地沙漠化，問題多著呢。」

「我覺得首先還是要將基本的環保工作做好，從小事做起。」

……

四、高效課堂的提問方式

大家都說了很多自己的意見，問題也隨之擴大了。於是于老師又接著問道：「那怎麼辦？剛才的問題又引發了新問題，因為人們環保意識的淡薄所以引發了環保問題，那麼現在你們認為是環保工作重要呢，還是培養環保意識更重要一些？」

同學們開始說了，有的說環保工作重要，有的說培養環保意識更重要。同學們各抒己見，展開了激烈地討論，說出了無數個可能破壞環境的因素，想出了無數個培養環保意識的方案……

而每當解決掉一個問題時，又總會出現一個新的問題，接著又會出現一個解決方法。如此循環，一個問題帶動著另一個問題，使得課堂知識豐富而多彩。

當激烈的討論進行到一個段落時，于老師便說道：「好了，同學們，看得出來，大家都很關心我們的環境問題。所以，今天我們的作文主題就是關於環境保護，大家可以盡情地暢所欲言，自由發揮，題目自擬。」

教室裡立刻響起了一片沙沙的寫作聲。

于老師透過以擴展式提問法對大家進行引導，使這次的作文內容得到了更大的延伸，內容也涉及到了更寬廣的層面，使同學們充分擴展了自己的思路，絕大多數同學的作文寫得既生動又內容豐富。

擴展式提問在教學中至關重要，一個好的課堂問題不僅可以激發學生的學習熱情，帶動課堂氣氛，還可以讓課程變得活色生香，妙不可言。

而一個好的、帶有擴展性的問題更是可以帶出無數個問題，像隨風飄蕩的花種，當你用解決問題的決心和自信去灌溉它時，你將會得到無邊無際的知識花園。

在本次作文課裡，于老師本來也可以一上課就對學生說：「同學們，今天我們作文的主題是關於環保方面的，大家可以自擬題目，自由發揮，下節課上課之前交上來就可以了。」這樣做既省事又可以節省時間。

8. 讓「問題」處在擴展中：擴展式提問

但是于老師卻沒有這樣做，而是首先以提問的方式展開話題，引起了學生極大的興趣，激起了大家想要進行探討的慾望。

當學生的回答有些偏離主題或者是學生自認為「不恰當」時，于老師也並沒有嚴厲制止，而是透過利用「擴展」提問法繼續向環保的主題方向進行引導，並以學生感興趣的事件作為引索，引發學生進行自由討論，讓本來生硬的主題變得與學生的關係更加密切了。

當學生積極討論如何做好環保工作時，于老師又以這個問題引發了下一個問題：環保工作和培養環保意識哪個更重要？而且圍繞這些中心問題又生出無數小問題，就像一棵大樹生出的無數枝蔓一樣，而這些枝蔓和大樹之間呈現的關係，即主題內部的邏輯關係和學生學習上層層遞進的關係。

這樣，作文的題材就由簡單的環保範圍擴大到了意識、法律、教育等等一系列大的層面。此時，學生寫作的題材豐富了，作文自然就寫得既豐富又生動了。

概括起來說，擴展性提問就是要給學生提供足夠的想像空間，由開始被動地接受問題到後來主動尋找問題，讓一個「問題」帶動出另一個「問題」，再一步一步地提高學生學習的主動性，從而達到不斷提高教學質量的目的。

擴展式提問法就像漁民捕魚時手中的漁網，如果漁民將漁網收緊，整整齊齊地放在水裡，那麼它就只是一張漁網；只有漁民放開手把它撒出去，漁網擴展得越大，捕獲的魚才有可能越多。

擴展式提問法的主要特點就是充分打開學生的思維，解放學生的頭腦，就像是漁夫撒網一樣，留給學生可以進行擴展的思考空間，啟發他們透過自己的分析將問題的知識點擴大，逐漸將一個知識點發展成相連的知識體系，來更好地幫助自己解答問題。

當學生的思維從一個知識點跳躍到另一個知識點，一步一步地擴展出更多的知識點，再逐步擴展成知識面時，整個過程就會帶來很多的新鮮感。相比單一又帶有侷限性的提問，擴展式提問更能引起學生的興趣，課堂氣氛也會隨之變得活潑而且內容豐富。

四、高效課堂的提問方式

擴展式提問法可以擴展學生的思路，激發學生學習的興趣，使學生在不斷思考的同時，不僅提高了自己的思辨能力，更能從解答問題中，獲得更多的自信與滿足，大大增強學生主動學習的積極性，也使老師在教學質量上，得到了更進一步的提高。

老師在利用擴展式提問法進行課堂提問之前，要注意非常重要的一點，就是要考慮好想要進行的課程的思路，準確地把握住讓問題帶動問題，使問題始終處在擴展中這個重點，然後以學生感興趣的方式把想要表達的內容變成帶有擴展性的問題，引導學生主動掌握知識、提高學習能力。

實施擴展式提問法的具體方法

在教學中運用擴展式提問法可以為學生帶來很多的好處，那麼怎樣實施擴展式提問法呢？我們可以參考以下幾點：

（1）抓住第一個問題的興趣點和疑問點實施擴展式提問。

第一個問題的興趣點和疑問點也是問題擴展的誘發點，只要準確地把握第一個問題的興趣點和疑問點，就能夠激發起學生思考的興趣，激起他們想要繼續擴展、延伸問題的衝動，促進學生的求知慾望，還可以化難為易，充分打開學生的思路。

例如，學習《風箏》《阿Q正傳》等一系列反映精神世界的文章，學生可能就會對社會現狀問題在文章主人翁精神世界裡所反映出的不同心理現象感到難於理解，這時，老師就要抓住文章的重點，提出擴展性的問題，引導學生對知識進行擴展延伸，然後找到問題更好的解決方法。

（2）抓住教材中最能引發學生進行擴展、想像的知識點實施擴展式提問。

在教學中充分挖掘教材的因素，抓住教材中最能引起學生擴展性思維的知識點進行提問，既可以擁有足夠的進行思考、提問的空間，又對學生進行了發散思維的訓練，對引導學生深入理解主題，培養學生的創造性都是十分有益的。

（3）抓住問題的矛盾點實施擴展式提問。

事物有矛盾才會產生問題，而矛盾、問題以及與答案之間又存在這一種內在密切的互通關係。當老師在這個矛盾點提出問題時，學生就必須調動所有的知識儲備去解答問題，而在找出矛盾和問題之間的因果關係過程中，學生自然會聯繫到與之相關的其他知識，從而達到啟發學生擴展性思維的目的。

（4）在輕鬆愉悅的課堂氣氛中實施擴展式提問。

和諧、融洽的課堂氛圍可以使學生毫無顧忌地提出自己心中的疑問，讓學生敢於思考，敢於主動將問題進行擴展、延伸。

（5）要注意擴展的邏輯性。

教師在實施由問題帶動問題的擴展式提問法時，要注意把握問題的難易程度，讓提出及擴展的問題環環相扣，具有一定的邏輯感。

另外，開場白的問題設計一定要讓學生覺得新穎，這樣他們才有興趣、有慾望去回答，然後再逐步從問題裡找出更深層次的問題，在解答問題的過程中體會到快樂與滿足，獲得學習的動力。

在課堂上，老師只要多啟發、多誘導，學生的問題就會接二連三地提出，令你應接不暇。作為教師，我們要藉機鼓勵學生大膽地擴展自己的思路，讓課堂充滿不斷求知與探索的機會，讓教學變得不再「沉默是金」。

9. 讓問題由淺入深實現「層遞」：層遞式提問

層遞，或者稱遞進，本來是一種將意思一層又一層地展現出來的修辭手法。而所謂的層遞式提問法，就是「層遞」修辭法在提問藝術中的應用，具體是指對有一定深度或者難度的問題，採用分層次由淺入深地進行提問並且解決的提問方式。

這種提問方法，透過一環緊扣一環，一層遞進一層的提問，引導學生的思維不斷向知識的縱深和寬廣方向進一步發展，並且透過層層剖析，循序推進地解決掉難度很大、很深的問題，或者闡明具有一定難度和深度的道理。

四、高效課堂的提問方式

層遞式提問法，是一種為學生整體把握教學內容而設計的提問方法，它要求老師所設計的問題一定要有全局觀念，前後的問題要有坡度，彼此相互關聯，在邏輯上又層次分明。同時，這些問題又必須抓住教學內容的精髓，讓學生能夠準確、鮮明地理解相關內容。所以，老師在設計層遞式問題時，一定要力求科學、合理。

中學語文老師陳靜蓮，在長期的教學實踐中，就總結出了一個行之有效的提問技巧。她說：「有些問題，以學生目前的知識水平或者領悟能力，很難解決或者理解，但是如果你給學生搭臺階，透過問題，讓學生一步步深入地思考，他們就有可能自己就解決掉了，或者輕鬆自如地理解了，甚至還有可能在知識的理解與應用上更上一層樓。」

在給學生講《失街亭》這一課時，她就透過層遞式提問，帶領他們全面地分析了文章的主人翁——諸葛亮和馬謖這兩個人物形象，並且把這種認識昇華到應用於現實實踐的高度。

剛上課，陳老師就微笑著說：「同學們，上一節課我們已經理清了這篇課文的情節結構。現在讓我們來分析一下諸葛亮和馬謖這兩個人物的形象，在分析人物形像之前，我們先回憶一下我們學過的描寫人物的方法有哪些？」

「外貌、語言、行動、神態、心理活動……」同學們七嘴八舌地道出了答案。

「那在課文中，描寫人物時主要用了哪些方法呢？」

「人物的語言、神態和行動。」

「很好，我們這節課就是要透過欣賞主人翁的語言、神態和行動，來分析一下他們各自的性格。上節課下課時，我布置了一項課外作業，就是要求大家任意選擇本文的一個片段，把它改編成短劇。有幾位同學利用課餘時間，根據自己編寫的劇本，排了兩個小短劇，現在讓我們來欣賞一下。同時在欣賞過程中，大家好好思考一下馬謖和諸葛亮分別是什麼樣的人？有請表演的同學！」

於是，同學們先後表演了短劇《馬謖拒諫》《諸葛亮揮淚斬馬謖》。

表演完後，陳老師高興地說：「首先，非常感謝這幾位同學給我們帶來的精彩表演。現在我們請導演鄧小蕾評論一下剛才演員們的表演。」

「總體感覺還可以，但是對白的語氣運用得還不夠到位。比如馬謖，他是主帥，人狂妄、自傲，所以在語氣上就應該體現出來，我個人認為演員做得不夠好，但是他們確實已經很努力了。」

「現在請扮演馬謖的劉自立同學談論一下自己是怎麼理解他所扮演的馬謖的。」

劉自立站起來說：「我主要是抓住馬謖的自以為是、狂妄自大來演的。」

「哦？那你是透過抓住什麼來表現馬謖的這個特點的呢？」

「三次笑」。

「那請你具體說明一下，裡邊說了什麼？」

「第一次是馬謖笑著說：『丞相何故多心也？量此山僻之處，魏兵如何敢來！』。在這裡，他譏笑諸葛亮多心，嘲笑魏兵膽小、怯弱，這都表現了馬謖的輕敵。」

陳老師又問：「那馬謖的第二次笑說明他是個什麼人呢？」

「馬謖在第二次笑時說：『汝真女子之見！兵法云：憑高視下，勢如劈竹。若魏兵到來，吾教他片甲不回！』。換句話說，當王平好心提出合情合理的建議時，馬謖卻滿口理論知識，把自己熟讀兵書當作炫耀的資本，信口說什麼『憑高視下，勢如破竹，置之死地而後生』，根本就聽不進王平的勸告。這說明了馬謖是個閉目塞聽、剛愎自用、只會紙上談兵的人。」

陳老師接著問道：「那馬謖接下來的第三次笑有什麼意義呢？」

「第三次笑時，馬謖在山上，他大笑著說：『彼若有命，不來圍山！』。話裡的含義是說，有我馬謖在這裡居高臨下地重兵把守，打敗你司馬懿根本就不在話下，這充分表現了他的狂妄自大、目中無人。」

四、高效課堂的提問方式

陳老師指著剛才寫在黑板上的、劉自立總結出來的馬謖的特點，問：「大家覺得他的解釋怎麼樣？」

「很好！」

「沒錯！劉自立同學說得是不錯。但是，我們應該懂得看問題要全面、辨證這個道理。所以，請大家認真思考一下，馬謖難道真的一無是處嗎？」

思索了片刻，陳思佳同學站起來回答：「不，老師！我覺得馬謖是個勇敢的將軍，因為在關鍵時刻，他能夠挺身而出，自動請纓出戰，並且敢於立下軍令狀。」

「不錯！馬謖『明知山有虎，偏向虎山行』，這種精神值得我們讚揚！難道僅有這些嗎？」

蔡麗瑩同學接著站起來說：「還有，失街亭後，馬謖主動向諸葛亮負荊請罪，這顯示了他勇於負責、光明磊落的精神氣節。」

「沒錯！這種精神氣節非常難能可貴，所以說馬謖還是一名偉丈夫！好了，剛才我們分析了馬謖的性格，現在來看一下本文的另一個主要人物——諸葛亮。在大家的印象中，諸葛亮是個什麼樣的人啊？」

「神機妙算」「小心謹慎」「對蜀漢忠心耿耿」「鞠躬盡瘁，死而後已」……同學們先後說出好幾個稱讚諸葛亮的詞。

「總之，諸葛亮是一個忠臣的典型、智慧的化身、用兵的奇才、治國的賢臣。這些性格特點在課文裡有沒有體現？體現在什麼地方？小輝，你對此有何看法啊？」陳老師先總結了一遍後，然後問道。

「諸葛亮在戰前點將時有『三囑』，一囑馬謖：『街亭雖小，干係甚重。倘街亭有失，吾大軍皆休矣。汝雖深通謀略，此地奈無城郭，又無險阻，守之極難。』他把困難說在了前面，囑咐馬謖一定要明確自己的重大責任，做到心中有底；二囑馬謖時，說：『司馬懿非等閒之輩，更有先鋒張郃，乃魏之名將，恐汝不能敵之。』他告訴了馬謖對手的情況，並且提醒馬謖千萬不要驕狂自大，魯莽行事；第三次，他叮囑的是王平。他說：『……汝可小心

9. 讓問題由淺入深實現「層遞」：層遞式提問

謹守此地，下寨必當要道之處，使賊兵急切不能偷過，安營既畢，便畫四至八道地理形成圖本來我看……戒之，戒之。』在這裡，諸葛亮叮囑王平遇到事情要商議後再做。這些叮囑，都可以充分說明諸葛亮考慮事情非常周密，用兵非常謹慎，懂得審時度勢。」

與此同時，陳老師又把諸葛亮的性格特點寫在了黑板上。

「還有。打仗過程中，諸葛亮的行兵布陣非常周密，比如他早就預料到司馬懿一定會計劃拿下街亭，於是就提前派兵駐守，並且做了嚴密的防備；然後在查看了布兵圖樣後，意識到了馬謖的魯莽、無知；而等到街亭失守之後，他又穩妥地安排大軍撤兵漢中。這一切，都顯示出了諸葛亮知彼知己、足智多謀的軍事謀略。」

「沒錯！諸葛亮可以說是『神算子』『智多星』。他的聰明才智已經超出常『人』的能力範圍了。那麼，由此，我們就可以說諸葛亮是不食人間煙火的『神』嗎？」

「不可以。」

「他有沒有人的感情？這在哪裡能體現出來？」

「在斬馬謖時，就體現了諸葛亮『人』的一面。這表明他是個感情豐富、有情有義的人。」

「那麼在斬馬謖時，諸葛亮是透過什麼來表現自己和常人一樣也是個懂情知理的人的呢？」

「透過『三哭』來表現的。」

「課文中是怎麼具體說的呢？」

「第一次，孔明揮淚曰：『與汝義同兄弟，汝之子即吾之子也，不必多囑。』在馬謖臨終囑託與傷心痛哭之後，諸葛亮想起了往日和馬謖情同手足的交情，於是就流出了眼淚。這表明了諸葛亮的有情有義。第二次，孔明流涕而答曰：『昔孫武所以能制勝於天下者，用法明也。今四方紛爭，兵戈方始，若復廢法，何以討賊耶？合當斬之。』儘管當時有蔣琬的苦心勸阻，說『天

四、高效課堂的提問方式

下未定，不可誅殺智謀之臣』，而且儘管這個道理也的確深深地打動了諸葛亮，但是因為馬謖早就立下了『軍令狀』，所以諸葛亮還是『流涕而答』『合當斬之』了。」

「這就是我們經常說的『軍中無戲言』『一言既出，駟馬難追』。那麼，這裡在表達諸葛亮的痛心時，是『流涕』的程度深還是『揮淚』的程度深？」

「『流涕』要深一些，它更能表現出諸葛亮的悲痛、傷心。」

「那麼，大家想一下，此時諸葛亮的心情，會是怎麼樣的？」

「既愛惜馬謖，又不得不處治馬謖，充分顯示出了他內心無比的矛盾和激烈的心理鬥爭。」

「好！那第三次呢？」

「第三次，是『須臾，武士獻馬謖首級於階下。孔明大哭不已。』」

「這裡『大哭』與『流涕』相比，傷心的程度又有怎麼樣的變化？」

「更深。」

「這時，你又怎樣理解諸葛亮的心情？」

「沒有聽先帝的遺囑，自己感覺辜負了先帝的重託，痛惜、悔恨、內疚、自責這些複雜的感情交織在一起，很不是滋味。」

「說得好！在此時，諸葛亮可以說是聲淚俱下、五臟俱焚啊！因為這個平生統率千軍萬馬，即便征戰沙場也談笑風生的軍師，也有『智者千慮，必有一失』之時。而『大哭不已』就正好淋漓盡致地刻畫出了諸葛亮此時的真實情態。那麼，在『斬馬謖』這個情節中，我們又能看出諸葛亮的哪些性格特點？」

「賞罰分明、公正嚴明、不徇私情。」

「很好。《三國演義》中的諸葛亮，幾乎是『神』，是智慧的化身，可是《失街亭》這一節卻寫到了他的用人失誤，寫了他的勇於自責、有情有義。這就使得諸葛亮有了非常濃厚的人情味，使我們知道了諸葛亮也只是一個感

情豐富的人，而不是能呼風喚雨、料知後事的『神』。這樣一寫，這個人物形象就顯得更加豐滿、有魅力了。現在，請大家聯繫一下現實，從『諸葛亮揮淚斬馬謖』這件事情上，我們領悟到了什麼？」

「凡事都要從客觀實際出發，而且在具體做事時要注意靈活、機智，不能死搬硬抄，搞教條主義。」

「作為領導，處理事務時，要善於聽取他人意見，千萬不要狂妄自大、獨斷專行。」

「在與對手競爭時，要知己知彼，採取行動時要深思熟慮」。

「一旦出了問題，要認真分析原因，勇於自責，敢於承擔責任。」

「任何敵人都應該引起重視，而盲目輕敵必然導致失敗。」

……

「大家總結得非常好。這節課，老師根本沒有講，大家就透過自己的分析，弄清楚了兩個主要人物形象，甚至還學到了很多道理。」

課堂上，老師的提問和學生的發問，是課堂教學研究的重要課題。因為一個合適的課堂提問，往往能把學生帶入一個奇妙而精彩的問題世界，促使他們積極拓寬思維，深入思考問題，尋求解決問題的最佳途徑和答案，甚至促使學生養成強烈的問題意識和創新意識。

因此，老師一定要注意在課堂上盡量使自己的問題，提得有藝術性、提得有水平。層遞式提問法，就是一種讓問題提得有藝術、提得有水平的提問方法。

因為這種提問是先根據教學內容而設計出來的一系列問題，然後逐一提出並加以解決的方法。它與一般提問不同的是，它不是老師課堂授課時穿插的「點綴」，而是把整體教學內容表現為一系列連續性很強的問題，這些問題環環相扣、層層深入、步步剖析，並且隨著這一系列問題的解決，完成了整個教學任務。其間，老師的作用只是做必要的引導和指點，只造成「引路人」的作用，而不是把答案「強塞硬灌」給學生。

四、高效課堂的提問方式

這種提問方法的獨特優勢在於，它在學生與知識之間，建立了一種直接但又非常獨特的聯繫，它能夠切實讓學生感到：自己所獲得的知識，不是老師強硬地「灌輸」給自己的，而是自己透過「艱苦」地探索、分析，總結出來的，是透過自己的努力得來的，這些知識是真正屬於自己的知識。

比如上面的案例，首先透過兩個層遞式的小問題，陳老師就讓學生明白了本課作者就是透過描寫人物的語言、神態和行動來刻畫人物的。

接著，陳老師先透過層遞式提問，帶領學生分析了馬謖的性格特點。

但是，在分析中又出現了一個問題，這就是通常大家都不難總結出馬謖的反面特點，但是人的特點都會有兩面性，而這隱藏的一面，學生就很難順利地想出來了。於是，陳老師就提出了一個層遞式的問題——作為一個將軍，「馬謖難道真的一無是處嗎？」當然不是。於是，這個問題就引導學生的思維進入了一個更深的層次，從而得出馬謖具有大無畏的精神，具有敢於負責、光明磊落的精神。

接著，陳老師又帶著學生用同樣的方法分析了課文的另外一個人物——諸葛亮。

開始，陳老師透過「在大家的印象中，諸葛亮是個什麼樣的人啊？」引出了大家對諸葛亮一致的褒獎，接著又透過「這可以說諸葛亮是不吃人間煙火的『神』嗎？」這樣一個問題，引導大家去認識諸葛亮作為普通人的一面，用三次「流淚」的事實，把諸葛亮從「神」還原為了「人」。

如果在關鍵時刻，沒有陳老師層遞式的提問，學生的思維只怕就只能停留在對人物的感性認識上，而不能全面、真實地理解人物的性格特點。

在分析完這兩個人物之後，陳老師又用一個「層遞」式的問題，把學生的思維提升到了一個更高的高度——「現在，請大家聯繫現實生活，討論一下，從『諸葛亮揮淚斬馬謖』這件事情上，我們領悟到了什麼？」

這就把學生的精神帶到了社會「實踐」中去了，讓學生把所學知識運用到了實踐中。

9. 讓問題由淺入深實現「層遞」：層遞式提問

總之，透過一個個層遞式的提問，陳老師帶著同學們輕鬆地學完了本節課的教學內容，讓他們自己就總結出了《失街亭》中兩個主人翁的性格特點，完成了一次知識的探索之旅。

「問」，包括學生的有疑而問和老師的為啟發而問，尤其是後者，更是當今課堂教學中的常規武器。依靠它，可以激活學生思維，使學生樂於進入發揮想像、探究知識的境界，產生好學、樂學、愛學的心理情趣。

而層遞提問法中的「問題」，更能造成這個效用。因為與一般的問題不同的是，這種提問法中的「問題」，後一個問題在意義上應該是前一個問題的高層次或者深層次的發掘，更能激發學生的思維，幫助他們盡快找到答案或者解題方法，或者讓他們盡快學到或者理解正在學習的知識。

在教學實踐中，老師要想達到層遞提問法的教學效果，應該注意哪些問題呢？

（1）提問時，要由淺入深，一環緊扣一環地展開。

老師提問時，要在安排問題的深淺度上多下點工夫，比如可以先提一些在文章中有畫龍點睛的詞語或者句子，或者能找到「明顯」答案的問題，然後再根據學生的分析能力，提出他們稍微思考一下就能得到答案或者理解知識的問題。換句話說，就是教材中沒有「明顯」答案，但是如果學生讀懂了教材、看明白了題目，並且聯繫上下文，進行更深一點的分析、判斷後，就可以得出答案的問題。

這種階梯式提問方法，充分調動了學生的思維積極性，不僅可以幫助學生獲取文章或者知識點的完整印象，還能發展他們的思維能力，讓他們做到由淺入深，一步一個臺階形成提問的層次，最終獲得整體性的知識。

（2）所提的問題，要由表及裡，一層滲透一層。

老師提問時，要注意所安排的問題的難易程度，不要總是讓學生輕易地答對問題，也不要一直為難學生。所提的問題，應該能夠應用文章的知識內容或者新的語言知識，或者適宜學生獨立思考，發揮創造性。

四、高效課堂的提問方式

比如有些文章並沒有直截了當地表明作者自己的觀點，也沒有用明確的詞語來表達寫作意圖，而是使用了一些含混的詞語進行表現。這就需要學生先讀懂文章，具備相關常識，能夠從已知材料中看出與其他文章的區別，進而捕捉到要點，細細品味出作者的寫作意圖或者觀點。

老師的提問增加了深度，就要求學生的答問應該有一定的思維過程，因此在平時，老師應該注意培養學生透過表面含義，進行深入思考並獲得相應推理的能力。

（3）提問時，學生的思維應該呈現波浪狀遞進。

提問時，老師要注意所安排的問題的廣度，應該力求隨著一個個問題的提出，促使學生不停地思考，這樣，他們的思維才能不斷地擴大，逐步開展，達到逐步激發的效果。並且，這些問題還最好能要求學生獨立思考，發揮出自己的創造性思維，表達出個人觀點，發表出與眾不同的意見。

（4）提問設計得當，注意情感滲透。老師還應注意要滲入自身情感，使提問能夠在學生心靈中產生強大感染力，激起共鳴，促進實現提問目的，從而獲得理想的提問效果。

總之，在課堂教學中，老師只有精心設計提問，才能為自己的課堂教學加分，才能讓學生的學習變得更輕鬆、愉快。因此，對於層遞式提問法這樣一種可以為課堂教學錦上添花的教學方法，老師需要盡量多學習、運用。

實施層遞式提問的具體方法

像層遞式提問這樣一種把學生一步一步地從模糊引向清晰的提問方法，更是一種值得推崇的教學方法。相信運用這樣的教學模式，一定會讓學生從被動接受知識轉化為主動學習的發現者，同時也必然使課堂充滿生命的活力、思考的生機，使得教學因提問而精彩。

那麼，在教學實踐中，層遞式提問在何時提出呢？

（1）導入新課時，層層深入提出問題。

在導入新課時，如果學生對新課內容不感興趣，或者新課離學生的生活實際相對較遠，老師就可以採用層遞式的提問，把學生引入一個新奇的學習氛圍中。

比如，某老師在講「滑動變阻器」時，他先提出了「亮度可調節的臺燈是如何實現改變亮度的」這樣一個大問題，同時為了讓學生更容易理解題意，他又展示電路：電源、開關、燈、長鉛筆芯進行串聯。

接著，該老師邊合上開關邊提問：「比如說這個小燈泡，如果我想改變它的亮度，應該採取什麼措施啊？」

根據已經學過的知識，學生很快就回答道：「可以透過改變電流的方法，改變亮度。」

接著，該老師又進一步提問：「如果想改變電流大小，要採取什麼措施呢？」

根據舊知識，學生又很快答出了「改變電壓或者電阻」。

緊接著，該老師又問：「如果用改變電阻這個方法的話，怎麼改變電阻的大小呢？」

學生又輕鬆地回答出了可以改變電阻的材料、長度、粗細或者溫度等等方法。

該老師又問：「那麼這些因素中，最容易改變的是哪一樣呢？」

學生自然回答長度。

這時，該老師就請學生上臺演示利用夾子改變接入電路中鉛筆芯長度來調節小燈泡的亮度，進而提出了滑動變阻器的構造、特點和用途，很自然地導入了新課。

在提問過程中，老師如果能夠結合學生熟悉的事物及知識，就很容易激發出學生潛藏的探索熱情。

（2）深入理解時，進行層層遞進式提問。

四、高效課堂的提問方式

有的問題比較有難度或者深度，對於這樣的問題，老師可以採用層遞式提問法。比如講《藤野先生》這一課時，在談到藤野先生的品質特點時，許多同學都能從具體事件中自己進行概括，但是對於該文章的選材特點，學生卻難以提出更深的見解。

於是，有位老師就想引導學生認識這一點，因此就問道：「在與藤野先生的交往中，一定在作者身上發生了好多事，但是他為什麼偏偏就選擇了課文中講的那四件事呢？」

想了想後，學生回答：「因為這些事都很典型，有代表性。」

該老師又問：「這些事情的典型性體現在哪裡呢？」

先經過自己的一番深入思考，再在老師的歸納點撥下，學生便對怎樣選材產生了一定認識。

在這裡，這位老師的提問，就注意到了問題的廣度和深度，透過層遞式的問題，給學生提供了一個思考的角度和方向，誘發出了他們探索的慾望，並且最終幫助他們獲得了知識的真諦。

（3）歸納總結時，採用層遞式問題幫助理解。

在歸納總結時，有的問題難以順理成章地總結出來，對此，老師也可以採用層遞式提問法。

比如講「硫的氫化物」這一課時，在歸納硫化氫的還原性時，有位老師提出了「為什麼硫化氫在化學反應中只表現出還原性」這個問題，但是學生卻回答不上來。

於是，該老師就提出了這樣兩個小問題進行過渡，幫助學生引導出了最後的答案。

這兩個問題是：①硫原子最外層有幾個電子？②硫化氫分子中，-2價硫原子最外層有幾個電子？

這兩個問題就造成了架橋設坡的橋梁作用，使學生略微思索了一下，就把原來的問題輕易地解決掉了。

總之，對於那些綜合性較強或者難度較大或者較深的問題，為了便於學生學習、理解、記憶並且掌握，老師可以先把這些複雜知識合情合理地進行肢解，有意識地降低其難度，提出一些較為容易回答的問題，讓學生思考回答，然後再透過一層一層地遞進、深入，從而解決那個棘手的「大」問題。

10. 反問更能打破思維定式：反向式提問

反向式提問，也叫反詰、詰問、激問，就是從事物的反面進行提問。而一般反問的答案就暗含在問句之中，人們可以從反問句中領會到表達者的真意。

反向式提問是運用疑問的語氣來表示肯定或否定的意思，是一種感情強烈的修辭手法，同時，從一個問題的對立面角度去分析、考察，又會發現不同的結果。適時地運用反向式提問，可以有效地加強語氣，造成發人深省的作用。

合理地在課堂提問中運用反問的方式，更可以有效地打破學生的定式思維。因為，在學習當中，學生往往都會遇到很多「形似質異」的知識，這時他們就很容易習慣性地利用以往形成的思維定式來進行理解，思路自然會有相對的偏差。

這時，老師就可以透過利用反問的方式問一句：「答案一定是這樣嗎？」「這句話真的就只能用這樣的方式理解嗎？」來引起學生的注意，引發學生的思考。

要讓他們感受到老師提出反問的真正含義：「答案不一定是這樣」「這句話不是只能用這樣的方式理解」，使學生主動跳出原有固定的思維模式，打破思維定式，學會從不同的方面進行思考，用更客觀的態度去分析問題，解決問題，進而找出最正確的答案。

葉聖陶是現代教育界的一代宗師，相信每一個教育工作者對這個名字都不會陌生，他的教育理念，特別是「為人生」的教育思想，已經成為了我們

四、高效課堂的提問方式

現代教育思想的一條重要血脈。他一生致力於教育事業，出版了很多著名的學術專著，其中對如何打破學生的思維定式，也有其獨特的見解。

作文課一般都要求學生要有豐富的想像力和廣闊的思路，這樣才能將作文寫得更加生動、豐富。而學生固有的思維定式卻往往限制了自己的思路，因此，如何打破學生的思維定式，便成了不可忽視的重要問題。下面，就讓我們來看看葉老是怎樣幫助學生突破思維定式這一障礙的。

開始上課了，葉老首先問道：「同學們，你們誰能說一說『飛蛾撲火』這個成語的意思呢？」

學生一聽就都來了興致，這個問題太小兒科、太簡單了，於是都爭先恐後地要回答。

第一名學生說道：「老師，這個問題太簡單了，我知道。『飛蛾撲火』就是自取滅亡的意思。」

第二名學生接著說道：「『飛蛾撲火』也可以理解成是自不量力的意思，或者說就是明知山有虎，偏向虎山行的意思。」

第三名學生說道：「就是自尋死路。」

……

學生都你一言我一語，爭先恐後地回答，課堂氣氛頓時活躍了許多。

葉老聽後微微一笑：「大家都說對了。但是，我們來想一想，能不能從另外一個角度來解釋這個成語呢？」

教室裡一下子就安靜了下來，學生都面面相覷，抓耳撓腮，不知該怎麼回答了。有的同學充滿疑惑地看了看葉老，小聲地說道：「另外一個角度？什麼是另外一個角度？」

有的同學則不解地和旁邊的同學討論著：「從另外一個角度怎麼解釋啊？」

葉老微笑著看著同學們疑惑的表情，不急不忙地說道：「我給大家一個提示，就是從另外一個相反的角度去考慮，或者是說，也可以叫做換位思考。」

教室裡仍然一片寂靜，還是沒有同學舉手發言。

葉老繼續耐心地說道：「我們都知道飛蛾撲火這個典故出自《心地觀經‧離世間品第六》中的：『過去有佛，欲令眾生厭舍五欲，而說偈言：譬如飛蛾見火光，以愛火故而競入，不知焰炷燒然力，委命火中甘自焚；世間凡夫亦如是，貪愛好色而追求，不知色慾染著人，還被火燒來眾苦……』」

「這段話的意思是說，過去有佛，想要眾生不要貪戀於五欲的執著，迷戀享樂便說了偈言。其中勸化眾生不要過分沉迷於色慾的那部分的大意是說，如飛蛾見到了火光，由於非常喜愛火的原因而競相飛向火內，卻不知道火會傷害自己，從而自取滅亡；世間貪圖色慾的人們也是這樣，他們不知道色慾會侵害人的身心，從而被慾火燒傷，引來眾多苦惱。」

「現在這個成語用來比喻自尋死路、自取滅亡，明明知道沒有什麼好的下場，卻還是不顧一切地錯下去。」

「這是從字面理解的意思，而我剛才聽到有同學在解釋『飛蛾撲火』時，說了『明知山有虎，偏向虎山行』這句話，我覺得這個解釋非常好。」

「現在你們再想一想，這只飛蛾明明知道前方有危險，但還是勇敢地衝了上去，這又是一種什麼樣的精神呢？」

聽了葉老師的話，學生都恍然大悟：「啊，『飛蛾撲火』也可以理解成『不怕犧牲，捨生取義』。」

葉老終於吁了一口氣，說道：「回答得非常正確，你們真是太聰明了。」

得到了老師的肯定，這時，學生也終於都找到了感覺，爭先恐後地說道：「原來就是從反意的角度去考慮考慮啊！」

「那麼老師，這個問題還可以理解成『不畏犧牲，勇敢地追求光明』，對嗎？」

四、高效課堂的提問方式

「也就是說，『飛蛾撲火』並不單單只是貶義詞，它還隱藏著一種迎難而上的積極的精神了？」

……

此時，透過葉老師對問題進行反向提問，同學們的思維已經拓展得越來越寬了。

葉老十分高興地說道：「『飛蛾撲火』本來是一個貶義詞，但我們卻利用逆向思維，透過反向的客觀分析，就把它變成了褒義詞。這就是我們今天要講的『在作文寫作中，如何打破已有的思維定式，運用逆向思維進行分析』的內容。」

「打破已有的思維定式，運用逆向思維就是從突破常規、常識，從一個相反的角度去寫，往往可以使作文寫起來更有新意。」

「在有些學生所寫的作文當中，內容、手法幾乎是千篇一律，根源就在於我們學生不能夠完全突破常規，不能打破原有的思維定式，不能從新的角度去挖掘素材，所以作文才會容易顯得枯燥而沒有新意。」

此時，學生都覺得豁然開朗了，很快就明白了葉老的良苦用意。

葉老見學生都已經理解得差不多了，便又繼續說道：「現在，如果我讓大家來寫一篇以『我看狐假虎威』命題的作文，你們準備怎麼去寫？」

這時，很快就有學生舉手說道：「老師，我覺得這篇作文可以從以下幾方面著手。一是可以從狐狸的聰明才智上著手，牠為了能在動物中混得一席之地，就利用老虎的威名，借力打力，應該是一個很不錯的方法；二是可以從老虎的虛榮心上著手，牠只是為了排場，以顯示自己百獸之王的威風，所以，才會被狐狸利用，怪只能怪老虎太驕傲，太愚蠢了。」

「那麼，你認為誰是這個事件中的贏家呢？」

這名同學毫不猶豫地就說：「當然是狐狸了，牠用了自己的聰明利用了老虎。」說完，其他的同學也都紛紛表示贊同。

10. 反問更能打破思維定式：反向式提問

這時，葉老師忽然又問道：「假如說，最後的贏家還是老虎的話，你們覺得又應該怎麼理解呢？」

學生都愣了一下，然後進入了激烈地討論之中。

於是葉老又提醒道：「動物們實際上怕的是誰？」

大家異口同聲地說道：「老虎。」

「然後繼續往下分析呢？」

「老師，我知道了。」這時，突然有一名同學興奮地說道：「雖然狐狸假借老虎的威名嚇住了所有的動物，但動物們害怕的實際上還是老虎，雖然老虎被狐狸所利用了，但老虎在這個過程中也確實顯示了自己的威風，滿足了自己的虛榮心。事後，當老虎發現自己被狐狸騙了以後，照樣還是會吃掉狐狸，而且，有過這次經歷以後，老虎也會因為得到一個教訓而懂得一個道理，狐狸卻可能由於這次勝利而變得驕傲、大意。」

「你說得太好了。」葉老繼續說道：「事物本身沒有絕對的對與錯，凡事都有它的兩面性，所以在以後的學習中或是生活中，我們都要學會多角度地思考問題。要打破自己以前慣有的思維定式，從多角度進行分析。」

由於葉老師在教學中利用了「反向」提問法，打破了學生已有的思維定式，開闊了學生的思路，最後，學生的作文都寫得非常生動、豐富，最重要的是，透過葉老的反問啟發，學生從此以後，在提出問題、分析問題、解決問題時，能夠從多角度、多思路地去思考了。

利用反問，打破學生的思維定式，讓學生從問題的反方向進行逆向思考，它就像草原上的一匹黑馬、柳暗後面的花明，會令學生有豁然開朗的感覺。

每當我們覺得自己彷彿進入死角時，逆向思維就總能引導我們開闢出新的道路，使我們走入一個更寬廣、更意想不到的世界。

在寫作時尤其如此。定向思維是人們最常用的思維方式之一，它一般都是以人們已有的知識經驗為基礎的。當兩個人有著相似的經歷，例如，同一位老師以同樣的教學方法為兩名同學講課，那麼，他們對知識的記憶也就不

四、高效課堂的提問方式

會相差太大,當再次遇到類似的問題時,他們解決問題的方式往往也就會十分類似。

因為之前他們共同學習了同一種解答方式,所以當再次遇到類似的事情時,他們就會調動之前共同學習的知識來解決問題,而且解決問題時的思路都是以之前共同學習過的知識為基礎,這便形成了他們固有的思維定式。不管你以什麼樣的形式去解決,只要總體思路不變,凡事都換湯不換藥,其結果自然也就不會有太多的變化。

如果寫作文也總是侷限在以往的思維定式裡無法解脫,那麼全班的作文也就都不會有太大的「與眾不同」了。

有時,老師甚至會看到學生作文的前半段內容時,就已經對後面的結果猜得八九不離十了。為此,很多學生也是煩惱不已。於是,如何從以前的思維定式裡跳出來,從常人一般難以想到的角度進行切入,便成了別出心裁的重要快捷方式。

為此,葉老在提問時便巧妙地運用了反向提問法,解決了這一難題,完美地為我們展現了大師的水平。

他透過引導學生從事物的反面進行思考,自然而然地打破了學生的思維定式,開闊了學生的思路,並鼓勵學生進行另類的遐想,逐漸將靈感引入一個嶄新的思維空間,讓它在其中得到昇華,以使作文在立意、結構、描寫、情感等多方面產生明顯的突破和創新,使作文寫得更加新奇生動、與眾不同,更加引人入勝。

我們的教育往往過分強調教師們在教學過程中的權威性,而且又常常以填鴨式、灌輸式等陳舊的教學方法對學生進行教育,讓學生死記硬背書本上的知識,久而久之使學生盲目記憶,進而產生思維定式,使思想變得束手束腳,缺乏創新。

因此,為了活躍學生的思維,教師們在利用教學手段進行教育時,其教學手段首先就要為打破學生的思維定式服務。

10. 反問更能打破思維定式：反向式提問

問題與思維之間存在著十分緊密的關係。高質量的問題，不僅能夠使學生的思維處於積極狀態，有利於發揮學生的學習主動性，而且問題解決的結果也必然會促進學生思維的發展。

提問作為教師們最有效的教學手段，所採用的提問方式也要以此為原則，要讓學生在回答的過程中掌握逆向思維的方式，不斷進步。

正如美國第一位諾貝爾物理獎獲得者、加速器發明者、芝加哥大學的勞倫斯所說那樣：「在科學工作中，創造性思想要求看到以前未曾看到的東西，或者採用以前未曾想到的方法，這就需要從『正常的地方』跳開，並冒著脫離現實的風險。」

教師們在提問時，也不妨來跳開「正常的地方」，在知識的重點處用反向提問法來進行提問，引導學生「走到」問題的背面去重新看待問題。打破學生以往盲目順從、迷信書本、被動地聽講、被動地回答問題的學習局面，使學生的思維突破常規和經驗的禁錮，從而更有效地提高他們的創新意識和創造力。

例如小學語文課本有《狼和小羊》這篇課文。

課文最後一句話說道：「狼說著就往小羊身上撲去。」如果按照我們以往的順向思維定式來思考，柔弱的小羊會成為狼的腹中之物，便已然成為了定局。但是，如果教師為了重新點燃學生獨創思維的火花，邊演示狼惡狠狠地撲向小羊的動作，邊有意地使用反向提問法問道：「狼一定會把小羊吃掉麼？」那麼，同學們的熱情就會被再度提了起來。

這時，有的學生可能會說：「狼撲的時候掉進陷阱裡了。」有的會說：「獵人來了，就用槍打死了狼。」有的會說：「小羊被牠的爸爸救走了。」⋯⋯

由於老師使用了反向提問法，使學生突破了以往的思維定式，學會從不同的方向去思考問題，把自己的想像和希望小羊活下來的願望聯繫在一起，進而培養了他們思維的獨創性，這便是反向提問法的魅力所在。

四、高效課堂的提問方式

實施反向提問法的具體方法

反向式提問法可以打破學生的思維定式，引導學生學會從問題的反方向進行思考。它的思維方法新穎、獨特，有時還會給學生帶來一種「眾裡尋她千百度，驀然回首，那人卻在燈火闌珊處」的驚喜。

那麼，在教學中，我們怎樣實施反向提問法才可以更好地發揮它的作用呢？老師可以參考以下幾種方法：

（1）在知識的生長點實施反向式提問法，可以激發學生的興趣。

知識的生長點就像是學生的聚寶盆一樣，你只要給它一粒種子，就可以獲得源源不斷的「財富」。

反向式提問法的作用就像是這粒珍貴的種子，它可以透過在知識的生長點提問激發起學生的興趣，使他們的思維從知識的「聚寶盆」進行不斷地延伸、擴展，從而獲得更多方面的知識來幫助自己理解、學習。

（2）在知識的重點處使用反向式提問法，可以加深學生對重點處的印象。

當老師在知識的重點處運用反向式提問法引導學生從反方向思考問題並尋找答案時，學生肯定會產生一種疑問：這樣真的可以嗎？然後就開始調動自己所有的知識儲備進行思考與驗證，然後找到答案，證實結果。

這一系列的過程都會使學生對重點知識留下非常深刻的印象。教師透過在知識的重點處使用反向式提問法，會使學生在一步一步解答的過程中同時明白這樣一個道理：沒有什麼是不可能的，實踐可以出真知。

（3）在知識的聯繫處使用反向式提問法，可以引導學生找出各知識間的銜接點。

在學習中，很多知識都是互通的，只要準確地找到它們之間的銜接點，就可以將各種知識有機地結合在一起，幫助學生達到更深刻的理解。

例如，我們可以在知識的聯繫處使用類似於「難道它們之間真的就沒有什麼聯繫嗎？」等語句進行提問，引導學生主動尋找銜接點。

（4）在知識的難點處使用反向式提問法，可以引導學生學會換個角度思考問題。

知識的難點就像是一個火力強勁的陣地，在進行理解時，往往會給學生帶來很多「煙幕彈」，使學生迷失方向，看不到事實的「真面目」。這時，學生就需要換一個角度，嘗試「攻擊」。

在知識的難點處使用反向式提問法，可以使學生學會換角度思考，開闊自己的視野，提高學習效率。

運用反向式提問法可以在課堂提問中造成不可忽視的重要作用，它在提高學生思考力的同時，還充分發揮了教師們的創造潛能，提高了教師的自我價值，讓課堂變得更加精彩、主動，充滿樂趣。

11. 透過聯想，啟發心智：聯想啟智式提問

由於某人或某事、某物而想起其他相關的人或事、物，或者是由於某概念而引起其他相關的概念，即為聯想。

對於學生來說，新知識就像是一個未知數，透過聯想，他們可以解答疑問，可以創造新事物；透過聯想，他們的大腦可以發揮無限神奇的作用。

俄國著名的生理學家、心理學家、高級神經活動學說的創始人巴甫洛夫認為，聯想是由兩個或者兩個以上刺激物，同時地或連續地發生作用而產生的暫時神經聯繫。即在頭腦中，從某一事物連接到另一事物的心理活動，就像一架時空機器，具有跳躍性。

聯想更像是一座橋梁，一座在學生頭腦當中架起的、互相連接各種知識的橋梁。

利用聯想，我們可以讓學生把大腦中各種繁雜的訊息有序地整理、排列，從而形成屬於自己的、合理的知識結構；可以快速地幫學生找出記憶裡各種種類不同卻又互相聯繫的訊息，提高學習效率；可以使學生找出各種知識間相同或不同的地方，抓住知識間相互作用或相互聯繫的規律，達到快速記憶、鞏固記憶的效果。

四、高效課堂的提問方式

利用聯想，我們可以不斷地激發自己的想像力，不斷地創新。

由於時代背景、文化、表達方式的差異，學習古詩詞、文言文等題材的課程，對於很多學生來說，便成了一種枯燥乏味的代名詞，各種繁複難懂的解釋總是讓學生提不起任何的興趣。因此，怎樣讓課堂變得生動，讓學生對學習古詩詞、文言文充滿興趣，便成了一件亟待解決的事情。

中學教師張新是一位性情幽默的老師，下面就讓我們一起來分享一下，看張老師是怎樣用聯想啟智式提問法來為同學們講解這堂《虞美人》的：

一上課，黑板上便呈現出了古都金陵的投影，壯美的畫面讓同學們發出了一片讚嘆之聲。看了同學們興奮的表情，張老師心裡非常高興，於是故作神祕地問道：「同學們，想不想聽故事？」

學生小聲地回答道：「想。」

「這『想』的聲音可不夠『響』嘛！」

於是，學生都大聲地喊道：「想！」

張老師繼續說道：「很好，那老師就給大家講一個歷史故事。不過，需要提醒的是，這不是一個歡樂的故事，而是一個悲傷淒婉的故事。我要求大家在聽的過程中，把聽到的內容透過聯想，將它們在自己的腦海裡轉換為形象的畫面，同時打開自己的心扉，透過聯想畫面去體會故事所傳達的情感，主動地尋找問題。老師相信大家都是出色的攝影師，一定能完成這個任務。下面，讓我們開始──」

教室裡響起了憂傷的背景音樂，如怨如慕，如泣如訴。

張老師開始深情地說道：「一個細雨濛濛、烏雲低垂的早晨，在一座金碧輝煌而又氣氛肅殺的宮殿裡，坐著一位淚眼矇矓、面容蒼白的君主。佛，他拜過了；契丹，他也求過了，可是眼見著亡國被俘的命運還是逃不掉了。

在這花園般美麗的古都金陵即將沉陷於敵國鐵蹄之下的時候，這位『生於深宮之中，長於婦人之手』的風流天子，緩緩地站起身來，脫去穿在身上15年之久的，那件金光閃閃的龍袍，肉袒負荊，出城跪降。

隨後，在宋兵的辱罵聲中，一路嗚咽，北上東京。緊接著就是被囚禁，只能日夕以淚洗面。雖被封為『違命侯』，但最後的慘劇還是在他過完41歲生日的那天晚上降臨了，面對一彎殘月，他慢慢地轉過身去，遠眺南方他那無法看到的『三千里地山河』。

失落的、冰冷的眼淚，打在他的手臂上，他再也無法整理這多年積累的愁緒，吟唱了一曲最為絕望的詩歌，喝完宋太宗賜來的毒酒，倒地而亡。」

學生都聽得聚精會神，有的甚至露出了悲傷的表情，彷彿已經看到了那悲慘的情景。張老師看著大家入神的表情，知道他們已經透過聯想打開了自己的心扉，進入了情境裡，於是問道：「請問，這位悲慘的君主是誰？」

學生異口同聲地說道：「李煜。」

張老師笑著說道：「說得很對，他就是南唐後主李煜，一位失敗的政治家。」這時張老師又投影出了李煜的頭像及相關的檔案，「但在死神來臨之前，他卻用一個藝術家的天才敏感，領受到非人的囚徒生涯，以一個昔日君主的眼光看取亡國滅種的不幸命運。在死亡的召喚聲中，他沒有閉上眼睛，而是蘸著血，和著淚寫下了一曲曲淒涼如輓歌般的詩作，創造了審美世界的最後輝煌。今天，就讓我們一起走進這位南唐末代帝王的內心世界。」

張老師首先各請了一名男同學和一名女同學來分別把課文朗讀一遍，然後請學生A點評一下他們讀得怎麼樣。

學生A說道：「我覺得男生的聲音洪亮，韻律清楚，但好像感情太高亢了，這不大應該。而女生在感情的處理上則好一些。」

張老師點點頭，說道：「那麼透過你的聯想，你覺得應該是什麼樣的感情呢？」

學生A回答道：「我覺得應該是低沉的、淒涼的，所以在讀的時候聲調上就要有曲折感。」

「非常好，其他同學還有什麼評價嗎？」

四、高效課堂的提問方式

這時，學生 B 說道：「我覺得他們讀得都不好，在重音上只處理好了最後一句，前面的讀得都不怎麼樣。我認為，重點是這幾個詞要讀好：『何時』『多少』『又』『不堪』『應』『只是』『幾多』，因為這些詞語特別能表現出詩人內心痛苦的世界。」

說完，教室裡爆發出了學生熱烈的掌聲，他們學習的熱情已經充分地調動了起來。

之後，他們又根據自己的聯想理解，讀出了各自不同的版本，使課堂一度進入了一個高潮。每有同學讀完，教室裡都會爆發出熱烈的掌聲。

看著學生的表現，張老師露出了欣慰的笑容：「我覺得大家讀得都太好了，就像是不同版本的李煜一樣。要想朗讀得好，就必定要把握好全詞的情感核心，這就需要我們在朗讀的時候透過聯想，把自己更真切地放在作者的立場裡，把自己想像成是作者，這樣才能更深刻地理解作者的情感世界。那麼請問，透過理解，你們覺得文中哪個詞更能概括全文的感情？」

學生齊答道：「愁。」

「大家能說說李煜的愁有哪些嗎？」

學生紛紛說出了自己的理解：國家滅亡的愁，離開君主寶座的失落，沒有了家庭，家庭變得支離破碎，對往事的懷念，隨著歲月的流逝，對自己的命運越來越差的愁……

學生都紛紛發表了自己的意見，張老師說道：「差不多了，我自己思考的答案跟幾位同學說的差不多。往事之嘆、亡國之恨、離家之痛、思家之苦，這層層疊疊、鋪天蓋地的『愁』接踵而來，真是『怎一個愁字了得』！而這『剪不斷，理還亂』的無限憂愁，雖然真實存在，但畢竟過於抽象，想要更真切地理解作者的愁，就需要我們透過聯想來感受了，這樣，雖然我們看不見、摸不著，但卻又能真切地感受到。那麼，作者又是怎麼樣來寫『愁情』的？」

一名學生說道：「選取典型的景物，如『春花秋月』來表達憂愁，這樣寫得十分有意境。」

張老師於是反問道：「你的答案很特別，春花秋月是美好的事物，能直接表現愁情嗎？」

那個學生回答道：「我覺得應該是對比寫法吧。因為，春花秋月總能讓人聯想到美好的事物，可是與現實相比，這美好的東西更能對比出現實的殘酷，又怎麼能讓人不感到憂愁呢？」

張老師聽後非常高興：「太好了，還有嗎？」

那個學生繼續說道：「結尾的名句用了比喻，把抽象的感情寫得很形象。」

「說得太好了，其他同學還有什麼意見嗎？」

又有一名學生說道：「我覺得作者還用了虛實結合。用對往事的回憶，引起現在的愁苦，前虛後實。」

張老師肯定地點點頭，補充道：「很好。我看除了對比、比喻、虛實的運用外，作者的發問也很有特色。大家可以結合文章再聯想一下，這是一個怎樣的情景呢？」

學生都陷入了聯想當中，不一會兒一名同學說道：「作者先問天：『春花秋月何時了？』再問人：『往事知多少？』最後問自己：『問君能有幾多愁？』我覺得簡直就是一幅『問天天不應，問人人不知，問己淚滿面』的悲傷畫面。最後以『一江春水』作結，這哪是一江春水啊，簡直就是一江愁水，而且是愁到了極致。」

「作為一朝天子，李煜顯然是失敗的，成為了亡國之君。但作為一位詩人，李煜顯然是成功的，為後世留下了許多經典之作。我想請大家評價一下，你是如何看待李煜的『愁』的？」張老師說道。

第一名學生說道：「這是封建帝王的愁，一定牽連了很多無辜百姓，所以我覺得根本就不值得同情。誰叫他聲色犬馬、不務正業呢？」

第二名學生卻說道：「我覺得這愁愁得很美。」

「噢？為什麼會覺得美呢？」張老師驚喜地問道。

四、高效課堂的提問方式

那個學生繼續說：「因為這首詞寫得很有人情味，很人性化，也就是『哀其不幸，怒其不爭』吧。」

「大家說的都非常好，這時在我的眼前似乎出現了一幅景象。最後由我來說說，看大家是否認跟我的看法。」於是，張老師開始說道：「我無暇去責備他縱情聲色，以至喪失了南唐美麗的山河，我所看到的只是一個卸去了帝王華麗的外衣後的一個平民在抒發自己的感情。『問君能有幾多愁，恰似一江春水向東流。』這種化帝王之愁為凡人之愁的做法，已經從藝術審美的角度深深地感染了他的讀者。如果說我們要同情李煜的話，那只能是審美上的同情，而不是道德上的憐憫。」

一堂課就在學生熱烈的掌聲中結束了，有很多學生還仍然覺得意猶未盡，透過張老師巧妙的聯想提問，使他們跟隨老師的思路，進入了文章的意境，在體會作者所想表達的思想的同時，更深刻地理解並記住了文章的內容。

浪漫主義詩人阿爾弗里·繆塞說過：「最美麗的詩歌是最絕望的詩歌，有些不朽的篇章是純粹的眼淚。」的確，平庸的人只經歷平庸的事，過平庸的生活，有著平庸的痛苦，也只能產生平庸的藝術，而那些偉大的藝術有時只會在經歷了大喜大悲之後、付出了慘痛代價之時、人生頓悟之際，有的甚至是在幾乎絕望的心靈裡誕生的。

而對於李煜此人，作為政治家的他可以說是完全失敗的，但是作為文學家，他卻得到了後世的景仰，他的經歷和他的文學修養給他帶來了巨大的靈感。正如後人的評價：「國家不幸詩家幸，話到滄桑語始工」。

因此，想要更深入地理解這篇作品，就不單單是靠背解釋，記定義，我們更多要思考的是他的心境和政治與文藝的關係。而李煜的作品絕少有憂國憂民的政治理念，他只講究詞本身的美感，斷不會為強言國事而打破詞韻的平仄，因此，他的作品都十分華美，卻也為學生從字面上直觀地理解作品設置了一些阻力，因此想要更清楚地理解其作品的含義，就要更認真地分析與作品有關的一切因素。

這首《虞美人》是李煜在被俘兩年後寫成的。原本是一國之君，卻變成「肉袒以降」的階下囚，回首往事怎能不嘆道「問君能有幾多愁」？

張老師在講解這首詞時，首先以「想不想聽故事」為開發點，在課程開始時就吊足了學生的好奇心，激起了學生求知的慾望。他巧妙地以故事的形式將學生引入到作者當時的情境之中，讓學生跟隨故事的發展展開聯想，由作者當時創作這首作品時的環境、遭遇，近而聯想到作者創造這首詞時的心情、目的……

之後，張老師又透過聯想啟智式提問法，一步一步地促使學生尋找問題的答案。

這首詞裡有很多的聯想點，例如透過一個「愁」字就可以聯想到很多內容：為什麼愁呢？是為了國家的滅亡還是只為了自己悲慘的處境？進而又可以繼續聯想到：如果是為了國家的滅亡而愁，那李煜是不是一個稱職的皇帝？國家為什麼會滅亡呢？國家滅亡後百姓會有什麼樣悲慘的生活？……

如果是為了自己而「愁」，那麼他自己當時的處境又是怎樣的呢？他是否是一個心懷百姓的君主？……如此發展，還可以聯想到很多的方面。

當同學們透過聯想把這些問題都解決後，他們也就很好地掌握了這篇作品的內涵。在這一點上，張老師做得很成功，是非常值得我們學習的。

愛因斯坦曾說過：「想像力比知識更重要，因為知識是有限的，而想像力概括了世界的一切，推動著進步，並且是知識進步的源泉。」想像力是產生聯想的最重要的條件，二者的關係密不可分，想像與聯想有著共同之處，同時也存在著差異。

想像是形象思維的核心，是在頭腦中創造出過去沒有遇到過的事物現象，或者將來才能遇到的現象。而聯想則是透過當前發生的事物而想到另一種與其有一定相似或關聯的、已經存在或發生過的事物。

因此在教學中，教師適當地引導學生對文中出現的人物、景象、環境等進行合理的聯想，便可以促進思維活動的進行，提高理解的效果。

例如，在《觀潮》一課中，有這樣兩句話：「那浪潮越來越近，猶如千萬匹白色戰馬，齊頭並進，浩浩蕩蕩地飛奔而來。那聲音就像千萬輛坦克同時開動，發出山崩地裂的響聲，好像大地都被震得顫動起來。」這麼氣勢磅礴的場面，沒有親眼看見過的人恐怕是很難想像得出來的，但學生從課文中語言的描述，透過聯想，就能身臨其境地感受到潮水湧來時那震撼人心的場面。

透過聯想，不僅能發展學生的思維能力，也使學生對語言的表現力，思想的跳躍性、組織性、連通性都有了更切實的感受，同時也有助於知識的積累和管理。

實施聯想啓智式提問法的具體方法

運用聯想啟智式提問，其重點如下：

（1）在知識的表象處聯想提問。

表象聯想是將需要記識的東西與其事物表象聯繫起來的方法，這種方法適用於有較多的形象描述的聯想點處使用。當看到文字形象的描述時，很快就可以聯想到其他事物。在此處提問，主要用於事物的聯想。

其提問要領是：

①提問後，引導學生把知識對像在腦海裡變成具體的物象。

②提問後，引導學生用誇張的方法聯想。

③提問後，引導學生把抽象的東西聯想到具體的東西。

（2）在知識的相近處聯想提問。

相近聯想是根據有些事物在空間或時間上的接近之處而建立起來的聯想。在此聯想點提問如有關「寒冷的城市」，有人就會聯想到東北城市的氣候寒冷、冰燈、冬泳、冰雕等一系列的事物。這種聯想是根據事物之間在現象或本質方面有類似之處而建立起來的聯想。

（3）在知識的對比處聯想提問。

對比聯想是根據事物之間往往都具有對立性的特點而建立起來的一種聯想。如提問有關「痛苦的回憶」，就聯想到甜蜜的往事，有了甜的對比，才能更深刻地瞭解苦的含義。

（4）在知識的奇特處聯想提問。

奇特聯想是世界公認的「記憶祕訣」。就是利用一些離奇古怪的想法，把有關事物、詞語、知識等串聯到一起，然後在大腦中形成一連串的物象。在此聯想提問，要讓學生大膽地聯想，這樣有助於新知識的記憶。

在奇特處聯想提問後，要多注意對學生的引導：一是將靜態事物動態化，賦予其生命，讓它們都「活」起來；二是用甲事物取代乙事物，或讓其中一個變成另一個的組成部分；三是對所記事物進行誇大或縮小等變相處理，以更深入地理解知識。

相信透過採用聯想啟智式提問法提問，在學生透過聯想解答問題的同時，還會提高學生的想像力，而愉快的聯想方式也總能讓課堂氣氛變得輕鬆，大大增進了師生關係的和諧、融洽，優化課堂提問的效果。

國家圖書館出版品預行編目（CIP）資料

讓學生的思維活起來：名師最激發潛能的課堂提問藝術 / 嚴永金 主編．
-- 第一版 . -- 臺北市：崧燁文化, 2019.06
　　面；　公分
POD 版

ISBN 978-957-681-852-3(平裝)

1. 思考能力教學 2. 中小學教育

523.3　　　　　　　　　　　　　　　　　　108009059

書　　　名：讓學生的思維活起來：名師最激發潛能的課堂提問藝術
作　　　者：嚴永金 主編
發 行 人：黃振庭
出 版 者：崧燁文化事業有限公司
發 行 者：崧燁文化事業有限公司
E - m a i l：sonbookservice@gmail.com
粉絲頁：　　　　　　　網址：
地　　　址：台北市中正區重慶南路一段六十一號八樓 815 室
8F.-815, No.61, Sec. 1, Chongqing S. Rd., Zhongzheng
Dist., Taipei City 100, Taiwan (R.O.C.)
電　　　話：(02)2370-3310　傳　真：(02) 2370-3210
總 經 銷：紅螞蟻圖書有限公司
地　　　址：台北市內湖區舊宗路二段 121 巷 19 號
電　　　話：02-2795-3656　傳真：02-2795-4100　　網址：
印　　　刷：京峯彩色印刷有限公司（京峰數位）
　　本書版權為西南師範大學出版社所有授權崧博出版事業股份有限公司獨家發行
電子書及繁體書繁體字版。若有其他相關權利及授權需求請與本公司聯繫。
定　　　價：450 元
發行日期：2019 年 06 月第一版
◎ 本書以 POD 印製發行